臺灣歷史與文化 研究輯刊

七 編

第3冊

從閩南歌謠探討台灣早期的婦女婚姻生活

黃佳蓉 著

花木蘭文化出版社

國家圖書館出版品預行編目資料

從閩南歌謠探討台灣早期的婦女婚姻生活／黃佳蓉 著 -- 初版
-- 新北市：花木蘭文化出版社，2015〔民104〕
目 4+236 面；19×26 公分
（臺灣歷史與文化研究輯刊 七編；第3冊）
ISBN 978-986-404-173-2（精裝）
1. 生活史 2. 女性 3. 臺灣
733.08   103027814

ISBN-978-986-404-173-2

臺灣歷史與文化研究輯刊
七 編 第 三 冊   ISBN：978-986-404-173-2

從閩南歌謠探討台灣早期的婦女婚姻生活

作　　者　黃佳蓉
總 編 輯　杜潔祥
副總編輯　楊嘉樂
編　　輯　許郁翎
出　　版　花木蘭文化出版社
社　　長　高小娟
聯絡地址　235 新北市中和區中安街七二號十三樓
　　　　　電話：02-2923-1455／傳真：02-2923-1452
網　　址　http://www.huamulan.tw 信箱 hml810518@gmail.com
印　　刷　普羅文化出版廣告事業
初　　版　2015 年 3 月
定　　價　七編 10 冊（精裝）台幣 20,000 元

從閩南歌謠探討台灣早期的婦女婚姻生活

黃佳蓉　著

作者簡介

黃佳蓉

淡江大學中文系、花蓮師範學院民間文學研究所畢業

目前為國小教師

已婚、育有一子，從小喜歡閱讀並對文學懷抱高度興趣，尤以歷史類科為最。

童稚時期跟隨祖母居住山地，在窮鄉僻壤之地，感受到人民停辛佇苦的生活型態，並觀察到在極其貧困的環境之中當時婦女的堅忍之力。北上就學後仍時常憶起童年點滴，故以此為研究起點，希冀能以自我的體會觀察佐以閩南歌謠、典籍資料為驗證，為「臺灣早期婦女的婚姻生活」給予不同的詮釋。

提　　要

本論文為「從閩南歌謠探討台灣早期的婦女婚姻生活」之研究，即已明確說明由「閩南歌謠」的角度來探討台灣早期婦女的生活歷程。可見本文以「歌謠」為研究的範圍，並以婦女的婚姻生活與生命型態為論述之重點。

本論文中所謂「婦女婚姻生活」，即廣泛的包含婦女婚前與婚後的生活歷程，並涵蓋風俗習慣以及婚禮儀俗⋯⋯等議題。然而因為所指涉的範圍與涵蓋的層面廣大，故有加以確定指涉層面與意義之必要。因此，本文在章節的劃分上，主要以台灣早期社會的女性生活、婚前的戀愛生活、婚禮儀節與婚後生活四章為主體，明確的描述婦女的生命過程，而每一章節均以歌謠貫穿其所欲論述的主題。

本論文共分為六章，各章重點如下：

第一章〈緒論〉，分別說明本論文之研究動機與目的、研究範圍與材料，以及研究方法與限制。

第二章〈從閩南歌謠看台灣早期社會的女性生活〉，首先，以早期台灣的歷史角度切入相關婦女風俗的背景成因。由於台灣是為一移民的社會，移墾社會的眾多生活型態對早期民眾的觀念、生活均有深刻的影響。民眾在適應台地之生活時所養成的習慣，在經過時間的催化之後，則易轉化為社會上民眾普遍的風俗與認知。因此，在談及早期婦女生命的歷程時，就必須由這些相關的歷史背景與風俗成因來探討婦女在生活、觀念所受的影響，再進一步分析台灣早期社會中特殊婦女之生活型態。

第三章〈從閩南歌謠看台灣早期女性的婚戀生活〉，由於人類是感情的動物，所有風俗、儀式的發生必然與人類情感的活動有著密切的關係，而婚姻正是男女情感具體表達的方式之一。一般而言，個體成熟的人為了追求生命的圓滿與延續，滿足生理、心理之需求，追求愛情實為自然的現象。因歌謠極具「抒情」的功用，於是庶民男女於在追求感情的過程中，由於情感之特殊與豐沛，便不時藉由歌謠的方式呈現個人戀情之感受，故吳瀛濤認為：凡屬男女愛戀言情之歌，皆屬之，包括：訴情、求愛、得戀、失戀、相逢、離別、懷念、哀怨、憎惡、遊樂、勸解、姻緣、盟誓等皆為情歌的範圍。而本章主要在於早期女性婚戀時的相關觀念之論述，因論及感情的議題，再者，從情歌內容的描繪中亦可得知早期民眾對於愛情、婚姻的看法，因此本章多側重於「情歌」之歌謠資料作為立論之舉證。

第四章〈從台灣閩南婚禮歌謠論婚姻的意義〉，台灣閩南婚禮之儀節制度，實即承襲《文公家禮‧婚禮》儀俗而來，並融合台灣當地的風俗色彩，呈現的婚禮深具台灣本土之特色。因此本章乃先針對《文公家禮‧婚禮》與「台灣閩南婚禮」之婚禮相關儀俗，採取分析比較的方法，探求「台灣閩南婚禮」與《文公家禮‧婚禮》中所有儀式的關聯性，並希望由「台灣閩南婚禮歌謠」與婚禮各相關儀式之連結中，進行儀式功能的探究。最後，再由婚禮歌謠內容意義的探析中，分析傳統國人對於婚姻的看法。

　　第五章〈從閩南歌謠看台灣早期女性的婚後生活〉，本章著重於探討婦女婚後的生活。全章分別以「婚後生活」與「婚姻關係與家庭角色」作為本章的研究中心。由於傳統國人的子嗣觀念，以致早期婦女的婚姻生活，主要受到生育、養育問題的支配。因此，必先行分析早期傳統女性與生、育相關之議題，並經由古籍與醫學藥理的記載為佐證，再推求生、育問題對傳統婦女生活、生命之影響，並探析傳統民眾在家族繼承思維下對生命的重視。其次，本章亦由傳統婦女的角色扮演中，探討婦女與夫家家族成員的人際關係，因此，必須利用文獻資料的記載作為本章婦女角色立論的參考，並配合台閩歌謠中所呈現的意義，客觀的推論早期台灣婦女人際生活的真實面貌與心聲。

　　第六章〈結論〉，總結本文前五章的研究成果，並提出本文之前瞻與未來的研究展望。

致　謝

　　負笈花蓮三年，最大的收穫就是得以進入民間文學的殿堂，一窺其中的精奧。然而這一路上，得蒙楊振良老師的諄諄教誨，李世偉老師的期許鼓勵，在此特別致上深忱的謝意。尤其特別要感謝本論文的指導教授－林素英老師，自從《生命禮俗》一堂課後，讓我人生有了更深刻的領悟，因而開啓了我對於婦女生命探索的歷程。在論文寫作期間，感謝業師總是不厭其煩指陳論文的疑誤，而相關問題的提點不僅使我獲益匪淺，也常常令我有一種茅塞頓開的喜悅；林老師敏銳的思維，以及對於生命的一番見解，更開拓了我新的視野與思考方向，亦使我發現了自我生命的價值。

　　另外，口試過程中，曾子良老師與許俊雅老師所提供的寶貴意見，使我能以從不同的面向去思考「閩南歌謠」與「婦女」的議題，也由於兩位老師的慷慨指正，讓我在文獻資料處理上能有更進一步的空間，在此致上衷心的謝意。此外，感謝求學期間，一路陪伴、鼓勵的摯友們，因爲他們的幫助與情誼，讓我得以渡過無數個枯澀的日子，努力完成論文的撰寫。

　　在完成論文的背後，最重要必須感謝父母、婆婆、弟妹們無條件的支持，以及外子志榮的相伴與關懷，因爲家人的體諒包容，讓我得以無後顧之憂的完成學業。最末，感念去年往生的祖母，從祖母的身上使我體會到傳統女性的堅韌與偉大，僅以此本論文獻給我在天國的祖母與摯愛的家人。

目

次

第一章 緒 論

　　婚姻是神聖而慎重的，它是家庭組織的基石，也是生命繁衍的契機。早期的傳統婦女終其一生，其生命之目的幾乎都貢獻於婚姻家庭之中，從婚前的訓練，乃至婚後家務的操持皆然。因此，欲了解傳統婦女的生命史，就必須了解婚姻與家庭對婦女的重要性與影響。

第一節　研究動機與目的

一、研究動機之確立

　　婚姻是亙古以來人類的共同問題，雖然遠始以來，人類穴居雜處，男女的婚配，並無一定的規律，男女關係，也缺乏固定的約束，因此既無確定的婚姻關係，更沒有家庭組織存在。〔註1〕然而隨著社會文明的演進，為了人類生活的正常發展，男女關係由野居雜處「亂婚」的婚姻型態，漸漸演進到一夫一妻的婚姻制度，〔註2〕男女關係才受到嚴格的規範與限制。由於婚姻制度的產生，使得人倫關係也隨之確立，這些制度規範都是避免人際紛爭，促進社會穩定的力量。

　　婚姻是絕大多數人必須經歷的生命歷程，尤其在早期傳統的社會之中，它代表的不僅僅是一個人人格的獨立與生命的自主，更是生命血脈延續的具體象徵，至於台灣早期社會的生活狀況亦然。人類無法擺脫生、老、病、死

〔註1〕林素英師：《從古代生命禮儀透視其生死觀──以禮記為主的現代詮釋》，（台北：文津出版社，1997年），頁35。
〔註2〕林惠祥：《文化人類學》，（台北：臺灣商務印書館，1971年），頁180。

的過程，但是生命也藉由婚姻以繁衍後代，讓己身的生命得到延續。長久以來，有關婚姻的問題，總是廣泛的被人們所討論，究其原因，不外乎是人類要求群居共處與追求精神生活滿足的特性使然，亦即經由婚姻建構家庭，而獲得個人精神上的依賴。因此，婚姻的形式、婚姻的價值與婚姻的歷程、特徵都是人們廣泛討論的重點。透過這些討論，反映了人們潛藏在內心的婚姻思維，以及人類追求幸福婚姻的渴望。

　　對於傳統婦女而言，婚姻是其生命的依歸，即使世俗對於婚姻多存有理想化的看法，然而婚姻卻不能保證婦女的生命與生活得到幸福，也無法使婦女的生活免於顛沛流離。婚姻體制內的婦女往往必須在家庭中奉獻一生，即使由於傳統中國崇孝、敬老的結果，但也多半殆至年老時，才能使婦女獲得家庭地位的提昇。婦女一生勞碌，待其年老，終於可以獲得子孫的侍奉，然而婦女地位的轉變與其生活的歷程，可說是婦女富含血淚的生命歷史。在早期民生經濟窮困的時代，傳統女性的地位雖然卑下，然而在面對各種困境時，其生命的強度往往是出人意表的堅韌，因此基於對婦女生命的關懷，成就本文研究的動機。

　　此外，歌謠是民間文學傳播的形式之一，由於它出自民間，也深入民間，往往接近民眾的生活，可以詳實地呈現民眾生活的基本面貌。基於這個原理，不少描繪婦女生活的歌謠，多由婦女的立場出發，深刻流露出她們的感情與心聲，因此有人視歌謠為婦女的文學。〔註3〕誠如劉經菴與徐傅霖在〈中國民眾文藝之一斑──歌謠〉文中所述：「我們研究歌謠，就知道歌謠的一半是婦女們所貢獻的，這大概因為中國自古重男輕女，女子的地位在家庭和社會裡，是很不受重視的，她們自有生以至於死，所受的輕視和虐待，沒有文人為他們紀錄下來，只有自己來把在家庭所受公婆的虐待，妯娌和姑嫂間的誹謗，以及婚姻的不滿意，信口吟哦些歌謠，來發洩自己的一點憂悶罷了。」〔註4〕由此可知，透過歌謠的描繪，不僅勾勒出在兩性關係不平等的早期社會中婦女生活的真實面貌，更可以從此頗具研究價值的民間史料，補綴早期女性生活的紀錄。

〔註 3〕楊麗祝：〈台灣福老系歌謠中的婦女〉，《台北科技大學學報》，第 31 之 1 期，1998 年 3 月，頁 425。

〔註 4〕劉經菴、徐傅霖：〈中國民眾文藝之一斑──歌謠〉，收錄於舒蘭編：《中國地方歌謠集成──理論研究（二）》，（台北：渤海堂文化公司，1989 年），頁 46。

　　因此，本文希望以早期婦女生活的史料爲藍本，並透過這些豐富的民間歌謠，還原早期婦女生命的歷程，藉以理解在傳統婦德教化下之理想婦女與實際女性生活之間的出入，並探究其原因與意義。

二、研究目的之建構

　　由於歌謠深入民間、貼近民眾的特質，使得歌謠猶如史料一般，特別具有呈現民眾生活的功能。因此，欲了解早期婦女的生活型態，從歌謠的角度觀察，也必然有其豐富的資料可供挖掘，尤其在傳統社會的架構中，婦女生活的主要場域多限於家庭之中，因此，婚姻對於婦女而言，雖被喻爲女性生命的依歸之所，但卻也是限制婦女、侷限婦女思想與生命發展的牢籠。況且，婚姻家庭之生活包括多種面向，有關經濟的、社會的、心理的、生理的、精神的以及技巧的皆是婦女所必須操持涉獵的範圍，〔註5〕所以一個幸福的家庭是必須依仗主婦長年累月的默默耕耘。相反的，即使置身一個不幸的家庭，主婦也無法推卸其責任之所在，可見婦女在家庭中責任之重大。

　　由於受到傳統觀念的約束，早期婦女多半日居深閨，生活難免單調枯燥，即使因爲生活所迫，必須從事勞動以糊口，然而終日的勞碌與家庭人際間的傾軋，面臨婚姻生活的不幸或勞碌、苦悶抑或是悲怨、無奈的情緒湧上心頭時，難免便信口吟哦歌謠，藉此排遣心理的憂悶、抒發情感，此即印證了《毛詩·序》所謂：「情動於中，而形於言，言之不足，故嗟嘆之，嗟嘆之不足，故永歌之，永歌之不足，不知手之舞之，足之蹈之也。」〔註6〕無論是喜極或是悲極，總是要將豐富的情感藉由歌詠的方式盡情的排遣出來。

　　歌謠因具有抒發民眾心聲、排遣閒暇的特質，因此廣泛的受到民眾的喜愛而創作。以台閩歌謠爲論，數量相當龐大，但在經仔細分析整理之後，可以發現爲數頗多的台閩歌謠，其內容乃著重在生活的描繪與心聲的抒發，尤其關於婦女問題的抒寫更佔有不少的比例。基於早期傳統婦教與道德倫理之因素，女性多半是依附者、受虐者與犧牲者的角色，其生命型態多是卑苦且無奈的。〔註7〕正如劉經菴所說：「關乎中國婦女問題的歌謠，就是婦女們的

〔註5〕王志敬主講、黃秀香錄：〈婦女與道德〉，《今日生活》，第140卷，1978年5月，頁34。

〔註6〕漢·毛公傳、漢·鄭玄箋、唐·孔穎達疏：《詩·國風》，收錄於《十三經注疏——毛詩正義》，頁13。

〔註7〕楊麗祝：〈台灣福老系歌謠中的婦女〉，《台北科技大學學報》，第31之1期，1998年3月，頁425。

《家庭鳴冤錄》，《茹痛記》。」〔註8〕二者的意義其實相同。

　　由上可知，早期民間歌謠中即有不少關於婦女心聲與生活概況的描述，因此由歌謠的角度切入，作早期婦女生活型態之相關探究，十分具有研究的價值，也能呈現不同的研究視野。歸納目前學界在「婦女婚姻生活」主題上的探討，可略分為：(一) 以社會學或心理學的角度，探究現代「婦女的婚姻」以及「婦女的家庭角色」等問題。(二) 以歷史學的角度，著重於一個時代背景中婦女生活的探討。因此，目前學界論述的重心，多以婦女生活史或現代婦女運動、女性主義等為研究主題。

　　雖然目前學術論述的重心，多以歷史學或社會學等不同學科領域的角度來探究婦女問題，但對於台灣早期社會中婦女生活的樣貌多簡要帶過，鮮少直接以台灣早期的婦女生活為論著的主題，即便有之，其重心亦仍偏重於結婚後「家庭生活的角色」為主，而缺少全面性的以婦女一生的角色變換作為探討中心的論著。

　　因此，為了全面的了解台灣早期婦女一生的生活，首先就必須先了解台灣早期的社會環境，知悉當時社會狀態對早期婦女生活與生命意識的影響，並以當時的社會背景作為藍本，深入婦女的生活中，配合民間歌謠呈現的內容敘述，探究婦女一生的角色變化，分析早期台灣婦女不同角色扮演時所面臨的相關問題。此外，在婚禮的部分，亦根據典籍的記載與婚禮歌謠展現的內容，探討歌謠中所表達的涵意，進而了解婚姻對於女性一生的重要性。因此，本論文研究的目的，即為上述這些課題尋求合理、客觀的解答。

第二節　研究範圍與材料

一、研究範圍之限定

　　本論文為「從閩南歌謠探討台灣早期的婦女婚姻生活」，就已經說明「閩南歌謠」為本文的研究範圍，而以台灣早期的「婦女婚姻生活」為探討重點。由於早期婦女受到傳統禮教的嚴格限制，因此終生的思想均圍繞在婚姻家庭之中，所以婚前所學習的各項家務或生活禮儀，是為未來的婚姻生活做準備，而婚後的各項家務的操持、養兒育女或人際間的互動，也均致力於如何維持

〔註 8〕劉經菴：〈歌謠與婦女〉，收錄於苑利主編：《二十世紀中國民俗學經典（史詩歌謠卷）》，（北京：社會科學文獻，2002 年），頁 80。

良好婚姻關係。因此，無論婚前或婚後，家庭與婚姻是早期婦女的生活重心，故以「婦女婚姻生活」爲本論文的主題。歸納學界目前在「台閩歌謠」與「婦女婚姻」爲研究主題範圍上，無論學位論文或期刊論文多以歌謠的角度鎖定在婦女社會與家庭生活的狀態，此類的學術論文，大多以婦女生活思想與角色定位爲研究主軸。目前以「婦女歌謠」爲論之的學位論文，最具代表性的如：王慧蓮所著《台灣民間歌謠婦女婚姻與角色研究》，其著作內容則專注在婦女婚後的婚姻生活，並鎖定婦女婚後的人際互動與角色扮演爲中心。而其他絕大多數與歌謠相關之學位論文的研究，多從不同的角度爲論述場域，例如：臧汀生《台灣民間歌謠研究》一文之要旨，乃以歷史背景之敘述，說明台灣民間歌謠傳承與發展之基礎，再分類說明其功用、變化與分析內容、結構，最後討論今昔記錄方法之得失。其他如：施福珍的《台灣囝仔歌創作研究》與鍾信昌的《臺灣閩南語創作的兒歌研究》，顧名思義，其著作側重在台灣兒歌的範疇。

另外，如張燕輝《臺灣桃園閩南語歌謠研究》，乃先已鎖定桃園地區作爲研究的範圍，全文主要在探討臺灣桃園地區閩南語歌謠形式與內容之特色。另有，官宥秀所著《臺灣閩南語移民歌謠研究》，是以歷史的角度與台灣移民歌謠做相關之結合，並配合歷史背景、地理背景、經濟背景、社會背景四方面來探討移民生活等實際狀況，以及其思想與情感。又如：杜文靖《臺灣歌謠歌詞呈顯的臺灣意識》之論著，則側重在台灣歌謠歌詞中所呈顯的台灣意識。此外，亦有多數與歌謠相關的學位論文，則以某一單元或情節的歌謠故事爲研究主題，例如：李李《臺灣陳辦歌研究》之作，或是以歌仔冊爲主的歌謠研究，例如：陳姿昕《台灣閩南語相褒類歌仔冊語言研究——以竹林書局十種歌仔冊爲例》，以及陳雍穆《孟姜女歌仔冊之語言研究——以押韻與用字爲例》等等，以上所舉之學位論文雖不跳脫歌謠的範疇，但其研究論述的重點則各有側重。由此可知，目前國內將「婦女家庭」與「歌謠」兩大主題連結的相關學術研究論文較少。

雖然如此，但此類文章多散見於期刊論文之中，最具代表性的楊麗祝所作〈台灣福佬系民謠中的婦女〉與〈台灣福佬系歌謠中的婦女〉兩篇論文，分別就台灣福佬民謠與歌謠中，選擇與婦女生活相關之內容，並依據其內容與意義探討台灣婦女的角色與形象。另有，方耀乾之〈台灣古早女性的生活畫像——以台灣民間歌謠爲論述場域〉一文，其旨亦以歌謠中所

呈現不同身分之女性的生活敘寫作爲探討的重點。再者，如黃得時之〈台灣歌謠與家庭生活〉一文，以婦女的家庭生活爲討論主題，說明傳統女性與家庭的關係，並希冀通過歌謠了解婦女生活型態。除此之外，大部分在期刊中所刊載的歌謠研究，多定位在不同之主題上，例如：顏惠婂的〈淺談台灣福老係民謠〉、黃瑞貴的〈台灣的情歌〉、歐陽荊的〈台灣歌謠〉以及黃傳心所作的〈雲林民謠〉等文章，其中雖各有其論述之範圍定位，然而對於婦女相關之歌謠仍多少有所涉獵，因此亦可由其論文之中取得相關資料。由此可知歌謠之研究既深且廣，雖然所側重之主題範圍有所差異，然而歌謠畢竟是廣大民眾生命與生活的謳歌，因此無論以何種角度切入，必然互有涵蓋。由上可知，目前學術上有關「歌謠」的研究十分蓬勃，只是論述之主題各有側重。

由於歌謠訴諸人心、表達情感的特質，而被廣大民眾所喜愛，特別是婦女群眾，乃因早期傳統婦女生活中的人際社交極爲狹隘，家務繁重，難免呈現憂鬱且沉悶的心情，透過歌謠的吟誦，往往能夠排解苦悶、無奈的情緒，因此歌謠不僅能夠詳實反映庶民大眾的民生狀態，亦能確切的呈現早期婦女生活的原貌。此外，由於台灣民眾多爲閩、粵兩地之移民，在語言與生活型態上亦承繼原鄉的特色，至於早期來台的移民，雖然以福佬人及客家人兩個族群爲主，然而所謂的客家人，一般認爲乃來自於廣東的移民，但實際上，客家人卻不一定來自廣東，況且來自廣東的移民也有許多是講閩南語的，因此若採用語言爲當時族群的分類標準，可以發現其中以閩籍之移民最多，而客家人的人數則較少。〔註9〕由此可知，早期絕大部分之台地民眾多以閩南語爲主要使用的語言，也是多數民眾吟詠歌謠時所使用的語言。因此，從閩南歌謠中，即可呈現早期台閩地區之庶民的生活型態。基於以上原因，故本文乃選擇「閩南歌謠」作爲本論文研究之議題，希冀透過「歌謠」所呈現的內容，探討早期台灣婦女的生活型態。

至於歌謠的「文字」問題，由於台灣閩南語只知其音，不知其字，一般相關著作則多擬聲擬義，各隨己意，存在相當多的問題。連雅堂於《台灣語典・自序》中亦云：「夫台灣之語，傳自漳、泉；而漳、泉之語，傳自中國。其源既遠、其流又長，張皇幽渺、墜緒微茫。」〔註10〕故本論文爲了詳實呈

〔註9〕 薛化元：《台灣歷史》，（台北：大中國圖書有限公司，2000年），頁37。
〔註10〕 連雅堂：《臺灣語典——雅言》，（台中：臺灣省文獻委員會，1992年），頁1。

現歌謠之原貌，避免主觀之認定，因此所錄之歌謠，於其文字部分則尊重原案，直接根據所採書面資料中所錄呈現之。

由於本論文以「閩南歌謠」與「早期婦女婚姻生活」為取材立論的範圍，然而對於「歌謠」及「早期」的義界為何，均有必要再加以確定範圍。首先，在「閩南歌謠」的定義方面，最先得就「歌謠」一詞加以說明。我國最早的「歌謠」觀念，見於《尚書》：「詩言志，歌永言，聲依永，律和聲。」〔註11〕針對「詩言志」，《毛詩·序》解為：「詩者，志之所之也，在心為志，發言為詩。」〔註12〕清楚地說明了「詩」的特性；能夠直指內心的情感、表達心意。「歌永言」的鄭注曰：「歌，又所以長言詩之意。」〔註13〕，「永」是長的意思，也就是用長且明確的語言來說明「詩意」，即「歌」是拉長聲音吟詠所唱之詩。《詩·魏風·園有桃》篇說：「心之憂矣，我歌且謠。」〔註14〕並釋曰：「曲合樂曰歌，徒歌曰謠。」〔註15〕又清·杜文瀾在《古謠諺·凡例》也指出：「謠諺二字之本意，各有專屬主名，蓋謠訓徒歌，歌者詠言之謂，詠言即永言，永言即長言也……長言主於詠嘆，故曲折而紆徐。」〔註16〕故凡「徒歌」或「獨歌」，皆意指無音樂伴奏、清唱之「謠」，而有音樂伴奏、合樂而唱則曰「歌」。「歌」與「謠」雖有各有釋義，兩者卻是常伴隨混用。《古謠諺·凡例》更說明：「謠與歌相對，則有徒歌合樂之分，而歌字究系總名，凡單言之，則徒歌亦為歌，故謠可聯歌以言之，亦可藉歌以稱之。」〔註17〕在這裡認為「歌」是為總稱，而「謠」則屬於「歌」的範疇，則可以「歌」概括之，也可以用「歌謠」兩字聯稱之。本論文之「台灣閩南歌謠」所引用之歌謠多以唸誦、不入樂之方式呈現，實屬「徒歌」之「謠」，然在此援用杜文瀾《古謠諺》說法，將「謠」附於「歌」的範疇之下，以「歌」為總稱。

〔註11〕 漢·孔安國傳、唐·孔穎達疏：《尚書·舜典·虞書》，收錄於《十三經注疏——尚書正義》，（台北：藝文印書館，1979年），頁46。

〔註12〕 漢·毛公傳、漢·鄭玄箋、唐·孔穎達疏：《詩·國風》，收錄於《十三經注疏——毛詩正義》，（台北：藝文印書館，1979年），頁13。

〔註13〕 漢·毛公傳、漢·鄭玄箋、唐·孔穎達疏：《詩·詩譜序》，收錄於《十三經注疏——毛詩正義》，（台北：藝文印書館，1979年），頁4。

〔註14〕 漢·毛公傳、漢·鄭玄箋、唐·孔穎達疏：《詩·魏風·園有桃》，收錄於《十三經注疏——毛詩正義》，（台北：藝文印書館，1979年），頁208。

〔註15〕 同上註。

〔註16〕 清·杜文瀾：《古謠諺》，（台北：世界書局，1983年），頁3。

〔註17〕 同上註，頁4。

　　由於本論文乃以流行於「台灣閩南地區」之大眾傳誦吟詠的歌謠為主要研究範圍，故定以「台灣閩南歌謠」為本論文之主題。由此可知，本論文所謂之「歌謠」乃屬無音樂伴奏、吟誦之唸謠，不包括有音樂伴奏、合樂而唱的流行創作歌曲。然而本論文所舉之「歌謠」，乃據其內容與形式的殊異，將之分為「儀式歌謠」、「生活歌」與「情歌」三類。除了第四章所舉之歌謠屬於「儀式歌謠」的範圍之外，其餘他章則為「生活歌」與「情歌」的範圍。所謂「生活歌」之範圍，即包括各種職業勞動的歌，以及描寫社會家庭生活者，如童養媳及姑婦的歌謠皆是。〔註18〕而「情歌」的範圍即為，凡屬男女愛戀言情之歌，皆屬之，包括：訴情、求愛、得戀、失戀、相逢、離別、懷念、哀怨、憎惡、遊樂、勸解、姻緣、盟誓等皆屬之。〔註19〕

　　此外，由於本論文第四章以「閩南婚禮」為立論主題，其所舉之歌謠在形式及內容上而有別於他章，故對於第四章之「婚禮歌謠」的部分，實有加以說明之必要。第四章所說的「台灣閩南婚禮歌謠」，指的是台灣閩南族群在傳統婚姻嫁娶禮俗中，為了增添喜慶色彩或為禳災祈福，伴隨著儀式的進行，所產生一些口頭上形式整齊、精鍊的詞句。這種在婚禮儀式中所誦唱的歌謠，相當於古代祭祀中「祝嘏」的儀式。《禮記‧禮運》有云：「故玄酒在室，醴醆在戶，粢醍在堂，澄酒在下，陳其犧牲，備其鼎俎，列齊琴瑟，管磬鍾鼓，脩其祝嘏，以降上神與其先祖；以正君臣，以篤父子，以睦兄弟，以齊上下，夫婦有所，是謂承天之祐。」〔註20〕鄭注曰：「祝，祝為主人饗神辭也；嘏，祝為尸致福於主人之辭也。」〔註21〕意為具陳犧牲以饗神，一面祝禱於神，一面又領受神所降之福佑。此類歌謠因為伴隨婚禮儀式的進行而呈現，在形式上屬於儀式歌謠的範圍，學者朱自清在《中國歌謠》認為：「儀式歌：如結婚的撒帳歌等，行禁厭時的祝語亦屬之。占候歌訣也應該附在這裡。」〔註22〕另外，何綿山在〈福建民間歌謠探魅〉一文將儀式歌分為四類：訣術歌、節令歌、禮俗歌、祀典歌。由此可知，本文所論之婚禮歌在此則隸屬於禮俗歌一類：「禮俗歌常用於男女婚嫁、新屋落成、賀生送葬等，在陳述各種禮俗同

〔註18〕 朱自清：《中國歌謠》，（台北：世界書局，1998 年），頁 152。

〔註19〕 吳瀛濤：《台灣諺語》，（台北：台灣英文出版社，1975 年），頁 356。

〔註20〕 漢‧鄭玄注、唐‧孔穎達疏：《禮記‧禮運》，收錄於《十三經注疏——禮記正義》，（台北：藝文印書館，1979 年），頁 417～421。

〔註21〕 同上註。

〔註22〕 朱自清：《中國歌謠》，（台北：世界書局，1999 年），頁 153。

時，也寄託著人們對美好生活的祝願。」〔註 23〕從朱自清與何綿山的說法中可知，儀式歌謠則又附屬在廣義歌謠的定義之下。

　　然而這種特別於婚禮之中所吟誦的詞句，在稱謂上也有不同。李文獻在〈台灣傳統婚禮儀式觋辭初探〉一文中則稱之為「觋詞」，而吳瀛濤於《台灣民俗》一書中，稱呼為「喜句」或「四句」，或是稱「吉祥話」、「觋辭」、「四句聯吉祥話」等等，〔註 24〕因此，在目前要確定一個公認的名稱似乎較為困難，但在中國也都能不約而同的理解其所指稱。因此，在台灣閩南婚禮儀程中，為了協助種種儀式的進行、提昇婚慶的氣氛，所唸誦具有吉祥、厭勝意味，或含幽默滑稽之射意的口頭化韻語，凡參與婚禮的賓客皆可視其需求而抒發唸誦之，於本論中即稱為「台灣閩南婚禮歌謠」。

　　最後，本論文在時間的論述上，乃以「早期」作為敘述範圍，若嚴格將本文論述之時間定位，所謂的「早期」，實為一個時間過程的泛論，確切而言，即可說是清廷當局正式奪取台灣，即清・康熙二十二年（西元 1683 年）開始，乃至第二次世界大戰後日人撤台，即民國三十四年（西元 1945 年）為止。如此漫長的時間定位，乃因本文主題所論述的婦女生活慣習，是一個長久累積的社會現象，社會慣習通常並不會因為政權的轉換而有所廢除，除非它影響新政權的統治，亦即若在無所阻礙的狀況下，既定之習慣，依然會令其繼續存留。況且在日人據台後，雖然有鑒於台地社會民習之頹萎而有所動作，如：禁辮、禁纏足……等，但基本上多採取柔和的漸進政策，因此，一個已根植百年的風俗習慣若欲有所改變，在時間點上仍無法得到立即的收效，通常只能靜待時間的流逝，而使這些習俗於民眾的生活之中慢慢地轉移。因此，本文在時間的論述上，其實因為必須配合婦女的生活過程與生活習俗的改變下，故以「早期」作為本文論述的時間基點。此外，由於本論文配合台閩歌謠做相關之闡述，因此也必須顧及歌謠在時間上的問題，事實上，歌謠當屬口傳文學中的一類，在時間演變與地域影響下，而產生諸如內容、語音、敘述上之不同的變式，它往往呈現一個長期流傳的結果，通常無法直接由內容與意義上斷定年代，只能就其盛傳期、內容、及歌謠本身之描繪，或相關書籍之描述，或是直接由所採集書籍的成書時間上約略得知其時間定位。因此，

〔註23〕何綿山：〈福建民間歌謠探魅〉，《福州師專學報》，第 19 卷，第 1 期，1999年 3 月，頁 16。

〔註24〕吳瀛濤：《台灣民俗》，（台北：台北眾文圖書公司，1992 年），頁 135。

由於歌謠的年代難以確實斷定，故在此所謂「早期婦女」的主題，即泛指歌謠中所描寫的女性而言。

由此可知，本論文的研究範圍，即以「婦女」生活相關之「歌謠」爲主軸，並以台灣早期社會背景爲藍本，章節中則以婦女婚前、婚禮與婚後之生命歷程貫穿全文，根據各章節重點，擬以不同的角度切入各章節論述主題，由早期台灣移民的歷史背景之涉獵，進而了解早期台灣社會中特殊風俗之成因，而切入相關婦女問題之中，並配合台閩歌謠及文獻之記載，希望以不同角度的思維，客觀的詮釋早期婦女生活，凝塑早期社會婦女的生命型態。

二、文獻材料之來源

本文在文獻材料方面，首先針對歌謠做全面性資料的採集，由於必須配合各章節的論述重點，因此僅能就章節主題之所需，進行歸類篩選，且由篩選之歌謠中，建構本文各章節的條理脈絡，由章節脈絡與歌謠資料的互相印證，強化本文整體的思想性，成爲本文觀念的基底建構。亦即散落各處的歌謠材料爲建立本論文觀念思維的「原點」，將這些「原點」連結、整理爲清晰的「理線」，再進而將這些清晰的概念，結合運用各方面文獻材料與學說，編織爲「全面」性的網絡，呈現各種面向。

本文的文獻材料之來源，主要可分爲下列四大項：

（一）本文的研究方向既以歌謠爲素材，首先，乃就「歌謠」之取材做說明：

本文所取之歌謠資料，主要出自以「台灣閩南語」爲集結範圍之歌謠專章、專書、期刊報紙等資料，分述如七：

1、陳金田譯，片岡巖著《台灣風俗誌》〔註25〕

台灣總督府台南地方法院翻譯官片岡巖於大正十年（西元 1921 年）編著。該著作於其中第四集第一、二兩章中，分別介紹「台灣音樂」與「台灣雜唸」兩部分。由於本論文中所舉之台閩「歌謠」，限定在不合樂之「唸謠」範圍，因此本書「台灣雜唸」部分所集錄之歌謠尚屬本論文收集範圍，其中收錄有〈十八摸〉、〈使犁歌〉、〈病子歌〉、〈搖子歌〉、〈勸解纏足歌〉、〈兒歌〉等當時流通於民間的歌謠。至於書中「台灣音樂」的部分，因爲合樂之歌屬早期流行音樂之創作歌曲，故不在本文討論之層面。

〔註25〕片岡巖，1921 年著，陳金田譯：《台灣風俗誌》，（台北：眾文圖書公司，1994年）。

2、李獻璋《台灣民間文學集》〔註26〕

李獻璋於昭和十一年（西元 1936 年）編著成書。本書為李氏費時多年之作品，除親自採集外，並搜羅《台灣文藝》之「台灣國風」、《三六九小報》之「黛山樵唱」與「歌謠零拾」等專欄斟酌選取而成。其書之內容分為歌謠篇與故事篇兩部分，就與本論文相關之歌謠而言，本書輯錄近千首的歌謠，其中又分為民歌、童謠、謎語三項。此書的出現，不僅蒐羅了當時台灣民間文學的重要作品，也奠定、開創了台灣民間文學研究的里程碑，成為研究民間文學者不可或缺的指標性著作。然而本論文在材料的採用上以民歌、童謠為主，不涉及謎語的部分。

3、吳瀛濤《台灣諺語》〔註27〕

吳瀛濤於民國六十四年（西元 1975 年）編著。書名雖稱為《台灣諺語》，但書中所收錄的範圍相當龐大，不僅止於諺語一部份。書中錄有諺語、弟子規、格言、急口令、各類歌謠、歇後語等，其中又以歌謠收錄最多。該書又根據歌謠的內容與形式，又分為民俗歌、民謠、情歌、相褒歌、民歌、童謠、流行歌、教化歌、歷史故事歌等，取材豐富。因此，是為研究台灣民間歌謠者不可缺少的參考專書。

4、舒蘭《中國地方歌謠集成》〔註28〕

舒蘭於民國七十八年（西元 1989 年）編纂《中國地方歌謠集成》部書，全書依地區性與內容性共為五十六冊，而台灣歌謠的部分又依內容分為〈台灣兒歌〉、〈台灣民歌〉、〈台灣情歌〉三大部分，收錄約數百首台灣歌謠，其中亦包括客家歌謠，搜羅取材雖多，然因閩、客歌謠標示不清而稍顯雜亂，讀者須再予以判定，但仍可作為歌謠研究的參考資料。

5、台灣省文獻委員會《重修台灣省通志住民志禮俗篇》〔註29〕

臺灣省文獻委員會於民國八十二年（西元 1993 年）編纂。在卷三〈住民志〉一卷中，分為〈生活篇〉與〈禮俗篇〉兩部分，於〈禮俗篇〉之第七章乃為「歌謠」之總論，該章又將民間歌謠以內容區分為情歌、生活歌、滑稽

〔註26〕　李獻璋：《台灣民間文學集》，（台北：龍文出版社，1989 年）。
〔註27〕　吳瀛濤：《台灣諺語》，（台北：台灣英文出版社，1975 年）。
〔註28〕　舒蘭編著：《中國地方歌謠集成》，（台北：渤海堂文化公司，1989 年）。
〔註29〕　台灣省文獻委員會：《重修台灣省通志（卷三）住民志‧禮俗篇》，（南投：臺灣省文獻委員會，1993 年）。

歌、敘事歌、儀式歌、兒歌及勸戒歌等七類，並根據所分類予以界說、擷錄，取材豐富完整。

6、各縣市之「民間文學集」所集錄之歌謠

近年來由於本土意識抬頭，各縣市基於保存鄉土文化之感，紛紛進行閩語與客語之民間文學的採錄工作，而有關閩語之資料亦因而大量集結成書。其中最具代表性的，當屬胡萬川大型地針對台灣各地區所採錄之民間文學資料，如：民間歌謠、民間故事、諺語與謎語等，皆在採集纂錄成冊之範圍，目前在閩南語歌謠部分集結成書的，如：《沙鹿鎮閩南語歌謠》、《大甲鎮閩南語歌謠》、《大安鄉閩南語歌謠》、《彰化縣民間文學集·歌謠篇》、《桃園市閩南語歌謠》、《蘆竹鄉閩南語歌謠》等。此外，如宜蘭縣政府出版的《宜蘭縣口傳文學》、嘉義縣立文化中心所編的《六腳鄉閩南語歌謠集》、《東石鄉閩南語歌謠》、《布袋鎮閩南語謠諺》等，陳益源所著《台灣民間文學採錄》與余燧賓主編的《基隆市民間文學採集》，以及林松源的《民間文學集》等台灣各縣市歌謠採集之專書，均爲本論之歌謠材料之來源。

7、其他書籍、專章中的歌謠資料

本論文所取材的資料除了上述之各歌謠專書之外，其他還有如：簡上仁所著的《台灣民謠》一書中〈台灣民間唸謠〉的部分，竹林出版社出版的《歌仔冊》，以及在其他相關書籍中，因論述過程之需要而提及之歌謠，均爲取材的對象。此外，本論文第四章中闡釋的主題爲婚禮歌謠，這種特殊的儀式歌謠通常多收錄於記載結婚禮儀的專書之中，如：台灣省政府民政廳所編《結婚禮儀範本》、楊炯山所著的《最新婚喪喜慶禮儀大全》等。最後，還有期刊、報紙等之專章亦爲本論文參考引用的資料來原。

（二）本論文是以婦女的「婚姻生活」爲探討主題，因此，取材必須注意與婦女主題相關之部分，舉凡婦女的生活、慣俗、信仰、婚姻、生育、人際角色等書籍資料或記載，以及前人相關之研究著作，皆爲本論文參考引用的資料來源；並藉由相關資料的整理，建構本論文的基礎，使本論文的推論過程更具客觀性、合理性。

（三）本論文的重心在於探討「早期」台灣社會中的婦女生活型態與思想，然而既以「早期」爲論述範圍，因此，追溯早期台灣社會型態以及民眾之生活背景即爲必要的條件，故必須歸納、整理台灣之相關方志、史料，且以此爲藍本，作爲探討本文主題的背景依據，使本文之立論更爲合理。

（四）最後，「婦女」問題為本文所論述之主題，然而婦女問題的呈現並非單屬一時一地，而是淵源有自，由於台灣民眾多為大陸來台之移民，因此，在思維與慣習上亦多所承襲。因而本文中多引用古籍文獻，例如：《禮記》、《女誡》、《朱文公家禮》等記載，以此作為論述婦女觀點、結婚儀俗之佐證，並斟酌參考古籍資料，由資料中分析古代婦女的婦道，藉此追述早期台灣民眾所受的影響，使本文的觀點更為清晰、明確。

事實上，本論文各章節之觀念抽繹，除了奠基於前人之研究上，〔註30〕為了使本文之立論更為明確與深入，亦運用社會學、文化人類學、心理學、哲學、歷史學、衛生醫學等材料為佐證，期望能以不同的角度，觀察早期傳統婦女的思想與生活，且藉由深入婦女生命之探討，體察早期社會對婦女生活的影響，進而凝塑出早期婦女的生命觀。

第三節　研究方法與限制

一、研究方法之運用

本論文透過「歌謠」來探討早期「婦女生命」的本質，並配合典籍、學理等資料詮釋諸多婦女現象與意義。因此，本文之研究進路分述如下：

首先，在歌謠方面：本論文透過資料分析法，由歌謠資料所呈現文字的描繪內容中，從中分析歌謠所欲表達的情感，並理解背後呈現的意義，進而掌握早期社會環境之現象，以及民眾的觀念與思維。

其次，本文透過文獻資料的分析歸納法，歸納典籍、史料等材料所載之早期社會現象，觀察早期台灣社會的歷史背景，逐一分析各項早期社會之特殊風俗的成因，進而了解當時的社會生活型態；接著，再深入探討風俗對婦女生活的影響，了解一般婦女在這樣的陋俗影響下，如何展現其強韌的生命力。

第三，透過文獻比較法，分別分析比較《文公家禮·婚禮》所記載之婚禮儀式與「台閩婚禮」中結婚儀式之異同，由理解兩者結婚儀式之異同，才能分析禮俗變化的成因；接著才能探究台閩婚禮歌謠中所呈現的主題意識，感知傳統婚姻文化的內在意義。

最後，透過文獻分析法，由分析文獻資料之記載，進入婦女文化的世界，

〔註30〕有關婦女問題的研究，已有不少學者以不同的角度如：婚姻、家庭、歌謠、諺語、切入婦女問題的核心。

進而歸納整體的文化模式，探索現象所浮現的意義，而後尋求早期婦女在面臨不同的角色時，隱蘊內心的主體意識。

由此可知，本論文的研究方法主要乃以分析、歸納、比較等方式作爲研究理絡。首先乃大量的收集與婦女、家庭、婚姻、婚禮、生活等相關之「歌謠」，由諸多歌謠的資料分析每首歌謠的主題意義，再逐一分類、歸納，作爲本論文的主體架構，接著再分別根據論文各章節的主題，進行典籍、資料的搜羅，從文獻記載與歌謠資料中，比較兩者主題意識的殊異之處，由異、同的質性差異，探討出合理的思考脈絡。此外，配合各章節的主題內容之詮釋，探索整體現象與觀念之本質，使本論文之立論與推論、演繹過程，不僅詳實而且客觀。

最後，本論文亦運用歸納法，將本論文所收集的歌謠資料根據章節主題的分類，以附錄的方式，直接摘錄原文，將所有歌謠做確實、完整的呈現，除了利於彰顯歌謠之意義外，也方便讀者直接查閱歌謠資料。

二、本文研究之限制

本論文的中心在於探討「台閩歌謠」中所呈現的早期「婦女生活」。因此，取材的重點來自大量的歌謠。由於歌謠資料龐大繁雜，雖然已盡力搜羅，但不免仍有滄海遺珠之憾。由於歌謠資料搜羅上的限制，而造成歌謠呈現之主體內容的侷限，此爲本文研究限制之一。

此外，本論文雖以相關的文獻、典籍資料作爲立論的依據，由於本文論述的重點首要著重在早期婦女「生命意識」與「生活過程」的呈現；換言之，就是現實的「生活」型態。然而所有的書籍、歌謠等資料，僅能就文字上的描繪，分析、勾勒出過往的社會現象與生活型態，進而發現其最貼近本質的狀態，然而在分析、勾勒的過程中，直覺與想像是必要的方式。直覺與想像是實際經驗與邏輯思維下的一種感知現象，因此，必須透過直覺與想像能帶動思考的角度，拓展出多維的推理過程，但卻也容易由於跳躍性的直覺思考，造成偏執的論述，〔註31〕此亦爲本文之研究限制。

由此可知，本文的研究限制主要來自於材料範圍所造成的思考層面，爲了避免立論偏頗，因此，本文在闡釋過程，除了大量使用相關文獻資料，並分析其內涵意義來配合陳述之外，亦儘量運用各種人文學科之材料、參照各種文本，作爲建構本文的合理依據。

〔註31〕 林素英師：《從古代生命禮儀透視其生死觀——以禮記爲主的現代詮釋》，（台北：文津出版社，1997 年），頁 12。

第二章　從閩南歌謠看台灣早期社會的女性生活

　　台灣自鄭成功驅逐荷蘭人，奪得政權後，大陸來台開墾移民眾便日益增加，但其後復因清朝滅掉鄭氏政權，移民政策因而改變，而使得台地漢人移民人口曾出現短期減少的現象。雖然如此，當時的台灣也儼然成為大陸沿海居民移墾的新天堂。然而來台移墾的居民，在風俗習慣上，多將原鄉的生活習性輾轉移至台地。其後，由於清廷治台政策的干擾，以及台灣氣候、風俗等環境的影響，而雜揉出獨特的新民俗習慣，造成台灣特殊的「移民社會」現象，而台灣移民的生活亦出現了嚴重的移民社會問題，甚至影響台灣早期人民生活淫佚、奢靡的習性，更影響早期台灣婦女的生活型態。

　　因此，本章希望藉由前文中對台灣地區早期移墾環境之論述，勾勒出早期台灣社會型態之梗概，進而導入所探討之主題，再分節配合相關閩南歌謠，從中探討台灣地區早期一般婦女除了受到無形的禮教制約之外，尚有形之於外的身體制限——纏足之成因，並論述其對婦女生活之影響。最後，再分別探究台灣早期在文教未興、生活簡劣的狀況下，有別於一般正常人家的特殊婦女之生活型態。

第一節　台灣早期的社會概況

　　台灣早期迥異於中國內陸「移民社會」的文化型態特徵，陳其南根據李國祁在《中國現代化的區域研究——閩浙臺地區 1860～1916》一書之論證，歸納有六個特質：首先，台灣地區人口數與總戶數不成比例，即總戶數遠較總人口數差距極大，每戶平均人口數甚至高達十二人以上，且單身者眾多，

而成家者少。其次，移墾社會的特徵即是男女人口比例懸殊。第三個特徵為高度的人口及耕地面積之增加。第四，則為台灣移墾人民之血緣性不及大陸各省濃厚，然而地緣色彩卻極為強烈。第五特質則表現在生活型態上，如：婚姻習俗、賭博、羅漢腳等諸多社會問題的產生。最後，台灣社會的領導階層多為地方上豪強之士，而非文化水準較高的知識分子或士紳人物。〔註1〕

因此，在清代台灣社會中，民眾的生活型態深受「移墾」環境的影響，婦女的生活風俗亦是。如：婦女的纏足慣俗、民間童養媳與婦女從妓風氣的盛行，是台灣早期的社會現象，而清初的台灣正是培育這些社會問題的溫床。〔註2〕更確切的說，此為清代移民社會初期，男女人口比例嚴重失調所致。直至日治時期，乃至國民政府初期，這些不當的風氣仍普遍存於社會之中。

根據台灣首任郡守蔣毓英於《台灣府志》中記載，清人得台之初，台灣男女人口各為 16274 人及 13955 人，可見當時台灣男女數目比例尚稱合理。〔註3〕爾後，清廷為更確實地掌理台灣，並對往來人口有所掌握，即於康熙二十二年（西元 1683 年）頒布「台灣編查流寓六部處分則例」，將在台灣有妻室者、產業者、犯罪者，皆遷回中國大陸。次年，並對台實施度台禁令：

（一）渡台者皆需取得許可證。

（二）渡台者不准攜帶家眷，既渡台者也不准招致家眷。

（三）粵地屢為海盜淵藪，不准粵地人民入台。〔註4〕

禁止攜眷渡台與雖渡台卻又不招眷的結果，導致婦女稀少，男女人口比例逐漸懸殊。此一社會現象，除了直接在人口性別上產生衝擊，間接地也造成相關社會問題，如：無婚男子的增加，社會上多充斥俗稱「羅漢腳」〔註5〕

〔註1〕陳其南：《臺灣的傳統中國社會》，（台北：允晨文化，1987年），頁 164～167。

〔註2〕清初的台灣正屬於移墾初期之社會，由於民眾多因經濟因素來台移墾，因此多專心致力於改變貧困的經濟，講求務實與成就，而無暇顧及一般道德禮教之事，遂使得當時台地民眾的生活因疏於禮教的規範而顯得散佚。因此，由於民眾道德缺乏嚴格的規範，使得一些危害社會的問題便層出不窮，久之，亦轉變成敗風陋習。

〔註3〕蔣毓英：《台灣府志》，（南投：臺灣省文獻委員會，1993年），頁 77。

〔註4〕薛化元：《台灣歷史》，（台北：大中國圖書有限公司，2001年），頁 37。

〔註5〕陳其南：《台灣的傳統中國社會》，（台北：允晨文化，1987年），頁 251：「羅漢腳」即無家可歸之無賴，常徘徊於街頭，到了晚上則宿於鴉片館中，以竊盜糊口。他們散衣赤足，有如乞丐，但均為壯丁，並非不堪工作者。拙於為盜之徒，乃往往居於寺廟等地。其中也有美衣，而與普通人無異，此等之徒平素多以賭博吸煙度日，此外一無是處，後引申為成年無妻之男性。

的無婚男子流竄街頭，造成械鬥滋事情況日益嚴重的社會問題。

　　另外，因為男多女少的懸殊狀況，對於傳統婦女道德的約束力也日益下滑，因此婦女所受到的道德規範愈顯薄弱，造成諸如：一女侍多夫、兄弟繼……等特殊變例婚姻現象所在多有。婚姻觀念薄弱，娼館林立，生活環境惡劣、貧窮，都造成娼妓、養媳之風在台地頗為盛行的主因，導致台灣被視為娼風流行、風俗淫佚之地，故有「臺地風俗之惡，甲於天下，而淫風流行，尤堪髮指。」〔註6〕之說。

　　由於兩性人口不成比例，造成嚴重的社會問題，也對婚姻制度造成極大的影響。據廖風德的看法：「由於清室規定渡台者不准攜帶家眷，使社會上男多女少的現象嚴重，導致踐履斯土的移民，心理和生理同感苦悶，於是藉機酗酒、賭博、狎妓以資發洩，爭風吃醋時有所聞，影響社會治安，也造成人心的浮動好亂。」〔註7〕關於此一現象，學者卓意雯的研究，認為此乃台灣移墾的社會特殊狀況：

　　　　一般而言，邊陲地區或移墾社會，每因政府控制力的薄弱，或因社
　　　　會組織系統的尚未確立，而易呈現較為特殊的副文化，証之清代台
　　　　灣社會亦然，尤其在墾耕初期，講求實務與成就取向，傳統社會的
　　　　影響力乃相對減弱，加上兩性的失衡與文教未興等因素，不免形成
　　　　台地女性與內地女姓不同的風貌，從而在社會地位與活動上亦有迥
　　　　異之處。〔註8〕

這些特殊的背景、情況皆直接或間接地影響到早期台地民眾的生活觀，甚至深入的造成台灣地區早期許多婦女特殊的生活習慣與婚姻狀況，如：童養媳、典女、溺女、娼妓……等，甚至每逢迎神祀鬼之事，父母將幼女裝扮抬閣，〔註9〕賣弄風流以娛耳目。當時因父母不知大義，多圖得銀錢，故女子迄至長成，多墮入煙花。〔註10〕在傳統道德規範減弱，「笑貧不笑娼」的觀

〔註6〕史久龍著、方豪校訂：〈憶台雜記〉，《台灣文獻》，第26卷第4期、第27卷
　　　第1期合訂本，1975年12月，頁13。
〔註7〕廖風德：《清代之噶瑪蘭──一個台灣史的區域研究》，（台北：里仁書局，1982
　　　年），頁244。
〔註8〕卓意雯：〈清代台灣婦女的社會地位〉，《中央研究台灣史田野研究通訊》，第
　　　23卷，1992年6月，頁9。
〔註9〕抬閣，又稱抬春臺。早期迎神廟會之遊行對伍中，常見閣台內坐著兩個至數
　　　個身著戲服裝扮之童女，由人抬行於遊街隊伍中。
〔註10〕許雪姬：〈評介清代台灣婦女的生活〉，收錄於《近代中國婦女史研究》，第2

念下，或爲了金錢之驅使奴役，或是心甘自願，進而從事娼妓工作的婦女所在多有，可見當時社會中婦道的鬆弛，故陳培桂於《淡水廳志》曾謂：「台灣舊俗，寬於婦責。」〔註11〕一直到了後來兩性人口趨於平衡，社會風氣才稍歸正常。

此時，相較於台地，內陸婦女的生活，基本上仍然受到傳統父權的宰制，維持著「男尊女卑」的社會型態，即便大陸沿海民眾因經濟因素與台地移民的交通往來相當頻繁，然而內陸地區本身就是一個歷史與傳統極爲悠久且穩定的社會，因此民眾基本的生活型態，不至於受到影響而產生太大的改變，尤其對於婦女的道德禮教，仍然有著嚴格地規範，如：清初藍鼎元著有《女學》一書，其書主要仍以婦之德、言、容、功爲爲書立論的梗概。此外，當時亦有如：陳宏謀的《女教遺規》、陸圻的《新婦譜》等相當多關於這方面的著作，這些著作的主要目的皆在於闡揚女教。儘管這些關於婦女閨教的著作不僅僅只存於清代，中國歷代以來皆有相關著作與記載，不過由此即可得知，清代內陸婦女的生活行徑仍舊受到傳統父權觀念的限制，婦女的社會地位仍然卑下，反而不若台地婦女生活得活潑鬆弛，故尹章義於〈清代台灣婦女的社會地位〉一文中指出：「台灣婦女的社會地位仍然比內地要來得高。」〔註12〕於此可見一斑。

反觀台地社會在轉變爲「內地化」的過程中，由於道德風氣的恢復，相對地，對婦女道德束縛亦日益嚴密。在鼓勵良善風氣下，對於表現節烈的婦女有所旌表。通常旌表考核的方式是以婦女的德行爲標準，分爲貞、孝、節、烈四種名目，只要合乎標準，即有獲致旌表的機會。然而所謂的貞、孝、節、烈四種德性本身，並無一定的標準，常因當時的社會情況、輿論趨勢等而有所變革，致使原本改善社會風俗的美意受到嚴重扭曲，動輒得咎，烈婦則因夫亡而爲之身殉的風氣屢有耳聞，甚至有女之家竟因欽慕虛名，於是假義相責，乃至脅迫，只爲爭取建坊搬匾的榮耀，而不惜勸女殉亡。清·俞正燮之

期，1994 年 6 月，頁 329～330：台灣早期婦女風俗陋習有典女、溺女、賣女、娼妓、奶丫頭、婊妹、錮婢、幼女裝扮抬閣、無子妻妾抱子爭財……等，這些風俗陋習皆造成了台地婦女特殊的生活型態。

〔註11〕 陳培桂：《淡水廳志·列傳四》，（台中：臺灣省文獻委員會，1977 年），頁277。

〔註12〕 尹章義：〈清代台灣婦女的社會地位〉，《歷史月刊》，第 26 期，1990 年 3 月，頁 34。

詩云：「閩風生女半不舉，長大期之作烈女，婿死無端女亦亡，鴆酒在樽繩在梁，女兒貪生奈逼迫，斷腸幽怨填胸臆，族人歡笑女兒死，請旌籍以傳姓氏，三丈華表朝樹門，夜聞新鬼求反魂。」〔註13〕殉風熾烈，導致後來清廷敕令勸諭此俗之非，對於殉死者亦不再旌表。

　　婦女的道德約束因為人口的關係，由移民初期的淫佚散亂，轉至後期的嚴飾矯偽。社會風氣雖然回歸正常，但舊有的風俗陋習卻不可能立即消亡，因此當時社會上仍舊包容、默許婚姻的變例與婦女特殊生活型態的出現，故台灣早期婦女的生活型態可說是相當複雜而多樣，尹章義也指出：

> 漢儒社會中基於男尊女卑的觀念和因男性繼承制度而形成的童養媳、幼年婢女（查某嫺）招贅、留媳招夫、納妾、出妻、賣婦女為娼等行為雖然有逐漸增加的跡象，但是，就整體而論，台灣婦女的社會地位仍然比內地要來得高。〔註14〕

即便如此，傳統漢文化的禮教規範與父系繼嗣的制度仍然影響婦女生活至深。即使在前清移墾之初，由於政府控制力薄弱，且講求實務與成就取向，以及兩性失衡與文教未興等諸多原因，造成社會道德價值鬆動的情況，但事實上，貞節觀念仍舊存在於婦女內心。況且南宋時，朱熹曾至福建一帶講學，又成立書院，其學說對福建地區影響甚鉅，因此又稱「閩學」。而台人多來自閩粵兩地，多受文公風教影響，即便移墾之初雖疏於道德規範，然而民心良淳的本質未變，而隨著台地漸次開發，官方力量逐漸普及之後，官方大力推行良善風俗，並資以表彰，傳統的道德標準乃漸入人心，因此移墾後期，台地婦女的行徑也就與內地並無二致。〔註15〕

　　總而言之，早期台地的社會問題，歸納而言，造成的因素在於：第一，早期台灣的漢人社會是一個男多女寡的移民社會，然清廷為有效治理台灣，採取禁制搬眷的控制措施，致使「移民社會」型態下的社會問題益加嚴重。第二，由於兩性人口不均，遂使移民男性之心理生理同感苦悶，因其需求，導致社會淫風盛行、娼館林立。第三，兩性人口的差異，婚姻論財的社會現

〔註13〕　清·俞正燮撰：《癸巳類稿·貞女說》卷十三，收錄於嚴一萍選輯：《叢書集成三編》，（台北：藝文印書館，1971 年），頁 8。

〔註14〕　尹章義：〈清代台灣婦女的社會地位〉，《歷史月刊》，第 26 期，1990 年 3 月，頁 34。

〔註15〕　卓意雯：〈清代台灣婦女的社會地位〉，《中央研究台灣史田野研究通訊》，第 23 卷，1992 年 6 月，頁 9。

象，在普遍貧窮的民眾生活中，構成童養媳制度的風行，形成早期台灣社會特殊且普遍的婚姻制度。〔註16〕第四，雖然早期在台地婦女缺乏的情況下，乃多寬以婦責，但傳統漢人對於女性，亦由於父權觀念之約制，女性的思想與生活受嚴重限制，甚至將女性物化。在傳統觀念的驅使下，婦女生活不受保障，買賣婦女之事亦時有所聞。

　　早期台灣纏足、養女與娼妓等特殊的社會現象，乃為移墾社會結構下的產物，並且普遍存在於當時的女性社會中，例如：纏足與養女的風氣，就為多數婦女的生活境遇。而娼妓問題產生的主因，除了與早期台灣移墾社會的風俗有著密切的關係之外，此外，養女之風亦是令其滋長的一個重要關鍵。〔註17〕因此，在早期婦女的社會生活中，養女、娼妓與纏足風氣之間的關係，是既為相屬而又相連，而且這些特殊生活風俗除了影響早期婦女的生活之外，也影響了台灣婦女對生活型態與生命意義的思考與認知，甚至成為社會民眾普遍認知的價值觀。故若欲了解台灣早期婦女的生活，就必須先從其特殊的慣習風氣的角度切入，才能體會在當時社會情況下各種習俗的成因，以及在因應這些風俗時，當時婦女順應生活的狀況與心態，如此才能推測、還原早期婦女的生命型態。

第二節　早期台灣社會中一般女性的生活慣俗 ——纏足

　　纏足又稱「弓足」，是一種使足部軀體變形，成為小足，以代表美的風俗。《南唐史》有：「以帛繞足，令纖小屈上作新月狀。」〔註18〕之記載，閩南話則稱此狀為「截龜」。中國婦女纏足的習俗長達千年之久，早自北宋時代，下迄民國初年，不論貧富，纏足幾乎已成中國女性特殊的風俗習慣，也是中國歷史文化中最具爭議的一環。宋・車若水《腳氣集》：「婦人纏腳不知起於何時，小兒未四、五歲，無罪無辜，而使之受無限之痛苦，纏得小來不知何用？」

〔註16〕廖風德：《台灣史探索》，（台北：台灣學生書局，1996年），頁116。

〔註17〕台灣早期社會中，由於男女人口比例的失調，且一般家庭的經濟貧困，在雙重壓力之下，遂盛行以養女的方式解決婚配的問題，但卻也造成不少民眾變相的以養女的名義收養女子，逼良為娼、或轉賣為妓，以謀取暴利。因此，養女風氣的盛行，無意中，提供了社會上娼妓買賣的一個重要管道。

〔註18〕宋・歐陽修撰、二十五史刊行委員會編：《新五代史・南唐史》，（台北：臺灣開明書店，1967年），頁124。

〔註 19〕盡管早在宋代就有人反對纏足，然婦女纏足之風自北宋元豐以後仍越演越烈，發展至清朝，雖然官方亦定律禁治，然而清代婦女纏足之風卻日益熾烈。清代文人如：李笠翁、方絢、余懷等，即有不少與婦人纏足相關之作品，甚至發展出一套品蓮的研究。如：方絢就曾著《香蓮品藻》一書，將纏足之事分為「憎疾、榮寵、屈辱」三項，亦根據纏足的形狀，將其優劣之品評細分為五十八條之多。〔註 20〕此外，他還在所著之《采蓮船》中說道：「春秋佳日，花月良宵，有倒屐之主人，延曳裾之上客。……絕纓而履舄交錯，飛觴則薌澤微聞。」〔註 21〕所描述的就是當時以妓鞋行酒的風氣，可見中國婦女纏足的風氣發展至清代，已趨近於極至，一如陳東原於《中國婦女生活史》書中所說：「清代正是小腳狂的時代。」〔註 22〕清代纏足之風的盛行於此可見一斑。

福建閩南地區則至南宋時期，由於大儒朱熹曾於這一帶勵興文教、彰明男女禮義，故而曾大力推崇婦女纏足之舉，並認為此乃分別男女之行的最佳方法。進而促使婦女纏足之風大行於南宋期間，且迅速地由中原地區傳遞至福建閩南地區。而就台閩地區而言，清末乃至日據時期的台閩婦女，仍舊沿承著來自大陸閩南的纏足習慣，女孩小自四、五歲開始，就開始以布帛進行纏足，直至長成。

纏足可說違反身體的一項風俗，但在中國女性文化中，卻是被接受的，更進而盛行千年之久。演變至後來，其重要性除了對婦女身份地位有彰顯的作用，甚至直接影響著婦女的婚姻生活。故纏足風俗在早期台閩地區的婦女生活中，扮演著重要的角色。

因此，本節首先以歷史的角度，由纏足的起源說開始逐次敘論，探索中國纏足風俗的成因，以及纏足之風漸次傳遞至閩、台地區的過程，並探討何以粵籍婦女無沾染此風的現象，再進而由相關歌謠觀察纏足對當時社會風俗文化所造成的影響，並論述日據時期的台閩地區，在西方自由意識的影響下，勸戒婦女解除纏足所做的努力。

〔註 19〕宋・車若水撰：《腳氣集》卷上，收錄於《百部叢書集成・寶顏堂秘笈》，（台北：藝文印書館，1971 年），頁 22。

〔註 20〕清・方絢：《香蓮品藻》，收錄於《叢書集成續編》第 216 卷，（台北：新文豐出版社，1989 年），頁 247。

〔註 21〕清・方絢：《采蓮船》，收錄於《叢書集成續編》第 102 卷，（台北：新文豐出版社，1989 年），頁 711。

〔註 22〕陳東原：《中國婦女生活史》，（台北：商務印書館，1994 年），頁 225。

　　其次，企圖從台閩纏足風俗的背景與成因著手，並輔以歌謠，一一探究纏足之風何以成為婦女身份地位的符號表徵，以及早期纏足之舉在「品德化」的思想轉化與連結下，民眾對婦女人身、思想的諸多約束，並分析纏足所造成的身體殘毀審美觀，不但操弄著婦女的道德意識，竟也成為影響婚配的重要條件。

　　最後，則由閩台纏足婦女的生活方向切入探討，不管是富賈家眷抑或是平民農婦，纏足對於她們的生活直接、間接地都造成影響，及其兩者生活狀況之比較。並且，輔以歌謠作為例證，論述纏足既然對婦女生活帶來負面影響，何以卻又存行於早期傳統社會，成為約定俗成的制度。此中深埋於婦女心中，並支配其行為的思考方式究竟為何，都是本節討論的重點。

一、早期台灣婦女纏足始末

　　台灣婦女的纏足風俗來自大陸，於清末大陸來台移民在移墾的過程中，進而將傳統纏足的習慣帶來台灣。關於纏足的起源，截至目前為止，眾說紛紜，尚無定論。事實上，在五代以前雖缺少關於婦女纏足的確切記載，但卻已有零星的相關之資料顯於史籍與詩詞之中，如：最早於《詩經・國風》中就有關於描寫婦人步行姿態的記載：「月出皎兮，佼人僚兮，舒窈糾兮。」〔註23〕舒就是遲，窈糾是指步行時舒遲的姿態，不過這還不能確定在春秋時期的婦女就已有纏足的跡象。一直到了五代之後才有關於纏足風俗的確切論述，如《南唐史》載：「以帛繞足，令纖小屈上作新月狀。」〔註24〕因此多數學者普遍的看法認為，直到南唐李後主命窅娘以帛纏足後，纏足之風才開始傳至於民間，而余懷在《婦人鞋襪考》說：「考之纏足，起於南唐李後主，後主有宮嬪窅娘，纖麗善舞，乃命作金蓮，高六尺，飾以珍寶，綱帶纓絡，中作品色瑞蓮，命窅娘以帛纏足，屈上作新月狀，著素襪，行舞蓮中，迴旋有凌雲之態，由是人多效之，此纏足所自始也。」〔註25〕即便李後主之舉，使得纏足之風傳至民間，不過也僅行於歌妓舞群之中，一直到了宋代才逐漸被一般婦女所接受，故宋・張邦基在《墨庄漫錄》云：「婦人之纏足，起於近世。」

〔註23〕漢・毛公傳、鄭玄箋、唐・孔穎達正義：《詩・國風・陳》，收錄於《十三經注疏——毛詩正義》，（台北：藝文印書館，1979年），頁255。

〔註24〕宋・歐陽修撰、二十五史刊行委員會編：《新五代史・南唐史》，（台北：臺灣開明書店，1967年），頁124。

〔註25〕清・余懷：《婦人鞋襪考》，收錄於《叢書集成續編》第87卷，（台北：新文豐出版社，1989年），頁147。

〔註26〕另外，陶宗儀於《輟耕錄》亦云：「元豐以前人為者猶少，近年則人人相效，以不為者為恥也。」〔註27〕足見宋代婦女已有纏足風俗，只是在元豐以前為之者猶少。

另一說法為：纏足最早應源於唐末審美觀由大而小的變化，再經宋代理學壓抑女性推波助瀾之下產生的，南唐李後主命窅娘以帛繞足，彎曲為新月狀，在未有其他南唐相關具體的證據佐證之下，李後主此舉僅能視為纏足型式的發明者。〔註28〕儘管如此，宋代的確是婦女纏足風氣漸熾的轉戾點。就閩南地區而言，南宋朱熹就曾於閩地大力提倡纏足，並教以男女有別之道。林語堂先生於《中國人》一書曾說：「纏足是婦女被幽禁、被壓制的象徵，這個說法並不過分。宋代的大儒家朱熹也非常熱衷在福建南部推行纏足的習俗，作為傳授中國文化、提倡男女隔離的一個手段。」〔註29〕可見，朱熹之風教對閩南地區婦女的纏足習尚有至深的影響。

清領時期，來台開墾移民增加，因台灣與大陸相對地理位置關係，其中又以閩、粵兩籍居多，來台移民亦將原鄉的風俗習慣帶至台灣，而婦女纏足習慣也因此隨之而至。閩、粵兩籍移民中，又以閩南地區人文教化深受朱熹遺教的影響，故來台移民婦女其中以閩籍婦女有纏足的風俗習慣，而粵籍婦女並未有之。

粵籍移民婦女未染此風之因，一是傳統粵籍移民在長期遷徙移居下的生活並不安定，〔註30〕以致婦女無暇沾染此風，其次則是粵籍住地多為崎嶇山陵，況且其婦女多勤奮於家務農事，操勞至極，故不便纏腳。故連雅堂於《台灣通史‧風俗志》說：「漳、泉婦女大多纏足，以小為美，三寸弓鞋，織造極工。而粵人則否，耕田力役，無異男子，平時且多跣足。」〔註31〕由此可知，

〔註26〕宋‧張邦基：《墨庄漫錄》卷八，收錄於《叢書集成新編》第86卷，（台北：新文豐出版社，1985年），頁710。

〔註27〕元‧陶宗儀：《輟耕錄》，收錄於《叢書集成新編》第8卷，（台北：新文豐出版社，1985年），頁578。

〔註28〕林秋敏：〈中國婦女纏足研究的概況〉，收錄於《近代中國婦女史研究》，第4期，1996年8月，頁290。

〔註29〕林語堂：《中國人》，（杭州：浙江人民出版社，1988年），頁141。

〔註30〕羅香林：《客家研究導論》，（台北：南天書局，1992年），頁37～76。客籍漢族，從東晉至清代嘉乾間，曾歷經多次遷徙移居，最早從并州、司州、豫州等地多次遷移他處，最後逐漸散落移居閩、粵、江浙一帶，其中又以粵地為最。客人在千年的遷徙移居的生活過程中，共歷經五次大規模的遷徙運動，因而造就出客人強韌勤奮的性格。

〔註31〕連雅堂：《台灣通史‧風俗志》，卷二十，（台北：眾文圖書，1979年），頁604。

閩粵婦女纏足與否的特殊風俗差異。

　　日人來台之初，日方尚未完全掌控台治，故總督府對於此一陋習最初採取放任政策，但實質上仍透過各種管道宣揚鼓勵婦女放足，並採取溫和的漸禁政策。然而纏足是漢人社會行之已久的風俗，根據明治三十八年（西元 1905年）之調查統計，在台女子中將近有三分之二的女性施行纏足，〔註 32〕所以在日方宣導漸禁的政策下，仍未見具體成效，纏足之風仍舊是台灣一般閩籍婦女的基本裝束，由此可見「足小爲美」的觀念深植民心。如一首嘲笑大足婦女歌謠：「芹菜開花之葉做，大腳查媒假細的。情兄問伊怎樣假，一圓破布搥鞋底。」〔註 33〕歌謠中嘲笑未纏足的女性須假裝的小腳以掩人耳目，並以大腳爲恥。事實上，早期時人在觀念上也認定大腳即爲粗鄙的表徵，因此更常藉著歌謠嘲諷大腳女性，由此可見當代時人崇尚「三寸金蓮」的歪風。

　　同一時期，西風東漸，民智開放，中國傳統文化受到嚴格的考驗，纏足之俗亦爲如此。許多受過西教洗禮的人士於是積極地針對這個禁錮婦女身體、危及子孫健康與國家強弱之舉，喊出解放的口號。台灣「天然足會」的成立，爲台灣天然足運動揭開序幕，台灣「解纏運動」從明治二十二年（西元 1889 年）至大正三年（西元 1914 年）間，分別在台北、台中、台南三地展開，並有不少台籍士紳積極參與成立「天然足會」組織，並且進行天然足的運動。如：台北大稻埕「天然足會」倡導人黃玉階在「天然足會」成立，於致詞時所言：「台島開闢迄今，已歷二百餘年，民多隸彰泉，泉人稱海濱鄒魯、彰人曾習朱子遺風，粵人亦受韓文之教化，故民多純樸，然其去古既遠，積弊之風，自所難免，婦女之纏腳是也。此對婦女本身而言，有損穩固，無法盡婦道，然卻數百年來未能羈脫此陋習，常受外人之議評。……以維新之人，而仍染陋習，不能自拔，實愧憾深矣！」〔註 34〕不僅道出閩粵兩地婦女纏足與否的風尚差異，亦說出纏足陋習難以羈脫的困境。

　　儘管如此，倡導「天然足」的運動仍於台灣各地如火如荼地展開，並且積極的利用各種媒體與歌謠大力宣傳其理念，希冀改變此一不良風俗與世人

〔註32〕吳文星：《日據時期台灣領導階層之研究》，（台北：正中書局，1992 年），頁263。

〔註33〕灣太郎：《本地人之念歌》，收錄於台灣慣習研究會編：《台灣慣習記事（中譯本）》，第二卷下，第九號，（台中：台灣省文獻委員會，1987 年），頁 135。

〔註34〕洪敏麟：〈纏腳與台灣的天然足運動〉，《台灣文獻》，第 27 卷，第 3 期，1976年 9 月，頁 147。

守舊觀念。清代台南府城一地婦女纏足之風爲全島之冠，並以「府城金蓮」著稱。〔註35〕因此在全台積極推動「天然足」運動時，台南府城有宣導解纏歌謠〈府城縛腳歌〉：「上蒼創造人，男女腳直同；算是天生成，好走又好行；可惜戇父母，看坐纏腳好；愛子來縛腳，情理講一拋；著縛即是娘，無縛不成樣；女子未曉想，不過看世人；別人此號樣，出在爾爹娘；老母心肝殘，腳帛推緊緊。」〔註36〕此外，亦有多首勸解纏足之歌謠，如：「現時皇帝娘，無縛作模樣；縛腳不是多，無縛滿四處；咱著知好歹，不好著謹改；水面的船婆，搖櫓兼挺篙；無縛遍遍是，即有合道理；古昔足無束，冊又致意讀；婦女中狀元，出身作官員；有個能出征，掛帥又領兵。」〔註37〕透過歌謠的傳唱，宣導縛腳對女性身體的殘害，並導正受到傳統纏足觀念下禁錮、封閉的思想，勸戒爲人父母者與男子改變「足小爲美」舊觀念。此時，歌謠便成爲宣導、改正纏足風俗的重要工具之一。

　　大正三年（西元 1914 年）日本總督府發布纏足禁令，交由警察機構透過保甲執行，〔註38〕殖民政府主要是透過台灣領導階層提倡天然足的觀念，先由民間展開勸導解纏運動，待已收成效，始下令解纏。不管如何，解纏運動在經過民間各方努力奔走鼓吹，其觀念始爲導正，並爲民間所接受之後，再利用官方公權力實施強制的禁制手段，解纏運動自始獲得初步的成效。

二、婦女纏足的原因與背景

　　纏足可說是中國封建社會下的產物，女子纏足的原因爲宋代以後的社會對女性道德規範的加劇所致。宋代以後理學興盛、父權擴張，婦女自幼即被灌輸三從四德的家庭教育，要求婦女謹守閨範並以貞節爲重，深深地影響了女性須一切以男性爲主的思維，使得在傳統教化下的女性，將「女子無才便是德」的觀念奉爲圭臬。反之，若女子過分能幹者，在閩南話中即謂「強腳」或「強蹄蹄」，其涵義或許與認爲未纏腳之女性，因爲行動上不受限制而行事反顯得利落、強悍有關。〔註39〕由此可見，纏足不僅僅造成婦女生活上的不

〔註35〕華農生：〈清代府城金蓮〉，《台南文化》，新七期，1979 年 6 月，頁 141。
〔註36〕片岡巖，1921 年著，陳金田譯：《台灣風俗誌》，（台北：眾文圖書公司，1994年），頁 283。
〔註37〕同上註，頁 285。
〔註38〕洪敏麟：〈纏腳與台灣的天然足運動〉，《台灣文獻》，第 27 卷，第 3 期，1976年 9 月，頁 148。
〔註39〕同上註，頁 144。

便，而使生活範圍受到限制，也因此進一步成為傳統社會控制婦女思想的手段。

此外，宋代以後的社會文化對婦女普遍存著弱質的形象，形成過度矯飾的審美觀，而婦女因纏足而造成的纖弱特質，使得纏足因而成為女性美的代名詞。因此，宋代迄民國初年盛行於中國千年之久的纏足風俗，正反映出宋代以後民眾特殊的思考方式。其纏足原因，試一一舉例如下：

（一）身分階級的表徵

自宋以降，纏足逐漸成為婦女的裝扮風俗，發展至清代，已為纏足的全盛時期，纏足已成為地位的象徵，促使女性為彰顯其身份地位及表現女德自尊的心態需求下進行纏足。然而纏足最初只是富貴家庭不須從事勞動生產的婦女所率行的風俗，漸漸地，卻演變成財富、榮耀與身分階級的表徵。因為纏足婦女不便從事低級的勞動，通常家庭之社經地位相對為高者才有可能實施，因此時人多以纏足為榮。演變至後來，造成即使是清貧家庭女子亦仿效之，將來才有機會嫁入豪門。其次，中國各地未受文教開化之土著，其足部慣習多為天足，甚至不著鞋履，在深受義理教化之漢人思想觀念中，則視此為未開化的象徵。所以，纏足者即非野蠻之土著，因此纏足是為文明與野蠻之差異。〔註 40〕基於上述原因，纏足反而成為國人表徵地位、誇耀身分的一種符號。

台灣早期民風視「三寸金蓮」為女人優雅高貴的條件，而不纏足的婦女，則被譏稱「大腳婆」，因而有「大腳是婢，小腳是娘」的說法。早期台灣除了粵籍婦女不盛行纏足，而閩籍婦女則除了女婢傭人或清貧女子之外，其餘婦女通常多行纏足。由明治三十八年（西元 1905 年）總督府舉行戶口調查結果顯示，傳統台灣社會纏足女子多非從事勞動工作者，而且尤以中上家庭盛行之，而未纏足之女子，在一般人的觀念上，則被視為粗鄙無文，甚至是身分低賤的象徵，不但遭人恥笑，甚至影響婚姻，〔註 41〕故纏足亦形成中下階層的少女晉身高階家庭的主要手段之一。

早期男子娶妻託媒探聽女方，探聽重點除了所謂：「第一門風、第二財富、

〔註40〕 洪敏麟：〈纏腳與台灣的天然足運動〉，《台灣文獻》，第 27 卷，第 3 期，1976
　　　　 年 9 月，頁 145。
〔註41〕 吳文星：《日據時期台灣領導階層之研究》，（台北：正中書局，1992 年），頁
　　　　 286。

第三才幹、第四美貌、第五健康。」〔註 42〕之外，最重要的還是必須具備一雙傲人的小腳。以當時眼光而言，若能纏得一雙「小、瘦、彎、軟、稱」般的小腳，〔註 43〕便能成爲爭相說媒的對象。主要原因在於一般家庭之女子纏足必定大大減少家庭勞動力，故傳統觀念認爲欲纏得一雙人人稱羨的小足，代表其家庭生活優渥，不僅能免其勞動，在其行動不便之餘，還有供其驅喚的僕役，而相對的社會身分較爲高尙。除了傳統認爲富家女纏好足的觀念外，當然亦有一般出身之女子因爲三寸金蓮，而經由婚配進入高階家庭的特殊狀況，此種情況在傳統的一般觀念，則多歸諸女子受雙足致蔭的「富貴」之兆。

　　在勸解纏足歌中說：「人才若是好，無縛亦讚美；爲人好要緊，縛腳不使品；若心戒縛腳，此話無精差；求爾聽我嘴，無縛大富貴；甘願聽我讀，的確不可縛；無縛腳原成，允當事好行；未久若願解，後來好行走；縛久若肯流，免得腳歸球；身體是聖殿，不可腳帛練；腳手顧至好，正最孝父母。」〔註 44〕話雖如此，反之，亦可看出時人認爲纏足可視爲女子「品格」，並預測「富貴」的象徵。爲了符合社會需求與階級之認同，抑或是虛榮心的驅使，這些情況都造成早期婦女群起而效尤，並競相以此爲榮的背景原因之一。

（二）行動與思想的約束

　　封建社會中，婦女的生活被視爲附屬於男性，傳統「三從四德」之道是每位婦女必須謹守的分際。婦女自小即被教育爲以服從爲美德，以德、言、容、功四德爲生活之準繩，這些規範是婦女生存的依據，也是生活的義務。這些對婦女的要求與限制，主要在於傳統中國漢人社會以男性爲尊的父系社會思想所致。在家庭中，男主人不但掌握家庭的重要事務，並依其所好而決策之，而女性因傳統觀念與經濟上等諸多條件無法自立，往往只得聽令於男性的安排，不但剝奪了女性受教育與參予各項社會活動的權利，女性的生活亦侷限於家庭生活之中。因此，自古以來傳統的中國女性，泰半多安居於家中而足不出戶，然其生活所需就必須仰賴男性供給。康有爲在《大同書》亦

〔註42〕　婁子匡、許長樂：《台灣民俗源流》，（台中：台灣省政府新聞處，1971 年），頁 62。

〔註43〕　華農生：〈清代府城金蓮〉，《台南文化》，新七期，1979 年 6 月，頁 144。早期時人對女子纏足後的小腳設有「品足」之格，分別爲五種，以「小、瘦、彎、軟、稱」五字分之。

〔註44〕　片岡巖，1921 年著，陳金田譯：《台灣風俗誌》，（台北：衆文圖書公司，1994 年），頁 285。

道出此不平之現象，他說：

> 夫經歷萬數千年，鳩合全地萬國無量數不可思議之人，同為人之形
> 體，同為人之聰明，且人人皆有至親至愛之人，而忍心害理，抑之，
> 制之，愚之，閉之，囚之，繫之，使不得自立，不得任公事，不得
> 為仕宦，不得為國民，不得預議會，甚且不得事學問，不得發言論，
> 不得達名字，不得通交接，不得預享宴，不得出觀遊，不得出室門，
> 甚且斷束其腰，蒙蓋其面，刖削其足，雕刻其身，遍屈無辜，遍刑
> 無罪，斯尤無道之至者矣！而舉大地古今數千年，號稱仁人、義士，
> 熟視坐睹，以為當然，無為之援救者，此天下最奇駭、不公、不平
> 之事。〔註45〕

康有為深為傳統婦女所受的待遇發出不平之鳴，並且認為纏足之苦、不學之
苦與婚姻之苦，三者是構成男女不平等的基本因素，這些不平等的條件，正
是傳統女性「卑弱」的原因。

通常當財富不足以滿足人性的私慾時，此時情慾的追求便成為早期男性
的主要目標，此亦為富豪人家男性三妻四妾的因素之一。然而在早期男權高
漲女權卑下的情況之下，女性在淪為附屬於男性或財物的部分時，多視女性
有如物品般屬於男性私人的擁有物，因此對於女性的道德與貞節有著嚴苛的
要求，而「貞操」就被視為女德的第一要件，女性甚至視之重於生命。

伊世珍於《瑯環記》中曾有一段對話：「本壽問于母曰：富貴家女子必纏
足何也？其母曰：吾聞之聖人重女而使之不輕舉也，是以裹其足，故所居不
過閨閫之中，欲出則有帷車之載，是無事于足者也。」〔註46〕纏足女子因行
動受限之故，乃多展現出文靜安詳的舉止，而相當符合傳統禮教下婦女的形
象，所以纏足亦成為禁制女性生活的最佳方式。此外，台閩歌謠中也曾提及
纏足之舉來自人性的私慾所致：「大痛總無藥，只有鹽菜葉；人來難得閃，牽
衫起來掩；明知不好體，因何不肯改；這號惡風俗，算是從私慾；縛腳驚伊
不好，出門著執拐；真正不自然，行踏真遲延；遇著西北雨，欲走不進步；
為何故意縛，破相若撒擲。」〔註47〕因此，纏足對富貴人家而言，不僅有美

〔註45〕康有為：《大同書——去形界保獨立》，（鄭州：中州古籍，1998年），頁165。
〔註46〕元·伊世珍：《瑯環記》（卷中），收錄於《百部叢書集成·學津討原》，（台北：
　　　　藝文印書館，1965年），頁19～20。
〔註47〕片岡巖，1921年著，陳金田譯：《台灣風俗誌》，（台北：眾文圖書公司，1994
　　　　年），頁284。

觀與炫耀身分的作用，另一方面則有利於控制眾妻妾的行動，約束婦女的自由，減少婦女和外人接觸的機會，並且防範女子輕率逾越的行為，成為維護女性貞節與男性權益的一種工具。〔註48〕

　　所以，纏足可說是男權高漲之下，由控制女性身體進而控制思想活動的一種手段。以台灣中部富豪霧峰林氏家族之女性為例：林氏家族之婦女，上自掌家「主母」下至侍奉家主的「幼婦」多有纏足之習，〔註49〕因此幼童與婦女的活動多侷限於宅第之內，女孩與少女則依俗待於家中從事家務。儘管成年婦女不必親持家務，但多必須打理監督傭人、教育子女與作些輕微女紅之事，只有男人們自外地洽公並攜帶一些新奇的物品回來，這些婦女才略為感覺外在世界的物質改變。〔註50〕纏足者其生活無法自主的情況，正如歌謠所云：「行踏不自在，真正自己害；上船著人牽，過橋亦艱難；一生未粗重，輸人真多項；想真大悽慘，致到身軀弱；縛大鹽菜細，縛小又損身；有人知不足，風俗放未離；無縛驚歹看，親像大戲妲，愛得好名聲，縛了不好行。」〔註51〕由此可知，婦女因為纏足後行動不便，不僅限制了身體的活動，也使得思想受到了禁錮，直接地成為謹守禮教規範的保證，更是維護男性主權最有利的措施。

（三）殘毀的審美觀

　　纏足後的纖纖小足，是為早期社會中「女性美」的標準定義，如歌謠所云：「阿母相憐一束纏，為教貼地作金蓮。弓痕窄窄新花樣，知是初三月上弦。」〔註52〕明知纏足之痛，仍須勉力其行，纏足婦女即使相貌平庸、身材一般，只要纏得一雙傲人小腳，也會受到稱讚而得美人之名。俗話說：「女為悅己者容」，所以傳統婦女或因尋求階級身份的認同外，最主要亦是為了以此表徵自己美麗與不凡，不但取悅他人，並獲得社會的認可。再者，在傳統禮教要求

〔註48〕　蘇旭珺：〈由服飾裝扮的殘毀美學探討中國纏足之俗〉，《北縣文化》，第60期，1999年3月，頁53。

〔註49〕　日治大正三年（西元1914年），霧峰林家率先召集婦女舉行解纏足會，林氏泰然上台反對纏足之陋習，中部地區眼見被視為上流之林家婦女解纏之舉，紛受影響，遂促使中部地區解纏運動順利推行。

〔註50〕　麥斯基爾著，王淑琤譯：《霧峰林家——台灣拓荒之家1729～1895》，（台北：文鏡文化事業有限公司，1986年），頁259。

〔註51〕　片岡巖，1921年著，陳金田譯：《台灣風俗誌》，（台北：眾文圖書公司，1994年），頁283。

〔註52〕　同上註，頁96。

下，認爲「婦人步行，以舒遲爲貴」，事實上纏足婦女緩步行走時，爲了維持重心，自然產生婀娜忸怩的神態，有著一種纖細柔弱的視覺美感。如東坡詞所云：「塗香莫惜蓮成步，長愁羅襪臨波去，只見舞回風，都無行處蹤。偷穿宮樣穩，並立雙趺困，纖妙說應難，須從掌中看。」〔註53〕失去一般自然健康的體態，而呈現出纖弱搖曳的姿態。婦女因纏足的病質體態美，才能迎合早期時人以纖弱爲美、舒遲爲貴的審美觀，並符合被豢養寵溺的資格，相反的，認爲女子若未纏足，闊步疾行而有失女態，即閩南語所謂「粗腳重蹄」而令人生厭。

俗語有云：「小腳一雙，眼淚兩缸。」纏足婦女付出了身體殘毀的代價，造成身體疼痛與行動不便，在心態上則產生所謂的補償心理。除了如前文所述，尋求婚姻的匹配、權貴的戀慕之外，在外表的追求上，亦是無所不用其極，尤以足部的裝飾爲最。〔註54〕因此，纏足婦女在鞋履上更是竭盡所能的飾以各種精美的花樣，展現出精良的女紅技藝。袁裒在《楓窗小牘》指出：「汴京自宣和已後，多梳雲尖巧額……花靴弓屐，窮極金翠，一襪一領，費至千錢。」〔註55〕不僅說出宋代時人打扮奢靡的情況，也看出纏足婦女們藉由外表衣飾的打扮來吸引外人，使其注意到纖弱的雙足，而獲得身心上的滿足，對於當時追求足部之美的女性而言，應該具有補償心態。〔註56〕

台灣早期的審美觀念，雖將纏足視爲高尚的履飾與行爲，更是女性美的絕對標準，但事實上，纏足對婦女所帶來的傷害，除了對身體的殘害所受的痛苦、行動的牽制之外，另外，在亞熱帶氣候的台灣，長期縛腳造成衛生習慣的堪慮等，實是弊多於利。在台閩勸解纏足歌中就曾說：「縛腳是苦痛，二個成臭粽；有時爬且控，險路不允當；甌槽又污穢，臭味滿四處；不識掠做美，實在癲哥鬼；束到如薑芽，更慘掛腳枷，愈洗又愈爬；破皮又成空，即

〔註53〕 蘇軾：〈菩薩蠻〉，參見蘇軾著、曹樹銘校編：《蘇東坡詞（下）》，（台北：台灣商務印書館，1983 年），頁 458。

〔註54〕 柯基生：〈女性纏足的源起與影響〉，《北縣文化》，第 60 期，1999 年 3 月，頁62～65。台閩地區因纏足而發展之足部珮飾，除了弓鞋之外尚有腿帶、藕覆、裹腳布、腳環、畫鞋片、褲腿等琳瑯滿目，做工多精細優良，足以凸顯纏足婦女的足部之美。

〔註55〕 宋・袁裒撰：《楓窗小牘》，收錄於《百部叢書集成・寶顏堂秘笈》，（台北：藝文印書館，1971 年），頁 5。

〔註56〕 蘇旭珺：〈由服飾裝扮的殘毀美學探討中國纏足之俗〉，《北縣文化》，第 60 期，1999 年 3 月，頁 57。

著糝紅丹；五指做一員，即著糝明。」〔註57〕而這種殘毀的手段，根據蘇旭珺的看法，乃認爲：中國自南唐以來持續千年，以非自然的綑綁手法來塑造女性的小腳之美，則肇基於原始社會中，服飾裝扮殘毀美學心理的一種延伸。〔註58〕

　　這種視覺美的延伸，除了可以博得別人的欽羨與憐惜之外，據說亦可增加性生活上的情趣，清・李漁（笠翁）在《閒情偶寄》中描寫女子纏足之功用，說道：「其用維何，瘦欲無形，越看越生憐惜，此用之在日者也；柔若無骨，愈親愈耐撫摩，此用之在夜者也。」〔註59〕所以，早期男性對婦女的小腳近乎痴狂的崇拜，並且看作是擇偶的標準，除了基於美的觀點，主要也是對於性的微妙心理，所產生的投射現象。

三、台灣纏足婦女的生活

　　纏足在清代台灣是婦女所具備的一項足部之美，不僅代表女子的優雅高貴，亦是身份的表徵，故婦女競相纏足。〔註60〕然而纏足所帶來身體的痛苦，在台閩歌謠中也有呈現：「縛到咈咈彈，遍身流冷汗；女子好腳骨，不縛強強鬱；害伊啼哮哮，暗靜去偷解；有人父母無，出有戇姆婆；看人的纏腳，腳帛色褲加；縛了又大個，親像解廣螺；纏腳不行遠，艱苦不使問；婦女講無差，縛這死人腳。」〔註61〕因爲當時傳統觀念的謬誤，使得父母、尊長往往覺得纏足對女子而言是必須的裝束，也才能符合傳統禮教，況且一般人更視「金蓮小足」爲女人優雅高貴的條件，而不纏足則會被譏稱「大腳」或「赤腳」。

　　在台閩一般中上流的家庭，除了女婢、傭人或赤貧家庭的女子，乃因纏足不利勞動之故，而保持天足之外，其餘婦女通常都盛行纏足，其中又尤以靠色藝引人的藝妲爲最。其足長常見不出兩寸長，且爲了增加足尖的美觀，足端另附極小的「假腳」（擬足），無疑地更爲誇飾纏足之風，成爲「病態」

〔註57〕　片岡巖，1921年著，陳金田譯：《台灣風俗誌》，（台北：眾文圖書公司，1994年），頁284。

〔註58〕　蘇旭珺：〈由服飾裝扮的殘毀美學探討中國纏足之俗〉，《北縣文化》，第60期，1999年3月，頁50。

〔註59〕　清・李漁：《閒情偶寄・聲容部》，（台北：大安書局，1992年），頁120。

〔註60〕　卓意雯：《清代台灣婦女的生活》，（台北：自立晚報出版，1993年），頁186。

〔註61〕　片岡巖，1921年著，陳金田譯：《台灣風俗誌》，（台北：眾文圖書公司，1994年），頁283。

的品美觀。〔註62〕在富戶人家的女婢，則又有侍奉家主的「幼嫺」與做些粗重雜役的「粗嫺」區別，女婢雖多不纏足，當然是為了方便勞動，然而這些少數富戶人家的「幼嫺」，亦有不少是纏足者。對內而言，則為了有別於其他粗賤的嫺婢，對外，多少則有顯示大戶人家富饒闊綽的心態。如前文所提，早期婦女纏足者多達三分之二，由此可知，早期婦女纏足風俗的確相當盛行於台閩地區。

　　婦女纏足之舉雖然如前文所述，是為婦女身分地位的符號，並同時代表權力地位的象徵，但纏足並非為上層社會婦女的專俗。雖是貧家女子，縱然知長成後亦要為家庭生計而負擔粗重的工作，仍得勉強順應纏足之俗。其因，除了歸咎於崇尚風氣的盛行，另外因為「小足是阿娘，大足是嫺婢。」的觀念所致。縱使身家豐饒的富豪之女，若未纏足，在其成人後，仍有婚姻上的憂慮。反之，即使是困貧女子，若能纏得一雙金蓮小腳，在其成人之後，尚有機會得以高攀匹配上權貴家庭，而晉身豪門階級，即使機會渺小，但是由於曾經出現特例，在人們的渲染擴大之下，而被寄予無限的希望。一如蕭麗紅在《桂花巷》一書裡，女主角高剔紅原是清貧孤女，就是因為纏得一雙極美的小腳而風靡眾人，成為女性羨慕、男性愛慕的對象，最後更因如此而嫁入富豪門第。

　　由此可見，纏足不僅是社會風俗榮誇競爭之下的產物，也深切的關係到了女子的終身大事，成為傳統社會觀念中的擇偶條件之一。〔註63〕如歌謠：「菜瓜好食米管大，大腳查某不通娶，腳帛鞋面無接續，扱扱拉拉見老大，老大見來面紅紅，鞋底提來做枋板，鞋面提來做布帆，木屐提來做戲籠。」〔註64〕歌謠中藉著枋板、布帆、戲籠等物件來戲謔嘲笑天足女子，比附大腳的笨重粗俗，並且提醒男子不宜娶之。反之，雖然有些男子並不嫌棄女子天足，如歌謠：「金針開花疊疊針，親娘大腳兄無嫌；是我當初看過目，無嫌小妹腳無縛。」〔註65〕但無庸置疑，早期確實乃以足部大小為品評女子美貌、品德等之基準，更與女子的婚姻大事有直接的關係。

　　因為社會階層的不同，導致婦女在家中機能的迥異，因此纏足的風尚對於上層社會的女性而言，並不會直影響生活的營計，以清末台中霧峰林氏家

〔註62〕吳瀛濤：《台灣民俗》，（台北：眾文圖書，1992年），頁190。
〔註63〕卓意雯：《清代台灣婦女的生活》，（台北：自立晚報出版，1993年），頁70。
〔註64〕台灣新民報，346號，1931年，1月10日，歌謠欄。
〔註65〕李獻璋：《台灣民間文學集》，（台北：龍文出版社，1989年），頁47。

族爲例：當時林家的成年婦女不必親自操作家務，只需監督傭人、教育兒女和輕微的女紅，尚有傭人奴婢供其役使、傳喚。〔註66〕相較於當時一般階層的婦女，除了中饋的治理外，更兼有農務、開墾等粗重工作，確實是清閒安逸得多。但纏足對婦女而言，仍舊造成行動不變及生活上各方面的影響。

　　根據柯基生的研究，將纏足對婦女的行動影響分爲五個層級，由此探知身陷纏足窠臼下女性的生活行動：

第一級：生活行動與常人無異，毫無痛苦的感覺。

第二級：家居生活正常，不能遠行，遠行足部會疼痛。

第三級：家居行走常須伏牆摸壁，出外扶杖而行或須人扶持。

第四級：雙足無力寸步難行，須跪行或由人抱行。

第五級：雙足疼痛臥床，不堪點地。

　　然而多數纏足婦乃屬第二級之狀況，家居生活尚可應付，但外出遠行便顯得力不從心。〔註67〕因此，纏足對婦女的日常生活可說影響甚鉅，在所有的生活行動上受到了無比的限制，而經濟來源則必須仰賴男性，生活受其支配，並且退出了以男性爲主的社交圈。

　　纏足婦女在行動上的侷限，一如歌謠所云：「行踏不自在，眞正自己害；上船著人牽，過橋亦艱難；一生未粗重，輸人眞多項；想眞大悽慘，致到身軀弱；縛大鹽菜細，縛小又損身；有人知不足，風俗放未離；無縛驚歹看，親像大戲妲，愛得好名聲，縛了不好行。」〔註68〕由於男女天生體質的區別，再加上纏足後行動的受限，遂無法如男性一般從事須體力之勞務，因此家務的操持與女紅等，一些只須使用雙手之軟性工作，也就天經地義地成爲女性的職責所在。

　　雖然如此，纏足婦女的生活並非完全地遠離勞役。富戶士紳之婦女或許可過安逸閒暇的生活，但對於一般百姓而言，求得三餐的溫飽才是最重要的工作。一般勞動家庭的男性多從事田墾、漁獵等工作，相較於男性，婦女的工作就顯得繁瑣許多，除了家裡中饋、家務操持之外，尚有一些粗活，尤其

〔註66〕麥斯基爾著，王淑琤譯：《霧峰林家——台灣拓荒之家1729～1895》，（台北：文鏡文化事業有限公司，1986年），頁259。

〔註67〕柯基生：〈女性纏足的源起與影響〉，《北縣文化》，第60期，1999年3月，頁65。

〔註68〕片岡巖，1921年著，陳金田譯：《台灣風俗誌》，（台北：眾文圖書公司，1994年），頁283。

農家婦女。若以清代台灣社會的移墾狀況而言，不少拓荒的工作亦有婦女的參與，其他一般的農務的種植或汲水等粗重工作，婦女也多須爲之。〔註69〕

日據時期吳德功在〈村婦苦〉詩歌中亦有清楚的描述：

> 鄉林之婦一何苦？纖纖弱手兼數枝；漚苧漚麻糜明晦，雞鳴報曉整
> 衣起。踉蹌三五行成群，不施脂粉不簪珥；腰束犢鼻頭罩巾，手帶
> 餱糧雜種籽。蓬鬢垢容無顏色，奇形怪狀似大傀；行不數武過沙溪，
> 脫卻弓鞋涉溪水。纏足忽然又跣足，方便不如赤腳婢；度阡越陌勤
> 經營，重瓜殺草弗停止。天際夕陽墜西嶺，沿途采薪歸鄉里；入門
> 洗手作羹湯，老姑一聲喚喂豕。村婦聞言浩然嘆，世間多少兒女子；
> 富貴婦女嬌藏屋，寸步金蓮生珠履。且聞生女作門楣，不作門楣斯
> 亦己；故爲我生獨不辰，操磨一世直到死。〔註70〕

此文以農婦自嘆自嘲的口吻描述，說明農家婦既已纏足，卻仍須拖著纖弱的身體操持農務，更自嘲纏足後的踉蹌的行動與蓬鬢垢容有如大傀一般，還不如未纏足的婦女，並爲農婦操勞一生的生活而自憐。由此可知，一般婦女迫於現實生活，仍舊得從事勞動工作，然而傳統社會婦女纏足的守舊觀念並無因此而剔除，如此兩相矛盾卻又得遵從的風俗，的確對早期婦女帶來極大的困擾。

婦女行動不自由，影響所及，不僅僅只是日常的活動範圍狹隘與生活的處處受限，在思想上一樣也受到了纏足的束縛。不能外出活動，生活閱歷自然受限，再者，於傳統所謂「女子無才便是德」精神教條制約下，婦女更難有接受教育、吸收新知的機會。如《新竹縣志‧教育志》即說：「向來未有專設之女塾，雖亦有就學於私塾者，百不及一。且大都年至十二、三即廢學在家，學裁縫、刺繡或幫助洗衣、烹炊等家事。富家則延師在家教學，然亦多十二、三歲輟學，其所學課程與男生無差異，富家延師教育子女者，多選昔時賢文、女論語、孝經、閨則、烈女傳等課之。」〔註71〕而張素碧於〈日據時期台灣女子教育研究〉中亦指出：台灣在日據之前，一向有重男輕女的傳統及女子纏足的陋習。女子出生時通常無人慶賀，長至六、七歲即要開始纏

〔註69〕 卓意雯：《清代台灣婦女的生活》，（台北：自立晚報出版，1993年），頁67。

〔註70〕 簡榮聰：《台灣農村民謠與詩詠》，（南投：台灣史蹟源流研究所，1994年），頁203。

〔註71〕 新竹文獻委員會編：《臺灣省新竹縣志‧教育志》（卷七），（新竹：新竹文獻委員會，1976年），頁30。

足，這是當時成爲「美人」的必備條件。因此，女子在社會中無任何之地位，也很少人認爲女子應該接受教育，所以更無正式的女子教育。〔註72〕因此，在日人治台以前，絕大多數的婦女，皆無接受教育的機會。

日人治台初期，有鑒於普遍存在社會上的陋習積弊甚深，若仍聽任已成爲日本國民的台人保存陋習，實則有損日本之體面，雖然總督府認爲台人諸如辮髮、纏足等是必須革除的陋習，但在漸禁政策之下，總督府並不明令禁制及取締，只是積極透過各種學校教育或報章雜誌、歌謠傳唱等方式宣導，並對台進行改造工作。〔註73〕針對女性的改造，則從興辦女學與戒纏足兩處著手。女學的興辦乃在明治三十年（西元1897年）首次於士林成立台北第三高等女校，爲台灣第一所公立女校，但根據調查，基於交通欠便、氣候欠佳等諸多原因，致使女子就學率偏低，〔註74〕而纏足往往也成爲婦女就學上阻礙。

據此情況，張素碧曾在〈日據時期台灣女子教育研究〉一文中說：「台灣女子一向纏足，每日上學、放學往返於家裡與學校之間是極大的不便與痛苦，因爲纏腳走不了幾步路，全靠家人、佣人之抬轎或坐車接送，在這種情形下，能堅持至學期結束，是非常罕見而稀少的。……有時因治安不良、通學危險、家庭變故、農忙時節或是父兄姑嫂阻擋，即斷送此求學之路，所以女子教育最大的困難實爲纏足。」〔註75〕深究其主因，仍在於反對女子讀書的傳統舊觀念所致。纏足女子因長期身居深閨之中，在對外無所接觸、無所知的狀況下，導致思想觀念上極爲守舊，加上行動處處受限，也使得接受教育的機會大爲減縮。

要而言之，台灣地區在日人治台初期時，整個大環境的風氣就已經受到西方之影響而日趨自由開放，但傳統的台閩婦女仍多保有「大門不出，二門不邁」婦訓，就更遑論比日治期間更爲早期的婦女，其行動生活是如何的受到拘限。因此，在社會舊慣的約制下，早期台閩婦女並未有個人伸展的空間，其生活仍舊侷限於家庭之中。

〔註72〕 張素碧：〈日據時期台灣女子教育研究〉，收錄於李又寧、張玉法編：《中國婦女史論文集（第二輯）》，（台北：台灣商務印書館，1988年），頁322。
〔註73〕 吳文星：《日據時期台灣領導階層之研究》，（台北：正中書局，1992年），頁251。
〔註74〕 鮑家麟：《近代中國婦女運動史》，（台北：近代中國，2000年），頁407。
〔註75〕 張素碧：〈日據時期台灣女子教育研究〉，收錄於李又寧、張玉法編：《中國婦女史論文集（第二輯）》，（台北：台灣商務印書館，1988年），頁275。

　　總而言之，婦女纏足的風俗，在中國社會歷經千年之久，最後更遠渡傳播至台灣地區。推溯而論，早期台灣是個移墾社會，連帶的，觀念亦來自大陸原鄉，這中間不乏受傳統儒教觀念影響所致，而要求女性「卑弱」、「靜慎」、「專心」、「曲從」〔註76〕的思考模式，正好強化了纏足風俗存在的意義。

　　再者，婦女纏足之舉，在富賈家庭中或許是控制成群妻妾、炫耀身份等級之最佳工具，然而此舉對其富家女眷而言，並不易構成生活上的威脅。但一般的平民婦女在面臨生活與生存的威脅下，纏足風俗卻仍力行不墜於其間，一方面承受著纏足之苦，另一方面仍須力行家務農作的操持。此間種種原因，或許肇因於傳統的父權社會，女人附屬於男權社會之下的生活壓力，不纏足，即成為低賤身份的象徵，甚至無法婚配。

　　此外，若從「小足是阿娘，大足是嫺婢。」此話推論，婦女在幼小之時便由家中母親或女性長輩進行纏足之舉，在女性心理上，或許不僅是在於風俗的順應，最深的構因或許存在著改變家庭環境的希望，以及藉此可能獲得終身幸福的保障。

第三節　早期台灣社會中特殊類型的女性生活

　　在清代台灣社會中，民眾的生活型態深受「移墾」環境的影響，由於政權的興替與清朝對台政策的消極態度，〔註77〕造成人民性別結構上的失衡。在此之前，雖然鄭氏政權在治台二十二的年間，〔註78〕曾積極於台勵精圖治、推行文教，使得傳統中國儒教在台獲得發展，然而由於「移墾」社會經濟成就取向的價值因素所致，傳統儒教下的女性規範於此並不受到強烈重視，因而予以女性較大的伸展空間，展現了不同於往常開放活潑的氣氛，但卻也造成婦女許多特例的生活型態。關於這個現象，福建台灣巡撫邵友濂在〈取締台灣婦女弊風之告示〉上說：

〔註76〕漢・班昭：《女誡》，收錄於《諸子集成（補編二）》，（四川：四川人民出版社，1997年），頁442～443。

〔註77〕清朝在康熙二十二年（西元1683）於鄭氏之手統有台灣後，有鑒於台灣島孤懸海外，易為奸逆避藏之藪，以及統治上的憂慮，於是對漢人入台採取嚴厲的限制政策。

〔註78〕康熙元年（西元1662年）鄭成功以優勢的兵力逐退荷蘭人佔領台灣，在台灣的鄭氏政權自鄭成功以降，歷經鄭經、鄭克塽三代，直到康熙二十二年被施琅攻滅為止，共計二十二年。

　　本部院素聞人說台地婦女多半仍不知閨教，貪愛錢財，與男子往來，
以倚門接客爲常事，人人傳爲笑談，謂天下無恥之人莫如台地婦女
之甚。本部院渡台以來，細察情形，深爲爾等婦女叫屈。蓋爾等非
眞無恥也，所以甘爲無恥之事者，其故約有三端：一則習俗已久，
年幼無知之女，習見其姑若母之所爲，不復知爲可恥之事：一則明
知其非，見逼於大姆，不從則詬罵毒打，故含羞忍辱而爲之；一則
年少無遠慮，但知暮舞朝歌之樂，不暇計失身之害。〔註79〕
當時台灣的社會風氣可見一斑。

　　雖然其後隨著清廷治台政策的鬆弛開放，使得台灣男女兩性的人口數差
距趨於緩和，而移民人潮亦因而增加。而台灣地區民眾生活，也從「移墾社
會」轉變至「內地化」〔註80〕社會。在「內地化」的過程中，因傳統的儒家
觀念漸致獲得彰顯，且乾嘉以後台地民眾的經濟生活，因移民人數過多、生
齒日繁之因素下，乃趨於貧困萎縮，致使台地婦女活潑鬆弛的生活型態，因
此逐漸轉而嚴謹。雖然如此，台灣早期移墾社會導致的一些特殊婦女生活風
俗型態，諸如：早期移墾漢人因女姓人口失調之故，造成養媳及娼妓盛行的
社會問題，仍有不少因社會環境的需求而根植存留，繼續影響著台地婦女的
生活慣習。

　　因此，早期台灣特殊的生活型態，是造成台灣婦女生活異於傳統內陸婦
女的主要原因。更確切的說，其因多爲了配合台地人民的需求所致。故本文
希望以歷史陳述的方法，分析早期台灣婦女關於童養媳與娼妓的社會問題之
過程與因素，並且企圖探索其兩者間相互影響與連結的關係，再配合相關歌
謠，藉以探求童養媳與娼妓之生活型態及其特殊身份下的人生觀，以及早期
台灣傳統婦女在歷史背景諸多誘因之下的各種面向及其生活。

一、養媳的悲嘆

　　台灣養女風氣的產生與盛行，自有其歷史成因與社會背景，主要源於台
灣在清治時期，禁止攜眷與渡台不招眷的結果，導致男女人口比例懸殊，又
因爲「重男輕女」的傳統觀念，於是造成特殊的社會問題。在初期移民的社

〔註79〕　清・邵友濂：〈取締台灣婦女弊風之告示〉，《台灣私法人事編（上）》，（台北：
　　　　　臺灣銀行經濟研究室，1994 年），頁 188～189。
〔註80〕　內地化：意即台灣的社會變遷在取向上，以中國本部各省的社會型態爲目標，
　　　　　轉變成與中國本部各省完全相同的社會。

會，男性為了解決婚姻宗祧問題，遂使本源於中國養女之俗在台得以盛行，後又因經濟因素，造成台灣童養媳之俗益加熾盛。

本文所稱的「養媳」，即台灣閩南民間所謂的「童養媳」或「媳婦仔」，客家地方則大多稱為「苗媳」或「小媳婦」，〔註81〕另有稱之為「等郎妹」的稱呼，如歌謠：「等郎妹來真苦淒，等得郎大妹老哩，等得花開花又謝，等得日出月落西。十八歲妹仔嫁個三歲郎，朝朝夜夜抱上床，不是想到怪唔得你，一腳踢你見閻王。」〔註82〕以上雖有這幾種不同的稱呼，但其所指稱，多是養家預先收養他家之女孩，待其長成後，以匹配給養家之子，即所謂的「有對頭」。但亦有其他因特殊原因而收養他女的現象，如：以作為自己女兒為目的而收養、以圖利為目的而收養、為其招子招婿而收養⋯⋯等各種情況，下文中將有詳細說明。〔註83〕故本文所指稱之「養媳」，乃泛指養家所收養沒有血緣與婚姻關係的未婚女孩。〔註84〕

因此，本文首先由台灣早期移民社會所產生的問題層面，剖析養媳風氣的形成原因，及其興盛的因素。最後，經由台閩相關歌謠中，企圖還原早期台灣養媳在養家實際的生活狀況與遭遇。希冀藉由這樣的觀察，得以清楚了解早期台灣閩南地區養媳的生涯。

（一）台閩地區早期養媳風俗盛行之因素

傳統中國本為農業之社會，人民生計多仰賴農耕事業。但自古以來，閩粵兩地因山地丘陵之阻而不利耕種，人民謀生不易，遂多向外地發展以營求生計，然台灣與大陸閩粵地區僅一水之隔，且氣候宜人、土地肥沃，成為閩

〔註81〕 曾秋美：《台灣媳婦仔的生活世界》，（台北：玉山社，1998年），頁16。

〔註82〕 江彬：《客家婚俗數則》，收錄於福建省民俗學會編：《閩台婚俗》，（福建：廈門大學出版社，1991年），頁230。

〔註83〕 「養女」與「養媳」身分的確立，主要在於收養者之收養動機，一般而言，若收養他人女孩，待日後擬與男家之子婚配者，稱為「童養媳」，即為「有對頭」。而所謂「無對頭」者，乃僅收養女孩作為女兒，並不打算作媳，待其長成後將之出嫁，或是招夫入門延續香火等皆有之，此者稱為「養女」。然而「童養媳」與「養女」間也會因為養家環境的需要而有所改變，如：傳統慣俗中即有養家本寄望藉由收養好八字的養女作為招子的目的，若果真如願添丁，亦有將養女轉換為童養媳之身份，婚配於其子。此外，亦有本抱養他人之女欲為童養媳，然此養媳卻不得養家喜愛，故再將其以養女的身分再次轉出，為他人養女或養媳，甚至亦有出賣、逼迫其成為娼妓以圖牟利的現象。

〔註84〕 此所指之「血緣」與「婚姻」關係即謂：私生女、過房女及由繼父母所收養之女。

粵兩地移民之最佳選擇，因此閩粵沿海一帶人民相繼受生活所迫，紛紛來台謀生。

　　傳統漢人在生活習慣上，外出養家活口多以男性爲主，況且渡海冒險之事，又因清廷渡海政策之管制，因此，來台人士以男性人口區多，而鮮少舉家遷移，以致嚴重影響男女兩性之人口。關於這個現象，藍鼎元在對清廷之治台政策《平台紀略》中說：「統計台灣一府，惟中路台邑所屬，有夫妻子女之人民。自北路諸羅、彰化以上，淡水、雞籠山後千有餘里，通共婦女不及數百人；南路鳳山、新園、瑯橋以下四、五百里，婦女亦不及數百人。」〔註85〕清楚地道出清領移墾時期台灣兩性人口比例懸殊的現象。

　　由於男多女寡，所以販賣婦女之事時有所聞，清人江日昇在《台灣外記》云：「時邱煇自踞達濠有年，橫行無忌，官軍無奈之何。所有擄掠婦女，悉係台灣船隻販賣，因而室家日多。」〔註86〕此狀恰呼應前文所云，台灣早期「移民社會」中以意氣自雄的豪強之士爲領導的文化特徵，亦可看出當時台灣社會中婦女人口之缺乏，甚至造成社會上販賣婦女的犯罪問題。雖然台灣男女人口比例失衡的現象，隨著清廷禁制政策的鬆動而趨於緩和，但根據日人於明治二十九年（西元 1896）的初步調查中，直至日治時期，台灣兩性人口性別比例仍有些許的差距，〔註87〕可見早期台灣兩性失衡的問題到了日治時期仍然存在。

　　除此之外，民間養女制度的形成，與傳統漢人社會重視男嗣繼承的因素有極爲密切的關聯。在傳統「多子多孫」的觀念觀下，家庭中男丁之人口數也代表著家族興盛與否的重要指標，因此生男慣稱「弄璋」，若生女則稱「弄瓦」，並據其所生之性別而有不同的儀式。但其所謂的儀式乃多以生男爲主，可見民間對繼承男丁的重視。況且，自古以來在傳統社會「男尊女卑」價值觀的認定之下，更影響一般平民百姓「重男輕女」的生育觀。由於性別生育率的自然參半，難以控制其生育之性別，於是當家庭人口數升高形成負擔，卻又欲求男丁的情況下，溺女之俗便時有耳聞。

　　其實溺女之俗在中國由來已久，早在《左傳》就有這樣的記載：「初，宋

〔註85〕　清・藍鼎元：《平臺紀略・經理台灣疏》，（台北：台灣銀行經濟研究室，1958年），頁67。
〔註86〕　清・江日昇：《臺灣外記》，（台北：台灣大通書局，1997年），頁258。
〔註87〕　陳紹馨：《臺灣的人口變遷與社會變遷》，（台北：聯經出版社，1979年），頁169。

芮司徒，生女子赤而毛，棄諸堤下。」〔註88〕然此習及至宋代，殺女之風益為大熾：「長岳間田野小人，例只養二男一女，過此輒殺之，尤諱養女，以故民間少女，多鰥夫。女初生，輒以冷水浸殺。」〔註89〕而明代何喬遠於《閩書》中亦曾提及福建省建寧地區溺女的惡俗：「姻締論財，要責無厭，貧則棄之。故其俗至於溺女不愛惜。舂槁傔從，悉絕其配合，民白首為鰥寡者。下民一有緩急，即兒女滿膝之婦，去之不顧。貧婦，夫死未幾輒嫁或贅。」〔註90〕可見，溺女之風在中國已行有千年之久。根據日人之調查指出，溺女之風氣乃以福建、江西兩省最為盛行，其中又尤以福州為最，該地郊外池沼邊甚至立有「禁溺女」的石碑。〔註91〕其因如前所述，閩粵一帶地多山嶽丘陵，不利耕種，且人口稠密、生活困苦，因故賣女、溺女之風於此地甚為熾行。而台閩地區就流傳一首〈溺女歌〉：

> 天地生人有男女，因何活活來打死，免說受罪歸陰間，將心比心也不甘，既是十月苦懷胎，在通出世就去埋，叫爹救命說不出，叫娘救命說不來，聽見哭叫辛苦傷，二目金金看我娘，那卜當初不卻汝，並沒汝通來做母，那卜人人不卻仔，並沒新婦做親成，不通看仔無出處，嫁有仔婿是半子，無男歸女鄉鄉有，有孝贏過仔心婦，飼子也只十外年，嫁仔也有銀共錢，不用煩惱無家伙，仔也安分食碗尾，不用煩惱無嫁粧，竹釵插去金釵轉，就是無工通養飼，護人抱做心婦口英，救命陰功天補庇，明年生來一小弟，別日男女共廳堂，爹娘好命真十全。〔註92〕

歌詞中充分說明早期時人溺女的慘狀。簡而言之，中國自古以來溺女風氣盛行的原因，乃基於「男尊女卑」的傳統觀念，以及在民生經濟普遍不佳之情況下，極需男性的勞動人口等為主要因素。此外，諸如：災荒之影響、私生

〔註88〕 晉·杜預注、唐·孔穎達正義：《左傳·襄公二十六年》，收錄於《十三經注疏——左傳正義》，（台北：藝文印書館，1979年），頁633。

〔註89〕 蘇東坡著、孔凡禮點校：《蘇軾文集·蘇東坡與朱鄂州書》，（北京：中華書局，1999年），頁1416。

〔註90〕 明·何喬遠撰，廈門大學古籍整理研究所、歷史系古籍整理研究室閩書校點組校點：《閩書·風俗志》，（福州：福建人民出版社，1994年），頁944。

〔註91〕 鮑家麟：《中國婦女史論集》，（台北：牧童出版社，1979年），頁217。

〔註92〕 陳萬安撰：《勸世通俗歌》，〈溺女歌〉，書藏鹿港溫文卿先生。轉引自許雪姬：〈評介清代台灣婦女的生活〉，《近代中國婦女史研究》，第2期，1994年6月，頁326～327。

關係等，亦造成民間溺女因素。

由於早期台灣社會男多女寡，導致婚姻論財，形成男性成家不易的社會問題。蔣毓英於《台灣府志》說：「其俗之不善者，婚姻論財，不擇婿，不計門戶。」〔註93〕清楚地指出台地婚姻論財的慣俗。高拱乾針對此婚姻陋俗時就曾指出：「女鮮擇婿而婚姻財，人情之厭常喜新、交誼之有初鮮終……」〔註94〕由此可看出，早期閩台婚俗之中，女家索取高額聘金的現象，導致一般階層的家庭無法依正常婚姻管道聘娶媳婦。反之，女家因索取重聘之因，相對的，也必須於其女出閣之時備以豐厚的妝奩。陳文達：「若夫女家既受人厚聘、納幣之日，答禮必極其豐，遣嫁之時，粧奩必極其整，華奢相尚，每以居人後爲恥。」〔註95〕閩台歌謠亦有諷刺女子出嫁求奩之厚的情況：「爹爹夯門扇，對門遮。你子要嫁；要你田園共水車，要你水牛十六隻；要你三籠共五箱，要你十二領紅襖繡鴛鴦；要你綢，要你緞，要你呢羽共六串；要你眞珠瑪瑙丸，要你金手指，菜玉環。」〔註96〕因此，男女兩方論嫁，競相以多財爲論之風，造成一般階層之男家難以娶妻，而女家亦因此不敢輕論婚姻。針對此一陋俗，台閩歌謠有云：「舊式婚姻講體面，富窮絕對燴結緣，如今禮教若無變，有害眞多的青年。」〔註97〕台諺亦云：「有錢人嫁查某子，無錢人賣查某子。」〔註98〕由此可知，早期台灣一般階層民眾資產薄弱，婚配不易，故爲了解決婚姻問題、延續宗祧，乃多以抱養女童或買掠販之女，待日後爲妻或爲子媳。

由此可見，早期養媳之風的盛行，實乃諸多因素的配合下所致。根據李宜芳在《清代民間文學與社會慣俗之研究——以童養媳故事爲中心》的研究中，歸納出養媳風氣盛行於早期台灣民間的幾項因素：

1. 家窮無法養活女孩
2. 父母雙亡無法養活女孩

〔註93〕清・蔣毓英：《台灣府志》，(台北：台灣省文獻委員會，1993年)，頁58。

〔註94〕清・高拱乾：《台灣府志・風俗志》，(台北：台灣銀行，1960年)，頁187。

〔註95〕清・陳文達：《台灣縣志・輿地志》，(台中：台灣省文獻委員會，1958年)，頁212。

〔註96〕李獻璋：《台灣民間文學集》，(台北：龍文出版社，1989年)，頁26。

〔註97〕舒蘭編著：《台灣民歌(二)》，收錄於《中國地方歌謠集成》，(台北：渤海堂文化公司，1989年)，頁134。

〔註98〕田井輝雄：〈媳婦仔雜考〉，收錄於林川夫主編：《民俗臺灣》第二輯，(台北：武陵出版社，1990年)，頁30。

3. 母故父無法撫養幼女或父故母改嫁

4. 女家恐付不起嫁妝

5. 男家恐付不起聘金

6. 增加男家勞動力

7. 父母遠離而將女孩先行送往聘家

8. 爲夫家沖喜而聘童養媳

9. 免去坐轎遭致勒索

10. 男子面相醜陋或身有殘疾

11. 替養家招子

12. 怕娶不到妻子

13. 救溺女之風

14. 男家母寡兒孤

15. 增進婆媳感情〔註99〕

　　若從男家和女家兩方面分別說明養媳之利，就男方而言，第一：由於清代台灣社會婚姻多論財物，嫁娶費用浩繁，故一般貧困人家，抱養子媳，待長大與子婚配，可節省一大筆聘金與結婚費用。第二：養媳自幼即入家門，接受翁姑的管教，易習於男家的家風，婚後易於相處。第三：養媳自幼入門，即開始學習做家事，幫助家務，增加人手，換言之，即可利用養媳之勞力。就女方而言，第一：將女兒送人當養媳，通常係家境貧寒，子女眾多，無法全部養育，不得不割愛，以減輕負擔。第二：女家貧困，衣食不繼，故以幼女換取身價銀，以濟燃眉。第三：女家未必貧困，然以女兒易媳婦，解決婚配問題，此即是將自己女兒送人爲苗媳，然後再迎他人之女爲苗媳，以解決子嗣的婚配，可謂之易女而教。第四：女家誤信占卜，以爲女兒割父母之命，不利生家，即所謂「媳婦仔命」，不得不送人爲媳。〔註100〕

　　早期台灣民眾經濟不佳、生活不易，一般家庭生齒浩繁，一旦生產，即恐有無法育飼之慌，更何況是生養無法繼承宗祧之女孩，況其長成出嫁時，甚至必須資以嫁妝，還不如送予他人撫養，以茲節省生養與出嫁之開銷，亦可免除溺女之俗。而收養之家，通常亦多以經濟因素作爲主要考量，認爲預先

〔註99〕 李宜芳：《清代民間文學與社會慣俗之研究——以童養媳故事爲中心》，花蓮師院民間文學所，碩士論文，2002 年，頁 33。

〔註100〕 廖風德：《台灣史探索》，（台北：台灣學生書局，1996 年），頁 144。

收養他女，可免除日後一筆可觀的婚費，俗話說：「省一注（一筆）錢」〔註101〕即是如此。同時，家中也多一人可以幫忙家務，並且認爲「同頓乳頭，較同心」，〔註102〕以爲兒子與養媳同食一奶，日後夫妻當更親熱，而養媳自小親受養家父母調教，也多能知其輕重好惡，長成婚配後，亦較能善待翁姑。故歌謠：「柿扶曳，載米載粟來飼雞，飼雞要叫更，飼犬要吠冥，飼後生有老世，飼查某子別人的，飼媳婦仔作大家。」〔註103〕台諺亦云：「飼後生養老衰，飼媳婦蔭大家，飼查某子別人的。」〔註104〕基於這些特點，收家與養家雙方皆可「各取其利」，收養他女爲媳之舉，遂爲當時盛行於台灣民間的風氣。

養媳風俗的盛行如前文所述，雙方雖多基於經濟因素，但主要仍以婚媾爲考量。除此之外，養媳之舉尚有其複雜化、利益化的一面。由於早期台地婚姻論財的影響所致，一般民眾婚配不易，遂轉而收養或買女爲婚。原本單純的出養行爲，既有金幣可圖，有心之人不免挾其風氣以謀取暴利，甚至成爲牟利投資的藉口。〔註105〕通常生家多因單純的婚配與經濟因素出養女兒，但基於台人「無子也可養媳」之慣例，因此亦有養家藉此例之便，假借收養女童而行牟利之實。根據日人於明治三十四年（西元1901年）所做的調查指出：

> 在於台灣，以抱養他人之女兒當作自己之女兒，稱之爲養媳，亦可稱之爲媳婦。一般也是以金錢買得，成長之後將配與自己親生兒子結婚者有之，或者亦有招入他人之兒子與之結婚者，此乃所謂招婿或招贅也。其他更有出嫁與他家，甚至更有賣與他人者，觀其目的，種類尚多，其中是棄嬰與溺女之風已盛的具體表徵，台灣之首殊之風俗習慣也。關於媳婦之制，從康熙年間開始，在中國大陸本地雖然只限於娶給與自己親生兒子結婚爲目的者，稱之爲媳婦，但是在於台灣，以如前述：家無親生兒子亦可娶養，也一樣稱爲媳婦。〔註106〕

〔註101〕吳瀛濤：《台灣民俗》，（台北：眾文圖書，1992年），頁106。
〔註102〕同上註。
〔註103〕和田漢：〈媳婦仔雜記〉，收錄於林川夫主編：《民俗臺灣》第二輯，（台北：武陵出版社，1990年），頁9。
〔註104〕李騰嶽：〈媳婦仔與養女──查某姰制度的變遷及功過一二〉，收錄於林川夫主編：《民俗臺灣》第七輯，（台北：武陵出版社，1990年），頁162。
〔註105〕曾秋美：《台灣媳婦仔的生活世界》，（台北：玉山社，1998年），頁36。
〔註106〕台灣慣習研究會編：《台灣慣習記事（中譯本）》，第一卷下，第九號，（台中：台灣省文獻委員會，1987年），頁96。

所謂：「無米有舂臼，無囝抱媳婦。」〔註107〕不管養家是否有無子嗣都可抱養養媳，致使養家可以任意遊走法律邊緣，爲原本單純的抱養動機埋下禍源。因此，養家一旦買斷，即「一賣千休，割藤永斷」、「永遠不能言贖」，〔註108〕生家不但不能過問其日後生活，其女之生命可謂任由發落。在此情況下養媳被養家數度出賣，改變身份最後淪爲婢奴、墮入煙花，〔註109〕成爲當時屢有所聞的社會現象。

早期民眾在面對生存的危機及其知識思想之未開，難免對生活、生命存著不確定感，在各種複雜因素考量之下，遂造成出養親生女子的解決方法。不管出養與收養之人基於怎樣不同的目的，仍可由此得見婦女的生命人權，在早期社會中所受到的輕忽，故台閩慣以「女子茶籽（種子）命」〔註110〕來隱喻女性的生命有如種籽一般隨播而長，生命雖然堅韌，但卻不受重視。簡而言之，養媳之俗可謂是台灣早期社會在經濟生活貧困，傳統中國「傳宗接代」與「重男輕女」的觀念下，輕賤女性生命的一種行爲。

（二）養媳的生活與歌謠

在傳統農耕社會中，女性的經濟能力本來就不如男性，再者，漢人社會重視子嗣的觀念所及，認爲女兒長成，終究出嫁成爲「別人的家神」〔註111〕，主於兒子長成，不但是家中經濟上的幫手，還可迎娶媳婦幫助家務更可以傳承香煙，相形之下，生養女兒遠不及生養男丁來得有價值。在權衡之下，生家因家貧無力撫養，出讓女兒，不僅可以減輕負擔還可獲取聘銀，解決燃眉之急，更甚者，還可以此銀抱養他女，以幫忙家務，增加勞動力，來日亦可

〔註107〕陳主顯：《台灣俗諺語典——婚姻家庭》，（台北：前衛出版社，1999年），頁78。

〔註108〕曾秋美：《台灣媳婦仔的生活世界》，（台北：玉山社，1998年），頁48。

〔註109〕李騰嶽：〈媳婦仔與養女——查某嫺制度的變遷及功過一二〉，收錄於林川夫主編：《民俗臺灣》（第七輯），（台北：武陵出版社，1990年），頁163～164：根據調查，藝妓中有百分之九十，酒家女有百分之八十均具有養女的身份。然而其中，卻只有三分之一確實爲養女，其餘多爲假造養女之身份。通常她們的戶籍能保留於生家，養女和認養者之間，只有同居與寄宿的關係。因此，養女制度就變質爲人身販賣的畸形現象。

〔註110〕郭明道：〈婦女生活習俗的轉變〉，《嘉義文獻》，第8期，1977年1月，頁22。茶籽命：表示婦女的去處無一定，命運如何無法料算。

〔註111〕陳主顯：《台灣俗諺語典——婚姻家庭》，（台北：前衛出版社，1999年），頁527。全文：「查某囝，別人的家神」。舊時重男輕女的觀念，認爲查某子婚嫁之後便是外人，若去世之後，也是別人家神，接受別人的祭拜，福蔭別人的子孫。

婚配其子，可謂一舉數得。故台閩歌謠：「唏咐挨，篩米來飼雞，飼雞可報更，飼狗可吠暝，飼豬可來刣，飼外甥去不來，飼媳婦，養大姑，飼查某子，別人的。」〔註112〕因此，養媳風俗就在早期普遍貧窮的社會中，成為調節經濟、婚媾的主因。

　　台灣早期養媳之風盛行的原因已如前文所述，但基本上這些因素多以雙方之利益為考量，然相較之下，養媳卻可說是雙方交易下的受害者。其中，收養者雖然不乏因缺少子嗣或女兒而收養他人之女，於此情形下，對收養者較容易疼愛有加。此外，若自襁褓就被收為養媳者，多吃婆婆奶水長大，由於具有共同的生命情感，容易而被養家「疼入心」，況且從小一起生活，彼此間較無隔閡，將來成為兒媳也多能受到翁姑疼愛。但絕大多數養家收養養媳的心態，多基於經濟因素，若養家原本就有兒女，再者被收養之人並非於襁褓之時就收養之，此時養媳的地位就大為不同，養媳在養家之生活通常多受不等之待遇，有不少被就視為婢嫻般地被剝削其勞力。

　　養媳自小被養家收養，沒有娘家的依靠，在別人輕蔑的眼光與叫罵下，由於身份的自覺，通常都比同年齡的孩子早熟，也比較知道自己的處境，所以身處養家，必須以勞動來換取生活的價值，亦時有被家人虐待而投訴無門的情況。如：童謠〈白鷺絲〉即喻養媳被養家虐待，卻無處訴苦：「白鷺絲，擔畚箕，擔到港仔墘，跋一倒，卻著一文錢，買粿分大姨；大姨嫌無賴，呼雞呼狗來呪詛；呪詛無，投姆婆；姆婆去做客，投大伯；大伯去求龜，投姊夫；姊夫去送字紙，投來投去投著我，害我心頭搏搏彈。」〔註113〕在此情況下，難免對自己的身世感到不平，即便如此，卻仍是無力掙脫，乃多存著認命的心態，久之，性格上難免呈現沉默、孤僻的一面。因此在養家眼中又盡是缺點累累，益加受到嫌惡，故有：「三年做大風颱，都無飼人新婦仔栽。」〔註114〕之說，勸人再窮也不要養媳婦仔，領養他人之女為媳的苦惱，更勝過三年大風災的勞苦，充分表達出對養媳的嫌惡。

　　而大部分的養媳與婆婆就在這種惡性循環的情況下生活著，不但造成相處上的問題，也造成許多養媳日後不服原先所安排的婚姻，拒絕被「送做堆」

〔註112〕台灣省文獻委員會：《重修台灣省通志（卷三）住民志・禮俗篇》，（南投：臺灣省文獻委員會，1993年），頁332。

〔註113〕歐陽荊：〈台灣歌謠〉，《台灣文獻》，第21卷，第2期，1970年6月，頁51。白鷺絲：在此喻自己受飢寒，身體瘦弱之意。無賴：無多之意。

〔註114〕徐福全：《福全台諺語典》，（台北：作者自印，1998年），頁48。

〔註 115〕，而另求他法與人私奔的案例，也有養家因視養媳為嫻婢，轉而售與他人為奴、為娼的社會問題。如：台閩〈束縛養女歌〉：「……有人愛拔來賣子，喜款個錢拔不營，不時誤子塊呆命，打呆散人個名聲。世間天良是真少，所我目周看有著，迫入煙花真可惜，設婦女會上界著。父母賣子著摸心，不通害子去可憐，著來打拼甲要緊，不免誤子伊終身。這款世事朗不知，意向想落煙花界，不知娼間大裂害，到尾怨切即分知。……養女專是乎人害，小歲社會朗不知，歹徒錢乎唆東西，連後騙入煙花界。我自迫落煙花界，詳細皆看即分知，真想趁食無好代，不時乎人躂甲西。……」〔註 116〕此歌說明養家矇騙養媳，使之墮入煙花、出賣色相，成為養父母與老鴇的搖錢樹，在歌謠中也說明養女被推入火坑「不時乎人躂甲西」的慘狀，而歌謠也以「父母賣子著摸心，不通害子去可憐」、「不免誤子伊終身」來勸戒養父母切莫將養女推入火坑。可見在早期社會中的確存在著養父母出賣養女，逼良為娼的社會問題，由此可知，養女在養家地位的低下。

大部分的養媳對於在初懂事時，就多半了解自己特殊的身份，出於一份對自己身份的自覺，以及旁人對其特殊身份的期待，通常都會主動的幫忙家庭之一切家務。若年紀尚小，則從事耗力輕微的勞務，諸如：洗衣、燒飯、撿蕃薯、汲水、種蔬、飼養家畜……等工作，年齡稍長，就必須協助較為粗重的工作如：劈材汲水、推磨挨米、秧苗除草、收割曬穀……等家庭加工，久而久之，許多工作便落在養媳的身上，甚至取代養母一切的工作。在繁重的勞務工作下，還得時時兼任養家小姑、小叔的褓母，雖然在養家辛勤的工作，小心地侍候公婆，有時仍無法換取公平的待遇。昔日台諺有謂：「匏仔光光滑滑，無削皮人嘛罵，苦瓜貓貓皺皺，削皮人嘛罵。」〔註 117〕就是描寫養媳面對婆婆時惶恐的心情。因此，養媳只要不受到婆婆喜愛，所謂：「冷糜無食，新婦仔的；冷飯毋食，查某嫻的」〔註 118〕其地位與命運就會如同婢嫻一般受到輕視。

對於養媳來說，由於她們清楚地知道自己的特殊身份，明瞭自身的處

〔註 115〕 送作堆：又為「揀作堆」，即養家待養媳與預定之丈夫屆達適婚之齡時，就由養父母選一吉日，在養家為兩人舉行結婚之禮，然絕大多數多選於農曆年之除夕當天。

〔註 116〕 竹林書局：《束縛養女新歌》，（新竹：竹林書局，1990 年），頁 3。

〔註 117〕 許蓓苓：《台灣諺語反映的婚姻文化》，東吳大學中國文學研究所，碩士論文，2000 年，頁 273。

〔註 118〕 徐福全：《福全台諺語典》，（台北：作者自印，1998 年），頁 111。

境，在面對問題時，多半不敢積極爭取內心的理想或願望，常處於被動或自我設限的情況，因此多以勞動來換取養家的認同。這種心理上的自我設限與客觀環境的壓迫，致使她們在人格上多表現出怯懦、畏縮與自卑、自憐的一面，這種認命的行爲特質，即閩南話所謂的「媳婦仔型」、「媳婦仔體」的形象。〔註 119〕然而養媳長期處於這種孤立無援卻又認命自憐的情形下，泰半對人生感到絕望而有輕生的念頭，而養家也因對其弱勢身份的鄙視心態，而時時產生不滿的情緒，故常用「媳婦仔精」、「媳婦仔體」、「媳婦仔栽」等話咒罵之，有時就連家裡發生的一些瑣碎的災妄，都會被認爲是養媳「破格」〔註 120〕、「歹加脊位」〔註 121〕所致，而因此受到牽連與苛責，如：閩台童謠：「媳婦仔拏，犁挖挖，股邊荷兮，烏仔茄。」〔註 122〕就是婆婆虐待養媳時的情況。可見養媳在養家長期受到身體與精神的雙重壓迫下，其生活情況可謂堪憐。有首客家歌謠正好說明這樣的情況：

> 前世無修就係涯，塡到窮爺又窮哀，六歲送人做養女，道路坎坷命安排。養女講來好心酸，無好養來無好穿，看到別儕上學校，目汁流向肚裡吞。養父對涯較好心，養母管理最認眞，五更起床擦地板，白天每日看牛群。身體漸漸長得高，常常入山砍柴燒，上嶺又怕踢倒腳，過橋又怕刎倒腰。四世同居大家人，生活待遇麼公平，洗衣挑水搭煮飯，一件一件累死人。日日做工無稀奇，有時實在氣死人，無緣無故受挨罵，緊想緊眞緊痛心。父母生涯一枝花，風吹雨打命堪嗟，睡到半夜思想起，目汁流到枕頭下。父母生我幾時休，勞碌奔波年又秋，命若雖然天註定，心中食恨又含羞。奉勸諸位父母親，自家骨肉要關心，切莫送人做養女，放棄責任虧良心。養女來唱養女歌，養女從來世上多，養女陋習能除盡，耕田唔使用牛拖。〔註 123〕

〔註 119〕曾秋美：《台灣媳婦仔的生活世界》，（台北：玉山社，1998 年），頁 141。

〔註 120〕以往時人常以「破格」咒罵婦女，表其命格之衰敗，足以連累家人，或以此表其性格之差。

〔註 121〕「加脊位」：意指養媳的八字、命運。

〔註 122〕黃連發：〈養女與媳婦仔〉，收錄於林川夫主編：《民俗臺灣》（第二輯），（台北：武陵出版社，1990 年），頁 51：歌謠意指，養媳的頭髮像犁的把手，婆婆隨時可以抓住它踩在地上，使得手腳都不能動彈，然後婆婆便往養媳的大腿股邊用力擰絞後，整個腿股都呈現像茄子般的紫黑色。

〔註 123〕台灣省文獻委員會：《重修台灣省通志（卷三）住民志·禮俗篇》，（南投：臺灣省文獻委員會，1993 年），頁 264。

由此，足以充分說明養媳生活的辛酸。

雖然如此，但並非所有的養媳在養家都受到虐待與苛責，也有養媳在被抱養後，受到養家疼愛的情況。這些多半是養家無兒女，因此藉由抱養養媳的方式，以便將來招婿承繼香火，或養家無子嗣，抱養「好加脊位」的養媳，冀望受其致蔭，將來可以招小弟、蔭家官。其次，養家沒有親生女兒或是養媳自小即喝養母奶水長成，通常比較受到養家的疼愛，多半視之為親生女兒一般。此外，養家若抱養養媳之後家運漸佳，或是如願招弟添丁，多認為是養媳「好加脊位」所致，當然也就益是疼愛有加。

在傳統觀念的制約下，也有不少富庶家庭將親生女兒出養的情況，且收養者多半都以能高攀富豪親家而沾沾自喜。如台閩童謠〈月光光〉即謂窮人乞得富家女為童養媳，夫妻自喜得計，每引其孩子到富家諂媚，希望有所沾潤，不管被薄待與否。歌詞如下：「月仔月光光，牆仔疊紅磚，三歲子捧檳榔，捧去阿公店，阿公釣白魚，魚頭魚尾請親家，親家愛食鯽仔魚烏目瞘，親姆愛食韭菜溫蔴油，愛食豬腸仔炒虷虷，魚中尻捧去勸（藏），孫仔灶腳跨跨蛋（竄），蛋無食，撞灶額。」〔註124〕除此之外，也有女孩因其勤勞品德而被養家欣賞，而收為養媳的情況，如歌謠：「月光光，箍金桶，金雨傘，白米煮白飯，白湆好漿裙，早早閌（碰）著一陣查某囝仔女屯，梳椏桄鬃，燕尾，一個乖巧好做伙，來阮磨仔腳（下），共阮湊（幫）挨粿，食阮一碗白米飯，配阮一塊塩魚補，留地乎阮嬰仔做某。」〔註125〕歌謠指出昔有賣碗粿成家業者，當月夜挨磨時，鄰有伶仃孤女，每來幫助拖磨，夫妻見其能耐勞苦，隨收為養媳，家道從此發達。

由此可知，既為養女身份，如無好的命格受到養家疼愛，也要有能吃苦耐勞的本事得到養家認同。養媳所付出的精神與勞力，對整個養家經濟不但提供許多的幫助，甚至有些家庭亦仰賴養媳供養。然而無盡的勞力與付出，養媳自身的生活境遇非但沒有受到較好的待遇，反因身份所累，往往要比一般家庭婦女承受更多的委屈。

台灣早期養女受教育的情況，因受傳統「男女七歲不同席」〔註126〕的禮教，與「女子無才便是德」、「重男輕女」觀念深植人心的影響之下，早期一

〔註124〕黃傳心：〈雲林民謠〉，《雲林文獻》，1983 年 3 月，頁 234。

〔註125〕同上註，頁 233：查某囝仔女屯，指未婚女子（處女）。

〔註126〕漢·鄭玄注、唐·孔穎達正義：《禮記·內則》，收錄於《十三經注疏——禮記正義》，（台北：藝文印書館，1979 年），頁 538。

般婦女受教育的機會已不多見，更何況被視為身份低微之養女。況且，一般家庭礙於經濟情況，急需勞動人口減輕負擔，養媳平時多的是做不完的家事雜務，受教育的機會顯然要比一般婦女還要少。張素碧於〈日據時期台灣女子教育研究〉亦指出：「台灣在日據之前，一向有重男輕女的傳統風俗和女子纏足的陋習。女子出生時候沒有人慶賀，長至六、七歲即要開始纏足，這是當時成為美人的必備條件。因此，女子在社會中無任何之地位，也很少人認為女子應該接受教育，所以更無正式的女子教育。」〔註127〕由此可知，日據以前台灣女子幾乎是不接受教育。另外，根據曾秋美的訪談調查，出生於日治時期的養媳，大多未能入學接受教育，直至戰後國民政府實施義務教育後，部分的養媳才得以入學，但和一般女孩相比，仍有很大的差異。〔註128〕

由此推論，清代至日治這一段期間的一般女子極少擁有接受教育的機會，更遑論身份低微的養媳，其接受教育的機會可謂是絕無僅有。因此，養媳真正接觸教育的機會，多應在國民政府實施義務教育後方有可能。即使能有受教育的機會，然而家庭的勞動多半影響其就學品質，久之，亦影響其就學的意願。所以，養媳通常在幾乎不接受教育的情況下，其生活狀況除了僅用勞力來換取生活，相對的，用最原始的方式從事皮肉生涯以營生例子亦為多見。

溯源而論，台灣早期養媳之風乃肇基於男多女寡、性別人口不均的情況下，所衍生出的問題。再者，經濟貧困與傳統輕女的因子，也正好助長了其風之盛焰。養媳風氣造成的諸多社會現象，不僅使得泰半養媳過著無尊嚴、無個人意識的生存型態，而生活慣俗的約束，也讓她們養成認命、被動與受支配的性格，反映出女性生理人格被操縱與控制的無奈。養媳自小在無自主能力的情況下，被迫與血親分離，進入全然陌生的生活環境，孤立無援，在無反抗能力下，必須接受養家與社會加諸於身的各種約制。各種現實情況均被披上合理化的印象，久之，亦轉化為認同、接受身份的轉換以及所有加諸其身不平之待遇。〔註129〕這種自卑、自憐與認同、接受的生命型態，以及毫無反抗、爭取的人格特質，正是有心人利用與迫害的弱點。

所有風俗慣習的盛行，多因人類生活的需要而存在，然社會型態與生活

〔註127〕張素碧：〈日據時期台灣女子教育研究〉，收錄於李又寧、張玉法編：《中國婦女史論文集》第二輯，（台北：台灣商務印書館，1988 年），頁 322。

〔註128〕曾秋美：《台灣媳婦仔的生活世界》，（台北：玉山社，1998 年），頁 153。

〔註129〕同上註，頁 281。

方式的轉變，風俗慣習之存留就必須經過這道關卡的檢視，而養媳之風流行於早期台地亦是如此。因此，早期台灣社會養媳之風的盛行，除了是順應其社會之需，若從養媳本身內在思考與生活遭遇而言，亦是早期人民在民智未開的情況下，歧視女性，並將女性物化的一種現象。

二、妓女的哀歌

　　台灣早期娼館林立、娼風盛行於社會之中，然其形成的原因與台灣早期的歷史有著密切的關聯性。主要是因為在移墾初期，清廷當局禁止攜眷渡台，導致男女人口比例在失衡之下，所引發一連串特殊的社會現象。廖風德於《清代之噶瑪蘭——一個台灣史的區域研究》中指出：「由於清室規定渡台者不准攜帶家眷，使社會上男多女少的現象嚴重，導致踐履斯土的移民，心理和生理同感苦悶，於是藉機酗酒、賭博、狎妓以資發洩，爭風吃醋時有所聞。」〔註130〕由此可知，早期移民離鄉背井的苦悶心情。然而社會上男多女少、婚姻論財的現象嚴重，使得多數成年男子無以婚媾，不僅缺少家庭溫暖，也缺乏自我約束的能力，在生理及心理無處宣洩的情況下，遂多藉著酗酒、賭博、狎妓之事而尋求抒發，最後甚至演變成區域性的械鬥，形成當時台地嚴重的社會問題。

　　為此，藍鼎元曾經建議清廷當局，若欲消彌台灣社會逞兇鬥狠的風氣，則需以妻室家累為其羈絆：「今欲驅之使去，則勢有不能；縱其所如，恐為地方之害。臣愚，謂當有潛移默化之術，漸解其靡室靡家之民，必先遂其有室有家之願。蓋民生各遂家室，則無輕棄走險之思。」〔註131〕藍氏之建議，主要是希冀藉由家眷之累來消磨台地移民的奸豪之氣。然而藍氏此一構想卻未能獲得清廷方面的採納，而仍然維持渡台移民不准攜眷的策略。在此制的約束之下，反而對於台地民風造成鉅大的影響，成年男性散金狎妓之風即為一例。

　　而本文希望以歷史的角度，分析早期台灣娼館林立、娼風盛行的主要原因，並且探索當時社會在各種因素影響之下所呈現的面向，藉以了解婦女從娼的主因，並分析早期娼妓所必經的訓練過程，最後再配合相關歌謠，企圖還原當時娼妓的生活型態並探討其人生觀。

〔註130〕廖風德：《清代之噶瑪蘭——一個台灣史的區域研究》，（台北：里仁書局，1982年），頁244。

〔註131〕清·藍鼎元：《平臺紀略·經理台灣疏》，（台北：台灣銀行經濟研究室，1958年），頁67。

（一）台閩地區早期娼妓風俗的形成與盛行的原因

其實早期台灣娼妓的出現和傳統養女風氣的盛行，兩者之關係可謂息息相關，與當時移墾初期懸殊的男女比例，以及一般階層民眾之經濟狀況互為因果。早期台灣地區娼館林立，女子為娼者眾的主要原因，與台灣早期的歷史發展有著密切的關係。因此，若欲再進一步了解早期淫風盛行於台的主因，就必須從移墾之社會歷史、社會經濟以及傳統習俗的三個面向來論析。首先，由移墾社會的歷史角度論述之：移墾社會特徵即是女性人口稀少，由於清廷禁渡政策的壓力，使得此一問題更加惡化，導致成年男子婚媾不易、婚姻論財的特殊現象。然而社會風氣因「女以稀為貴」而「寬於婦責」的情況，亦深刻的影響了移墾初期台灣社會的婦女觀念。傳統的中國女教，從小即強調言行舉止都要溫柔卑順，女子十歲以後，即不可出門，要在家受母教，教的是「執麻枲、治絲繭、織紝組紃」〔註132〕等紡織女紅的技巧，以及「納酒漿、籩豆、菹醢」〔註133〕等關於祭祀的禮儀，十五而笄、二十而嫁。女子教育的主要目的就在教導女孩日後如何成為一個「賢婦」。〔註134〕然而早期台灣婦女的生活多不受傳統禮教之拘束，所以顯得自由而寬佚，不管已婚與否，仍常「艷粧市行」〔註135〕，而且「其夫不以為怪，父母兄弟亦恬然安之」〔註136〕，此況相較於中國傳統對婦女的「賢婦」〔註137〕之教，可謂大相逕庭。因此，早期移墾兩性人口不均，為滿足男性生理需求，以及台地婦女活潑鬆弛的生活型態，皆是造成娼妓盛行於移民初期之台灣社會的主要原因。

〔註132〕漢‧鄭玄注、唐‧孔穎達正義：《禮記‧內則》，收錄於《十三經注疏──禮記正義》，（台北：藝文印書館，1979 年），頁 539。

〔註133〕同上註。

〔註134〕林麗月：〈孝道與婦道：明代孝婦的文化史考察〉，近代中國婦女史研究編輯委員會：《近代中國婦女史研究》，（台北：中央研究院近代史研究所，1998 年），頁 7。

〔註135〕清‧陳文達：《台灣縣志‧輿地志》，（台中：台灣省文獻委員會，1958 年），頁 228。

〔註136〕同上註。

〔註137〕中國傳統相當重視「婦教」，婦女未婚時所接受的教育，多為未來出嫁後「侍奉公婆」、「理中饋」、「善侍夫婿」做準備，並得嫻熟各種女紅技藝與家務的處理。一旦出嫁之後，便以之前所學之各項禮教與技藝為藍本，生活行為上亦謹守禮節之規範，專心致力於家庭主婦的角色，此即為中國傳統觀念中「賢婦」的標準。

其次，則由社會經濟的角度視之：清末光緒年間，台灣之移墾現象已趨緩和，且清廷禁渡政策亦已消弛，來台之女眷大量增加，舒緩了台灣長久以來男女人口比例懸殊的問題。口眷既增，生育率遂相對昇高，再加上大量移民的湧入，致使台灣社會之人口驟增，況且西部地區，業已開發趨盡，致使平均耕地面積減少。再則初期移民生活奢華，在寅吃卯糧、無所積蓄的情況之下，民生經濟逐漸萎縮、陷入困境，導致許多家庭援用傳統大陸原鄉之溺女、養媳之俗，更甚者，以賣女的方式解決生計問題。因爲營生而賣女之法一旦成風，其中又有錢銀可圖，致使台灣賣女圖利的現象成爲當時甚爲嚴重的社會問題，也形成難以變更的社會陋俗。

最後，若由社會中變相養女之俗的角度來看：雖然養女之俗原本在於單純的解決婚配、傳承宗嗣的問題，但是基於台人「無子也可養媳」之慣例，故亦有養家藉此例之便，假借收養女童而行牟利之實。如：根據日人於明治三十四年（西元 1901 年）所做的調查紀錄中就指出存於當時社會的怪象：「家無親生兒子亦可娶養，也依樣稱爲媳婦。」〔註138〕因此，當時社會上即充斥著養家變相收養女童，待其長成，充作嫻婢增加勞動、供其使喚，或是將其轉賣妓院作爲娼妓營利的案例，故由養女轉換身份成爲娼妓的情況，是爲當時屢見不鮮的社會現象。

以下舉一則《台灣私法》所錄之契約，即可了解當時買賣養女風俗盛行於台，甚至賣女爲娼的狀況：

> 同立杜賣盡斷手印契字人、台中縣馬芝堡鹿港興化宮邊施氏、與夫陳返在日、有親生第三女兒、年登七歲、改名阿發、自幼送與舅父施潭過繼、因潭身故、家貧甚苦、時施救即同胞弟施田相議、愿將此女出賣、盡問房親人等不能承受、時即托媒引就、於明治三十二年四月間、賣與本港長倍埋王藝觀（娼嫁）爲養女、收過身價銀拾元平柒兩、後因日食難度、即再托媒引就向王藝觀找寫盡斷賣身字、再支出身價銀陸元計共壹拾陸大員庫平拾壹兩貳錢正足、其銀交與施救施田同收訖、同媒保此女係是施氏救凉親生、非拐帶來歷不明等情、如有不明等情、施救施田自應出首抵當、不干買主之事、此係二比甘愿、各無反悔、恐口無憑、即合立杜賣盡斷手印契字壹紙、

〔註138〕台灣慣習研究會編：《台灣慣習記事（中譯本）》，第一卷下、第九號，（台中：台灣省文獻委員會，1987 年），頁 96。

付執爲炤、即日同媒交收過佛銀拾陸大元平拾壹兩貳錢正、再炤。

爲媒人　　　　　吳取

知見人　　　　　陳揬

代筆人　　　　　陳芳

明治三十二年己亥歲拾月五日　　　立賣女兒字人　　施救 施田

〔註139〕

由這份契約中可歸探出四則特點，一：契約中明確表示因「家貧甚苦」、「日食難度」以及「賣盡」、「盡斷賣身」的字樣。二：在此所錄之契約書中，亦明確指出收養者實爲娼家。三：契約書最後特別引媒保「此女係是施氏救涼親生、非拐帶來歷不明者」。四：契約中所指的阿發原爲過繼其舅之養女，然其舅逝後，卻再次出養。由此四點即可證實早期在民生不繼、女權不彰且視女爲物的狀況下，買賣婦女的風氣確實存於一般社會之中，且亦有數度「轉賣」之事。再者，契約中表明既是「賣斷」女身，應非作一般「養媳」之用，故賣以爲娼之機率大增，因此賣女爲「娼」之事確實存在。最後，此約中甚至得知，拐帶幼女而販賣的事件於早期台灣社會爲數頗多，致使一般娼家收養幼女時必須立字證其出處，以免招惹官非的社會現象。

　　然而風氣之形成並非於一時之間，故邵友濂於百思之後仍不得其解：「台地閩人原籍多閩之漳、泉，粵之潮、嘉，而最以漳、泉人爲多；漳泉地方自受宋朝朱文公之化，婦女最明禮法，朱公簾、朱公罩至今天下傳爲美談；祖宗爲天下美談，子孫爲天下笑談，則非原籍之舊俗可知。台地後山生番雖冥不知法，然男女之範甚嚴，爾等均係清白良民，乃甘爲娼妓無恥之事反不如粗野之番人，則非台地之舊俗可知。」〔註140〕由此可知，台地淫風之盛既非閩籍習俗，亦非受台地番人影響之舊俗，何以台地娼館林立、娼風熾盛？其實溯源推論即可得知，實乃移墾社會之男女人口失衡下所衍生的社會問題。因爲社會民生經濟的普遍貧窮，形成爲營生計而賣女的現象。再者，由於社會上既是男多女少、「以女爲貴」，在無法婚配的情形下，成年男性必須以狎妓之事解決生理之需。如在〈單身歌〉之中不但指出單身男子生活不便的苦

〔註139〕臨時臺灣舊慣調查會編：《臺灣私法附錄參考書》第二卷下，（台北：南天書局，1995年），頁254。

〔註140〕清·邵友濂：〈取締台灣婦女弊風之告示〉，《台灣私法人事編（上）》，（台北：臺灣銀行經濟研究室，1994年），頁189。

悶，也勸戒、說明嫖妓的後果缺失，相對的，也充分表達出早期不少單身男子，多以嫖妓方式來解決生理的需求：

> 一想單身眞可憐，衫爛褲蠟無人連，一尺八寸無人做，無介妻子在身邊。二想單身眞艱辛，出門三步勞較人，朋友姊妹來相惜，也愛擔人介人情。三想單身眞奔波，路頭路尾撿兜坐，朋友姊妹相議論，不損籃來也損槽。四想單身出外鄉，朋友喊涯學乖張，路上野花涯莫採，日後老裡望春光。五想單身難出頭，花街柳巷莫去嫖，賺有錢銀愛存起，日後娶妻好出頭。六想單身實在難，一年賺錢一年完，千介單身無了日，奔人比喻唔值錢。七想單身愛知愁，賺有錢銀唔可嫖，有錢一定唔可賭，春光日子在後頭。八想單身愛想眞，莫奔外人來看輕，千介單身妥比喻，愛好老者做媒人。九想單身你愛和，認眞賺錢愛討妻，立志賺錢討一介，日後富貴輪到你。十想單身又一多，半夜無想會有雙，嫖賭兩字來放踢，南蛇反身雙成龍。〔註141〕

是故社會上既有所需，即有所供，社會陋俗淫風必然乘勢而起。

蓋因台灣社會初期的型態與政策之故，女性人口稀少而愈顯珍貴，因此時人對於女性則多待以寬弛，傳統婦教觀念在此則顯得不彰，加上移民初期土地面積廣大，且原住居民在無法與之抗衡下，初來之眾多能藉由土地取得龐大的經濟利益，因此生活富裕、民風競奢，然而在女性人口鮮少之情況下，導致婚姻論財、嫁必重奩的論婚方式，此風既成，民眾婚嫁必以此競相榮誇。然而隨著移墾末期來台移民之大量湧入，隨之而來便是耕地不足、營生不易，移民經濟不若以往，而嫁娶競誇的浮華習尚並不因此而廢，仍然存留於社會慣俗之中，致使社會之成年男子婚配更為艱難，於是社會上充斥著隻身無妻的「羅漢腳」。如歌謠：「燕仔飛簷前，無妻十八年，衫也破，褲也破，無妻眞罪過，鴨卵煎赤赤，無妻可來食，燒酒溫燒燒，無妻可來嫖。」〔註142〕由歌謠中可知當時羅漢腳無妻可娶的窘況。在這種畸形的社會環境中，林立的娼館遂成爲未婚男子紓解壓力與生理需求之處。需求者眾，而賣淫事業亦成爲一門有利可圖的行業。

〔註141〕舒蘭編著：《台灣情歌（二）》，收錄於《中國地方歌謠集成》，（台北：渤海堂文化公司，1989年），頁45。

〔註142〕李獻璋：《台灣民間文學集》，（台北：龍文出版社，1989年），頁5。罪過：可憐之意。

當時民間充斥林立的娼館，娼女的來源多來自於貧困家女，亦有不少源於誘拐之人口販賣。貧家之女通常多以出養的方式做為養家之童媳，然在「一賣千休，割藤永斷」以及「或配或賣，任從其便」的字據約束下，生家一旦出養女兒，則多無法再過問其女。而依照舊俗，養家不管有無子嗣，皆可收養童媳，在無法律明文約束下，已出養之女子再次被轉養為娼的比例因而大增。除此之外，亦有生家因生活經濟之拮据，或貪慕虛榮所致，乃將親生之女賣與娼家為妓者。基於上述原因，因而構成早期台灣養女之風與娼風之盛兩者間密切的關係。

因為女子缺少而販賣人口的情況，也是當時嚴重的社會問題，江日昇在《台灣外記》云：「時邱煇自踞達豪有年，橫行無忌，官軍無奈之何。所有擄掠婦女，悉係台灣船隻販賣，因而室家日多。」〔註143〕陳文達於《台灣縣志》記載：「鄉間之人，至四、五十歲而未有室者，比比而是，閩女既不可得，或買掠販之女為妻，或購掠販之男以為子。」〔註144〕如前所述，閩粵沿海一帶，地少人稠，生活困苦，因此素有賣女、溺女、養媳等風俗，故有一些人口販子，於此一帶搜索為人所摒棄之幼女、或是以盜掠方式擄他人之女至台地販賣，成為早期台地娼家購買幼女、教唆為妓的人口來源之一。

事實上，民間娼風盛行與養媳風俗兩者間的關係相當密切，收養與出養間往往涉及金錢利益，實際上已經把婦女當作物品般的買賣，雖說許多家庭基於生活的立場，不得已之下必須出養親生女兒，然而此舉實則為踐踏婦女尊嚴並且將之物化的一種表現。因此，娼妓的形成多數皆為變相賣女、養媳的惡果，隨著此兩種陋習的風行，不但種下人口販賣的惡因，也形成台地民風浮爛、治安敗壞的社會問題。

（二）娼妓的生活與歌謠

早期台地娼風的盛況，給予人「天下無恥之人莫如台地婦女之甚」〔註145〕的印象，然而事實上終究是因為環境因素所致。由於移墾初期渡海而至的男性人口中，不乏因原鄉生活因素而來覓求生路者，這些隻身來台墾荒的「羅

〔註143〕清·江日昇：《臺灣外記》（卷十二），（台北：河洛圖書出版社，1980 年），頁 181。

〔註144〕清·陳文達：《台灣縣志·輿地志》，（台中：台灣省文獻委員會，1958 年），頁 225～226。

〔註145〕清·邵友濂：〈取締台灣婦女弊風之告示〉，《台灣私法人事編（上）》，（台北：臺灣銀行經濟研究室，1994 年），頁 188。

漢腳」，通常多爲缺乏知識的草莽之夫，這些人長期離鄉開墾，滿懷思鄉情緒，且又無家庭依靠，爲了排解生理需求與尋求心靈之撫慰，於是多藉著娼館的逸樂尋求暫時的宣洩。

然當時的娼妓則多以出賣肉體或伴人笙歌飲樂的方式供給需求，這些娼妓的原家身世多爲家貧之女，通常是爲了家計而被迫賣身，而娼妓賣身方式又有所別。一是被生身父母或是輾轉藉由養父母以「賣斷」的方式，成爲妓院老鴇之養女，待時機成熟後，便成爲娼家牟利圖銀的工具。另外，則是娼女以自由之身於自家或依附於娼家而賣。若依附娼家，娼家必然抽其身價之部分所得，其餘所得則令娼女取回供養家庭。

然而娼妓不管以何種方式營生，主要多受到環境與家庭的逼迫所致，難免對其多舛的命運感到悲傷，故在台閩歌謠中，即有妓女嗟嘆身世、怨嘆父母將其出賣爲妓的哀調：「暝日怨身與嗟命，無塊吐氣講半聲，自恨爸母無痛子，今日這路才著行。」〔註146〕因當時需求所致，不管家貧被販或是被誘掠而販的娼女，其販賣的重點主要在於美色與身體，至於娼妓本身的技藝或才能通常不受到重視。再者，如前文所提，早期女性本就難有接受教育的機會，更遑論是爲娼家謀求暴利的妓女。因此，早期老鴇所收養之女，待其長成後，老鴇便會即時的唆使其爲妓、掛牌營業，成爲專以賣身爲業的娼妓，所以台語又稱之爲「趁食查某」或稱「婊」。而供娼妓營生、男性上前尋樂之娼館，台語稱之爲「查某間」，又收養娼女居中牽線之老鴇台語俗稱「老蔥」。

一般娼妓在生活習慣方面，以清末時台南一帶爲例，根據許丙丁之說：當時娼妓的階級乃以房間、室內裝飾來分上下。而其習慣多嚼食檳榔、纏足，並且以纏足後之金蓮與嚼食檳榔後之黑齒爲美，故往昔之俗慣以：「腳一小塊，嘴齒烏沉沉」來形容當時妓女的姿態。〔註147〕而劉家謀〈海音詩〉裡也說：「黑齒偏云助驗姿，飽犀應廢國風詩；俗情顛倒君休笑，梨笈登盤厭荔支。」〔註148〕出於當時審美觀的影響，故有以嚼食檳榔的方式將牙齒塗黑的習尚，然以齒黑爲美的慣俗，原本並不在漢人的風俗之中，此實應爲台地之番人風俗，故可推論此乃來台漢人因長期與台灣本地原住民互有交涉，彼此習俗漸

〔註146〕舒蘭編著：《台灣民歌（二）》，收錄於《中國地方歌謠集成》，（台北：渤海堂文化公司，1989年），頁125。

〔註147〕許丙丁：〈台南教坊記〉，《台南文化》，3卷4期，1954年4月，頁20。

〔註148〕劉家謀：〈海音詩〉，收錄於《臺灣雜詠合刻》，（台北：臺灣省文獻委員會，1994年），頁15。梨笈：即蕃石榴。

漸融合、沾染所致。〔註149〕此外，在日常生活中尚多有吸食鴉片的習慣。因此，早期台地娼妓之日常生活除營業接客外，其他時間多耗臥於木榻上，吸食鴉片以養精神或喝酒吃茶，可謂萎靡之至。

　　雖然如此，然而多數的妓女並非願意過著靠出賣肉體營生的日子，歌謠：「想到趁食喉著塞，暗頭坐到二三更，堅心好子要改變，不食這款僥倖錢。」〔註150〕或歌謠：「牽牛開花早起時，做娘趁錢眞艱難，一冥不睏聊聊動，**双手双腳著攬人**。」〔註151〕出賣皮肉的荒唐生活，多數並非出於所願，在精神無所依歸的情況下，或許藉由鴉片、檳榔等物品的滿足，才能暫時麻痺舒緩自我意識。

　　然而隨著大環境的改變，台灣地區已由早期的移墾社會逐漸進入內地化。各個城市間或與大陸沿海城市多互有密切之往來，而逐漸成爲繁榮的商業城市，商旅集中之地則爲航運港口，因此往昔台灣妓戶開設之處則與海河航運之港口有關。昔時台地有謂：「一府（台南）、二鹿（鹿港）、三艋舺（萬華）」之稱，這三處人潮聚集的商業大城恰巧都位於河運港口之腹地。因此，人口集中，商旅群集，是促成這些商業港阜成爲娼妓業發達的地區。〔註152〕

　　台灣移民以來所產生的娼寮多爲私娼寮，清廷當局從未加以管束，導致社會上娼家與民家雜處的風化問題嚴重。如清咸豐年間陳肇興在《陶村詩稿》裡，就曾描述台南西門城邊水仙宮一帶民家雜處而居的狀況：「水仙宮外是儂家，來往沽船慣吃茶，笑郎身似搖錢樹，好風吹到便開花。」〔註153〕此〈竹枝詞〉，除了可證明當時台南地區的娼館多開設於西城邊之水仙宮一帶，亦可說明早期娼館多設於河岸港口、鉅商富賈出入必經之處。因爲人口稠密、商業發達，故娼家與民家比鄰而居的情況比比皆是。娼民界線不明，民眾卻多不以爲忤，導致淫佚之風普遍盛行於社會之中。

　　因海河航運之口，商業往來頻繁，且出入者多爲高級的富商文士，故娼戶多選擇依傍而設以便攬客，而鑑其所需，原本一般單純只靠出賣肉體的妓戶也隨之升級，除了特別選購較具姿色的貧家女子，花費鉅資教授各種技藝

〔註149〕邱旭伶：《台灣藝妲風華》，（臺北：玉山社，1999年），頁34。
〔註150〕舒蘭編著：《台灣民歌（二）》，收錄於《中國地方歌謠集成》，（台北：渤海堂文化公司，1989年），頁124。
〔註151〕李獻璋：《台灣民間文學集》，（台北：龍文出版社，1989年），頁9。
〔註152〕沈美眞：《台灣被害娼妓與娼妓政策》，（台北：前衛出版社，1990年），頁47。
〔註153〕陳肇興：《陶村詩稿全集》，（台中：台灣省文獻委員會，1978年），頁52。

之外，娼家老鴇亦傳授媚引招待之術，以延攬往來各城間的商業鉅賈或文雅之士，故此後台灣的娼業則明顯區分爲「藝妓」與「娼妓」兩者。

由傳統觀念而言，所謂娼妓乃指以賣淫爲職之婦女。沈美眞於《台灣被害娼妓與娼妓政策》一書，將之定義爲：「有償地提供肉體與不特定人或特定的多數人爲性交之用的婦女。」〔註154〕是早期台地移民男性買春的方式。而娼妓身世則分爲：自我賣春與從小抱養兩種，由老娼妓培養，分別在自家或妓院賣春。而藝妓又稱藝姐，其身世又分爲二：一是長大後自己賣身。二爲自小由老鴇買斷收養。台灣的藝妓也和娼妓相同，多半都是由老藝妓或老娼妓負責培養。爲了迎合富賈商人的需要，在收買之前即先觀察其姿色，而後即悉心教授各種技藝，如：歌唱、樂器、身段或舞蹈等。在音樂方面通常教導當時社會流行的曲目，因此有別於一般純出賣肉體的娼妓，使之成爲色、藝兼具的高級藝姐。由此可知，娼妓和藝妓最大的不同乃在於販賣的賣點不同，娼妓提供的是肉體供人淫佚，而藝妓最主要乃以唱歌侑觴爲主，待時機成熟時才願意接客渡夜，而其中亦有如同日本藝妓一般，只賣藝而不賣身者。

如前文所述，台灣妓女大約分爲兩者，一爲專以賣身爲業之娼妓，俗稱「趁食查某」，一則侍客陪酒唱曲之藝妓，又稱藝姐。所以在早期一般人的觀念中，總以藝妓爲高級，並認爲一般娼妓相較於藝妓，無論在生活品味或才華能力上則有大大的不同，因此當時的藝妓不僅屬於高收入的行業，在身分的比較之下，也比一般娼妓高級。儘管如此，然而若從職業貴賤上作區別，對於藝妓而言，仍舊是跳脫不出「妓」的範疇，在台灣社會職業身份的階級分別上，乃屬於「下九流」，〔註155〕因此，在傳統儒教的台灣社會下，難免受人輕賤、鄙視。

實際說來，在經過嚴格訓練之後，藝妓的知識與見識的確要比當時的一般娼妓，甚至平常婦女高出許多。許多藝妓通常都因爲家庭貧困，而被親身父母賣出或養父母轉賣到妓女戶，因此一旦開始設定以藝妓爲職之後，就必須勤學相關技藝，不管是歌曲酬唱或樂器彈弄⋯⋯等，皆是成爲一位出色的藝妓所必須具備的條件。再者，由於必須迎合一些文人雅士的喜好，所以舞

〔註154〕沈美眞：《台灣被害娼妓與娼妓政策》，（台北：前衛出版社，1990年），頁18。
〔註155〕鈴木清一郎，1933年著，馮作民譯：《增訂台灣舊慣習俗信仰》，（台北：眾文圖書公司，1989年），頁13～15：早期台灣人視爲「下九流」的職業分別爲娼女、優、巫、樂人、牽豬哥、剃頭、僕婢、拿龍（按摩）、土公（爲人埋屍洗骨者）九項，通常以下九流爲職者，早期多被視爲賤民。

文弄墨也成為招攬高級顧客時不可缺乏的訓練重點。

　　因此，在台灣早期要成為一名正式的藝妓，最早得從延請「校書先生」〔註156〕教曲、學藝開始，此外，還要觀察、訓練與客人的應對技巧，最後，掛牌營業時還得再經歷不同客人的各種要求與考驗。葉榮鍾就曾於文中描述：「所謂藝妲，除『聲色藝』三要素必須具備外，酒量和猜拳的技術也是不可少的。……當時又沒有伴奏的曲師，她們不但會唱又要會彈，必需斜抱『雲和』自彈自唱。而且嫖客對於南曲大抵都有一手，所以不容她們亂唱一曲了事。她們有興趣時會來一個『點唱』的玩意，無論大調小曲，需是任考不倒纔算夠水準。若不具備這些條件，就上不得台盤，只好流為土娼，鄉人叫做『半掩門』或『趁食查某』。」〔註157〕因為這樣的訓練與見識，使得掛牌藝妓在儀態舉止上不僅高雅大方，在知識品味上亦有其獨特之處，不少的文人墨士、富商大賈因此多好與藝妓交往，不但流連於「藝妲間」，亦有不少與之婚配成為夫妻的。

　　由於早期娼妓或藝妓的身世多為鴇母買養的養女，因此一位鴇母底下通常都擁有數位藝妲仔，台灣早期要培養一位出色的「大色藝妲」，〔註158〕在藝妲仔約七、八歲左右就必先令其纏足，一般的藝妲仔多數為貧困家女，因此多無纏足之舉，對於以出賣色、藝為主的妓女而言，纏足無疑是當時審美觀念下，增加姿態美感的必要條件，即使纏足的過程繁複且疼痛不堪，但也必須忍受。而且待其約九、十歲開始，老鴇就必須花費延請「校書先生」教其「學曲學藝」，通常所學之曲則多以當時台灣社會所流行的曲目為主，以及當時頗受文人百姓喜愛的北曲和南管，其中又以南管為最。〔註159〕因為南管戲目多述男女情愛，樂聲優美婉囀，動作細膩雅致，頗獲一般民眾喜愛，故其曲目甚為適合藝妓藉而酬唱。藝妓除了學習歌曲的吟唱之外，還必須視其需要，另外學習配伴歌曲的樂器，如：琵琶、揚琴、三弦琴、胡琴等樂器，而藝妓苦練曲藝的主要目的，即是投文人雅士之所好「附庸風雅」一番，藉此拉抬身價。其後，便是應酬功

〔註156〕校書先生：就是以教授藝妓能為專業的人，且每當藝妓受客人之邀而陪酒演唱時，校書先生則多在一旁隨同拍鼓、拍板伴奏。

〔註157〕葉榮鍾編：《小屋大車集》，（臺中：中央書局，1977年），頁13。

〔註158〕大色藝妲：指當時最後歡迎的高級藝妓，當然收入也較其他藝妓為高。

〔註159〕北曲即平劇，而南管戲也就是梨園戲劇，主要角色有生、旦、淨、末、丑、貼、外，習慣上常以七子班、七子戲稱之，主要以南管音樂為伴奏，因其音樂、動作俱優美細膩，且多以男女情愛為演出內容，故特別受到女性觀眾的歡迎，是為現存最古老的劇種之一。

夫的訓練，一些富商大賈多習以娼院為其生意應酬之地，藝妓們無形中便成為生意往來的調劑與助力，所以即使容貌中庸，但若擁有高超、圓融的交際手段，能攏絡周旋各式嫖客而不倦者，都能令人難以忘懷。

　　因此，藝妓從小就必須學習各種藝能、撫媚之術以及應酬功夫。〔註160〕因為鴇母投以重資培養的因素，所以藝妓在學習的過程中，鴇母不但從旁監視，稍有鬆懈，還會加以鞭笞。再者，離家而居的生活難免因思及家人而有所悲苦，若從小抱養而不知其所生者，亦因身分上的自覺與處境而倍加感慨。在這些心理的傷痛中，仍要認清現實環境的壓迫，去學習各種將來身為藝妓的媚客之術，其生活可謂有苦難言。蘇太虛之詩作：「雲情雨亦未曾過，十五輕盈艷冶多；一墜火坑千萬丈，護花無計奈花何。未解終身墜愛河，朝朝喜自畫雙娥；可憐身似琵琶大，也抱琵琶學唱歌。」〔註161〕描述藝妓感慨身世悲涼與學藝之苦，而台閩〈妓女哀歌〉也對妓女之悲苦有如下之描述：

> 想到歹命喉就塞，暗頭坐到二三更，若是豎家睏三醒，做到趁食不
> 值錢。暗頭就叫哭五更，想著歹命淚淋漓，大家習致要起酵，講著
> 趁食苦傷悲。頂港握魚落下港，零星不賣要倚行，小娘在厝金吊桶，
> 出外無揀好歹人。新地大厝五間起，前來掛窗後掛簾，也著生美中
> 君意，也著嘴水值哥聽。趁您二元無軟爽，也著一身脫光光，胸前
> 二粒給君耍，腹肚給君做眠床。牽牛開花早起時，做婊趁錢真艱難，
> 一暝不睏蟯蟯旋，雙腳雙手著攬人。黃梔開花在山腰，日曝溪水微
> 溫燒，褲底若濕被人笑，若無艱苦錢繪著。咱娘生做有偌美，來落
> 煙花較吃虧，看人成雙又成對，自恨歹命無所歸。〔註162〕

從歌謠中乃知其自悲自憐的心態。因此，藝妓淪落煙花的悲苦、無依，其心境當是一般人無法深刻體會的。

　　況且，大部分鴇母培養藝妓的目的，都貪圖錢財，視其為牟利的「搖錢樹」，所謂：「但求生女莫生男，生女可為前樹枝。歌舞教成能接客，全家活計靠娥眉。」〔註163〕為了賺取更多的金錢，鴇母與妓女無不希望嫖客多能沉

〔註160〕邱旭伶：《台灣藝妲風華》，（臺北：玉山社，1999年），頁64～65。

〔註161〕黃武忠：〈小立花間唱妙詞〉，《聯合文學》，第3期，1985年1月，頁82。

〔註162〕台灣省文獻委員會：《重修台灣省通志（卷三）住民志‧禮俗篇》，（南投：臺灣省文獻委員會，1993年），頁285。

〔註163〕廖漢臣、賀嗣章：〈國內旅臺文人及其作品〉，《台灣文獻》，第10卷，第3期，1959年9月，頁52。

醉在其溫柔鄉裡。因而早期的藝妓或老娼，於農曆每月的初二、十六，多半都會到萬善堂祈求有應公的庇祐，許願時都會說：「萬善堂有應公，保庇人客來戀戀，轉去悾悾，橐袋仔在阮摸，父母講毋聽，某子講肉愛疼。」〔註164〕因此亦有歌謠：「水狩爺！腳翹翹，面皺皺，保庇大豬來入椆。來悾悾，去戀戀，腰肚據我摸。你婦吵，毋免聽；你母罵，毋免驚；我若叫，你得乖乖兒行。」〔註165〕除諷刺嫖客之受愚，也說明妓女求金的心態。

因此，俗語說：「婊無情，竊無義，客兄無志氣。」〔註166〕妓女求金而無情義是為一般人對其主觀的印象，姑且不論此說法之對錯，但是嫖客與妓女間建築於金錢上的歡愛，的確是超出正常男女應有的分際，故狎妓之風不但不可取，再者台灣位處亞熱帶地區，在早期醫藥不甚發達情況下，疾病傳染容易，當然娼妓賣淫的行為，也足以因而將病毒擴散，故歌謠勸戒男性嫖妓的行為：「勸你虛花不可想，學跋食迌無好樣，花宮所在若要酒，歹物是真有份張。勸你作歹要注意，不通看水著要碟，染著歹物真奧治，人講無彼隨便送。」〔註167〕勸戒男性莫要以此為樂，否則樂極生悲，一旦沾染病毒就得不償失。

雖然妓女出賣肉體以貪求金錢，然於早期謀生不易的社會中，事實上也多迫於現實之無奈，勉強為歡。如：「趁食查某錢銀重，不可笑吾心肝雄，父母生吾無中用，拆破面皮姑不終。」〔註168〕展現出為妓的無奈。而台閩歌謠中亦有描述妓女感嘆父母為了牟利，逼其為娼的歌謠：「爸母貪著金手指，貪著臺幣彼多錢，將阮身軀賣出去，被人做著迌迌物，母啊喂，要錢無想著子兒。世人不知阮心性，歡喜金鍊掛胸前，雖是榮華啥路用，不是永遠真愛情，母啊喂，要錢不想子一生。每日出門三輪車，坐來去不免行，外觀看著真好命，心肝像在枉死城，母啊喂，要錢無想子名聲。」〔註169〕從歌謠中充分可以體

〔註164〕宋隆全、胡萬川編：《宜蘭縣民間文學集》，（宜蘭：宜蘭縣立文化中心，1999 年），頁 156。某子講肉愛疼：指嫖妓者若遭妻兒勸阻，乃報以拳腳之意。

〔註165〕參見：http://neuro.ohbi.net/lostsinica/anthem/rap/rap1.html——水狩爺。大豬：意指嫖客。

〔註166〕鄭文海：《常用台灣俗語話（上）》，（台北：益群出版社，2000 年），頁 320。竊：指盜賊。

〔註167〕台灣省文獻委員會：《重修台灣省通志（卷三）住民志·禮俗篇》，（南投：臺灣省文獻委員會，1993 年），頁 328。

〔註168〕李獻璋：《台灣民間文學集》，（台北：龍文出版社，1989 年），頁 76。

〔註169〕舒蘭編著：《台灣民歌（一）》，收錄於《中國地方歌謠集成》，（台北：渤海堂文化公司，1989 年），頁 143。

會妓女的生活雖然光鮮亮麗、物質無虞，但以女性的立場而言，這無疑是以青春換取金錢的一種行為。

妓女的生活，完全取決於金錢的交易與強權的決定，朝迎夕送下的生活，身心非但無法自主，也需要以其美貌而討好諂媚一般前來的嫖客。由於傳統男性多以貞節去衡量女性的價值，以三從四德評斷女性的德性，狎妓實存逢場作戲的心態，又有多少男性真能夠衝破傳統禮教的束縛，以平等的態度對待娼妓！因此，真實的情感對於娼妓而言，顯然是可遇而不可求的，即便能幸遇有情之人，礙於身份，最後也多半也只能嫁為姬妾，如歌謠所云一般：「無嫌阿兄有妻子，我也甘願欲隨兄；您厝妻子著較痛，阿娘這路也著行。」〔註170〕終究還是無法如同一般婦女擁有健全而完整的感情依歸。

因此妓女的下半輩子，也因個人的際遇而有所不同，許多妓女都在童年階段就被父母甚至養父母以「衣食無度」為由賣入娼家，開始學習營生之術。姑且不論妓女受訓練的過程是如何之艱辛，然而青春有限，多半的妓女一旦開始掛牌營生後，多半就已經在為將來生活打算。一待機會成熟，娼妓通常多是從良而嫁做人婦，亦有收買養女接班，避免當年老色衰、雞皮鶴髮時，落得晚景淒涼的下場，如同台閩歌謠中就有一首嘲諷妓女本欲從良，卻因視人不清、人老珠黃後，而流落街頭的窘境：

> 蚱蜢婆穿紅裙，日日江邊去等船，船仔駛著三角帆，順風順水來入港，害阮看西又看東，起山不見阮的人，約阮物件幾十項，也要剪綾綢，也要剪絹紗，也要打金環，也要打金釵，也要買皮箱，也要刺皮鞋，公仔約要娶，婆仔約要嫁，二個心肝合一個，海邊船椿找透透，公仔一去無回頭，房內飼烏狗，食穿阮總包，烏毛包到白頭髮，衣裳手飾放水流，流落街面市場口，琵琶亂亂彈，舊曲無人聽，皺面無人看，烏陰天，北風寒破被單，著來裯，破茄莖，著來扞，誰人是爾駕鴛伴，去問觀音不起壇，幾個聰明老月妲，早早挄鹽醃心肝。〔註171〕

其實妓女也和一般婦女一樣，盼望能遇到適合自己的男性，得到一份感情，藉由婚姻脫離娼寮或藝妲間。因此到了適婚年齡，若能遇到合適的對象，再經過鴇母同意，如此已經算是最好的境遇。否則，就必須收養養女繼承衣缽，

〔註170〕李獻璋：《台灣民間文學集》，（台北：龍文出版社，1989年），頁77。
〔註171〕黃傳心：〈雲林民謠〉，《雲林文獻》，1983年3月，頁402。

作爲將來生活的保障，因此藝妲間流行一句諺語：「三代無阿公」說的就是鴇母收養媳婦，媳婦又再收養孫媳婦的狀況，也就是這三代之間都無男主人。除此之外，也有妓女在遭受悲慘境遇後，因爲精神與肉體的壓力打擊，感懷身世、看盡紅塵，便自殺一死尋求解脫，也有不堪長期的皮肉生涯，心力交瘁抑鬱而亡。如歌謠所云：「想著淒慘行這路，後世我要做查埔，甘願收善奉做某，生份人客奧招呼。」〔註172〕乃描述妓女無奈，兩性地位之不平，感懷身世，而將希望寄託於來生的心情。

雖然娼業高額的利潤，是導致許多婦女淪落風塵的主因，但也有不少的妓女雖然淪於煙花，然其個人之才學修養卻是極爲深厚，如清末的台北藝妓王香禪就曾經頗富盛名，而有「詩妓」之稱。當時文人梅生即曾說道：「台灣女子能詩，在有清二百餘年間，並不多見，若有，當以蔡碧吟、王香禪爲翹楚。」〔註173〕蔡碧吟爲台南名儒蔡國琳之女，家學淵源，耳濡目染，自然於詩文上有所成就。然而王香禪不過一介藝妓，卻能與之相提並論，由此可見其用功之深。此外，她與連雅堂的情誼亦爲後人所津津樂道，而連雅堂對她更是推崇有加，因此連氏的詩作中就有不少是署名贈與香禪，可見王香禪的才學修養極受連雅堂欣賞。由此可知，有不少妓女雖然出身寒微，仍然品格清高、心境良善且才華洋溢而受到時人之讚賞。

因此，雖說妓女的行業在傳統國人觀念下，屬於「下九流」階層身分，而一般觀念中，也多認爲其貪戀虛榮、以財爲重。但仍然有許多妓女雖然背負賤名，依然可以懷有高潔、善良的品格以及豐富的文采。矛盾的是，早期的妓女多半出身於貧困家女，其生活也多在非自願的情況下，販賣青春換取金錢，其行業爲傳統時人所不齒，然而在過往保守的時代裡，有不少妓女的行徑風格卻因爲其特殊的身分致使社會的約束少，反而能異於一般婦女，爭脫觀念的束縛，成爲勇於突破傳統的女性。

〔註172〕舒蘭編著：《台灣民歌（一）》，收錄於《中國地方歌謠集成》，（台北：渤海堂文化公司，1989年），頁124。

〔註173〕梅生：〈才媛蔡碧吟與王香禪〉，《台北文獻》，第 10、11、12 期合刊，1965年12月，頁136。

第三章　從閩南歌謠看台灣早期女性
的婚戀生活

　　愛情是文學永恆的主題，而愛情的追求是人類自然的生理現象，不管是從生理結構的互相補充、互相滿足，或是心理上的互相慰藉、互相依賴，人到了青春期，男歡女愛本來就是極為自然、正常之事。〔註1〕《禮記》說：「飲食男女，人之大欲存焉。」〔註2〕而《孟子》也說：「食色，性也。」〔註3〕因此，從本質上來說，男女追求愛情與婚姻的動力，是人類的情慾與延續種族生命的自然本能，所以時不分古今，只要有男女之處，自然就會有追求愛情的現象發生。正因為如此，愛情的現象亦最能反射廣泛的社會和生活內容。

　　民間歌謠因產生於民間大眾，足以反映民眾的風土人情，亦能表現民眾生活的各種情趣，因此歌謠便成為呈現民眾生活的豐富史料。然民謠最初的型態，多與原始的農牧社會有關，或歌於工作前後，或唱於忙碌的工作當中，一邊工作一邊唱。又因男女常在一起工作，以致所唱的民謠，自然地會多帶有情歌的性質。〔註4〕吳瀛濤認為所謂「情歌」的定義：「凡屬男女愛戀言情之歌，皆屬之，包括：訴情、求愛、得戀、失戀、相逢、離別、懷念、哀怨、憎惡、遊樂、勸解、姻緣、盟誓等，內容甚廣。」〔註5〕它並不重在精采的技

〔註1〕簡春安：《婚姻與家庭》，（台北縣：國立空中大學，1996年），頁23。
〔註2〕漢・鄭玄注、唐・孔穎達疏：《禮記・禮運》，收錄於《十三經注疏——禮記正義》，（台北：藝文印書館，1979年），頁431。
〔註3〕漢・趙岐注、宋・孫奭疏：《孟子・告子上》，收錄於《十三經注疏——孟子注疏》，（台北：藝文印書館，1979年），頁193。
〔註4〕吳瀛濤：《台灣諺語》，（台北：台灣英文出版社，1975年），頁350。
〔註5〕同上註，頁356。

巧與深奧的思想等方面的展現,但卻能眞實的呈現出民間男女生活和感情心理,是有情男女的情感抒發。根據臧汀生的說法,歌謠抒情的功用爲:「抒情者也,抒其喜怒哀樂之情。」〔註6〕因爲歌謠具有抒發感情的功用,正是情歌表現喜、怒、哀、樂之情的最佳方式。因此,從早期閩南情歌之中,不但可窺知民眾生活的軌跡,最重要的,還可一睹早期台灣傳統、保守的兩性民眾對愛情、婚姻的看法與觀念。但在情歌之中亦有許多大膽露骨的描述,不僅展現早期民眾熱情、進取的一面,也由此可知縱使早期的社會觀念傳統保守,但民眾渴望愛情的心情絲毫不減。除了情歌之外,其中亦有不少反映著早期未婚男女擇偶的觀念的台閩歌謠。擇偶是男女婚戀的第一步,然今因人而異的不同擇偶標準,所反映的是中國人戀愛時的各種思維與心情,亦是傳統民眾面對婚姻的看法與態度。

早期社會的兩性觀念趨於保守,民眾的婚戀觀也受限禮教的約束,故婚姻多講求媒證,男女之間的感情通常有賴婚後慢慢培養。但對女性而言,無論結婚與否其生活圈仍多以家庭爲主,待字閨中的未婚女子,多半也都能稟承「大門不出,二門不邁」的閨訓。如若因爲工作等原因必須外出,多數女性也都能謹守男女之間的規範與分際。雖然如此,但並不表示早期傳統的民眾在結婚以前,不曾嚮往愛情,也不曾追求過感情生活。因爲追求感情生活是人類自然的生理現象,因此在生理成熟的狀態下,〔註7〕人類就有追求愛情的慾望,故就實際程序來說,男女追求愛情的過程應早在結婚以前就已展開,並非得待於婚後才開始有感情生活。

然而本章論述婦女婚前生活時,乃僅針對女性婚前的擇偶觀與戀愛的過程作本章闡述的重點,其因有三:首先,由於本論文的重點在探索台灣早期婦女的婚姻狀況,因此在論及婦女的婚前生活概況時,即以「婚姻」的觀念切入,針對婦女在婚前的感情生活與婚戀觀作爲本章立論的重心。

再者,婦女一生之中,乃會隨著時間的不同而有角色上的變化,並產生不同的生活型態,因此若要呈現婦女婚前的生活狀態,婚戀生活自然是探究女性婚前生活狀態時所應呈現的重點。

此外,在以女性婚前的生活作爲歸納歌謠的範圍時,就歌謠資料,其中

〔註6〕臧汀生:《台灣閩南語歌謠研究》,(台北:台灣商務印書館,1980年),頁103。
〔註7〕人類原本就是自然界中的動物之一,順應自然生理的機制,繁衍後代乃是動物的原始本能,因此人類的生理機制一旦達到成熟的狀態,即產生追求異性以達成繁衍後代的目的。

泰半歌謠都僅呈現出以下三種敘寫：

　　（一）描述民眾婚前婚戀擇偶之過程，以及擇偶心態的歌謠

　　（二）描繪男女相思之情，或男女相互酬唱、傳情的情歌

　　（三）反映姑嫂人際關係的歌謠

　　因此，基於上述之三大項原因，故本章乃就婦女婚戀之擇偶觀念與男女戀愛的生活過程，作為本章立論之主軸。至於姑嫂關係方面的議題，若以姑、嫂兩種角色而言，即產生婚前與婚後兩種角色的區分，且由於姑與嫂的關係的成立，即必須建立在婚姻關係上，故將此議題置於之後〈早期女性的婚後生活〉的章節中再作論述。

　　由於本章論述的主題僅在婦女婚戀之議題作闡述，因此敘述之篇幅難免較他章為精簡。此外，早期社會對於兩性觀念的保守傳統，男女之社交關係不甚頻繁，未婚男女即使擁有感情生活，其過程也極為單純，亦是造成本章節之論述較為他章簡要的原因。

　　所以本節首先從這些反映擇偶的相關歌謠中，分析在早期社會背景的影響之下，民眾感情與婚姻的取向與觀點。而本文也藉由早期相關愛情的歌謠，來探析與還原早期台灣兩性在傳統「父母之命，媒妁之言」[註8]婚配現象下，追尋戀愛的過程，並從這些脈絡中分析早期傳統社會中，未婚男女在保守傳統的生活經驗中，面對愛情時所展現的種種面貌。

第一節　早期台灣閩南婦女婚戀的要件與歌謠

　　感情追求的最終目的就是走入婚姻，建立家庭。婚姻對於男女而言，都是人生中重要的大事，婚姻的成功與否，不僅僅關係著兩個家族群體的融合，也關係著男女雙方人生歷程的價值，而婚姻的重要性也反映在台諺上：「做著歹田望後冬，娶著歹某一世人。」[註9]、「割著歹稻望後冬，嫁著歹尪一世人。」[註10]而台諺也說：「娶著歹某，教慘三代無烘爐、四代無茶鈷。」[註11]可見不幸的婚姻有時甚至比貧窮還要令人難受。因此，中國人對於婚姻總是以

〔註 8〕　漢・趙岐注、宋・孫奭疏：《孟子・滕文公下》，收錄於《十三經注疏──孟
　　　　　子注疏》，（台北：藝文印書館，1979 年），頁 109。
〔註 9〕　鄭文海：《常用台灣俗語話（上）》，（台北：益群出版社，2000 年），頁 276。
〔註10〕　徐福全：《福全台諺語典》，（台北：作者自印，1998 年），頁 121。
〔註11〕　同上註，頁 211。無烘爐、茶鈷，喻貧窮。

謹慎、嚴肅的態度面對。所以不管是婚前男女的交往，或是婚禮時儀式的進行，甚至婚後生活的營造，多多少少都摻雜親長的介入。

男女在婚前有所謂「父母之命，媒妁之言」，班固《白虎通》也說：「男不自專娶，女不自專嫁，必由父母，須媒妁何？遠恥防淫佚也。」〔註12〕父母親基於愛護子女的心意及務實的心態，特別能體會婚姻的重要與影響，相對的，在早期保守的社會中，在面對子女的婚戀時，總是多一份保護與關心，當然在擇偶時也會給予看法、意見，不過基於每個家庭有不同需求，所以擇偶時也會有不同的標準。

然而戀愛中的男女，通常多依個人的喜好選擇適宜的對象，擇偶的標準雖然不一，但並非完全能依照父母喜愛的條件去做選擇，因此男女戀愛時不免都會和父母的意見相左而有所衝突。但不可諱言的是，從古至今，因人而異的不同擇偶標準，卻也反映出中國人婚戀時的各種想法與心態，如昔日男性追求女性的十大條件分別為：「一錢、二因緣、三美、四少年、五好嘴、六敢跪、七皮、八棉爛、九強、十歹死。」〔註13〕早期男子追求女性除了本身外貌等各項條件之外，也要配合各種求愛的手段才能成功。此外，在台閩歌謠中也可看到早期婦女擇婿的各種狀況：

> 阿春要嫁賢選尪，選來選去無別人，若要嫁給臭腳尪，著要捘綿簪
> 來塞鼻孔，若要嫁給青暝尪，梳頭抹粉無採工，若要嫁給彼號啞口
> 尪，比手劃腳氣死人，若要嫁給傴僂尪，綿被內更會激孔，若要嫁
> 給討海尪，三更半暝撈灶孔，若要嫁給有錢尪，又攔驚伊變成採花
> 蜂，若要嫁給鉛骸仔尪，哎喲三日無食嗎輕鬆，四日無食，倒在喊
> 救人，五日無食，倒一個硬硬繪震繪動。〔註14〕

此歌謠的筆調雖然輕鬆、幽默，但不難看出婦女在選擇對象時，挑三檢四、遲遲無法決定的心態，故婚姻之於婦女的重要性可見一斑。然而男方對於婚姻也是一樣謹慎，娶妻亦講求要訣：「第一門風、第二財富、第三才幹、第四美貌、第五健康。」〔註15〕由此可見，社會文化以及道德的規範，時時左右

〔註12〕 班固撰、嚴一萍選輯：《白虎通‧嫁娶》卷四上，收錄於《百部叢書集成‧抱經堂叢書》，（台北：藝文印書館，1968 年），頁 19。

〔註13〕 徐福全：《福全台諺語典》，（台北：作者自印，1998 年），頁 29。

〔註14〕 台灣省文獻委員會：《重修台灣省通志（卷三）住民志‧禮俗篇》，（南投：臺灣省文獻委員會，1993 年），頁 319。

〔註15〕 婁子匡、許長樂：《台灣民俗源流》，（台中：台灣省政府新聞處，1971 年），頁 62。

著人們選擇婚戀的對象，亦可看出早期社會男女對婚姻的謹慎與重視。

　　由於傳統中國社會科舉取士的觀念深植民心，因而讀書與仕途、功名總是令人產生相關的聯想，故傳統社會給予讀書人相當高的地位，一般婦女更以嫁讀書人爲榮。因此台閩歌謠中呈現：「鹹菜鹹辣辣，父母主婚無得活，手舉筆，欲畫眉，欲嫁童生共秀才，不嫁你這憨懂漢奴才。嫁著好夫好佚陶，嫁著歹夫不如無。轉來吾厝做姑婆，大甥叫食飯，小甥叫佚陶。（臺南）」〔註16〕可見，早期以讀書爲尚的觀念深植於社會各個階層，成爲婦女選擇婚戀對象時的參考條件。如另一歌謠：

> 嫁著啞口尪，比手劃腳驚死人。嫁著青暝尪，梳頭抹粉無采工。嫁
> 著隱龜尪，棉漬被會橵孔。嫁著粗皮尪，被孔內有米香。嫁著矮仔
> 尪，燒香點燭叫別人。嫁著長腳尪，要睏著斬腳胴。嫁著討海尪，
> 三更暝半撈灶孔。嫁著讀書尪，無食也輕鬆。〔註17〕

在此首閩南歌謠中由「嫁著讀書尪，無食也輕鬆。」的歌詞中可知早期婦女，認爲嫁給「讀書尪」不僅比起從事其他行業的夫婿來得優秀之外，即使生活過得清貧也甘之如飴。由此可知，早期傳統社會中的確深受「萬般皆下品，唯有讀書高」之觀念的影響。

　　然而一如前文所述，基於個人、家庭的需求，相對的，男女在擇偶時也會有不同的標準。早期台灣社會男多女寡、以女爲貴之環境因素，導致婚姻論財的現象，蔣毓英於《台灣府志》說：「其俗之不善者，婚姻論財，不擇婿，不計門户。」〔註18〕而且，清・光緒以降，台灣民眾的生活因移民人口驟增，平均耕地面積減少，經濟乃漸趨貧苦。在經濟普遍困苦、衣食貧乏之下，家境富裕的男性遂成爲婦女理想的婚配對象。如歌謠所述：

> 韭菜蔥，十二叢，生吾四姊妹蓋成人：大的嫁福州，第二的嫁風流，
> 第三的嫁海口，第四的嫁內山；大的轉來白馬掛金鞍，第二的轉來
> 金涼傘，第三的轉來金交椅，第四的轉來切半死！切甚載？切吾父
> 母歹心肝，給吾嫁內山！腳踏籐，手挽菅；給日曝，面烏干。也無
> 針，也無線，可來給吾補破爛。（彰化）〔註19〕

〔註16〕　李獻璋：《台灣民間文學集》，（台北：龍文出版社，1989年），頁12～14。
〔註17〕　同上註，頁234。
〔註18〕　清・蔣毓英：《台灣府志》，（台北：台灣省文獻委員會，1993年），頁58。
〔註19〕　李獻璋：《台灣民間文學集》，（台北：龍文出版社，1989年），頁21～22。

歌謠中的四個姊妹唯有老四嫁作山村婦人，內山墾植的山居生活本就辛勤忙碌，一切的生活條件更是不如海口城市經商來得富裕，相較之下難免嗟怨所嫁非人。此外，尚有一首歌謠：「爹呀！爹呀！平平都是子，給吾嫁滯或；食溪仔水，冷屇透心肝，一碗泔糜仔欲食給風吹一半，也無一支針，也無一條線，可給吾補破襤。（臺南）」〔註 20〕歌詞中亦是婦女怨嘆父母將其嫁入貧困的家庭，而落得衣食匱乏的窘境。因此，產生為了錢財而選擇婚配對象的例子，如花壇地區的歌謠〈莿仔花〉所描述：

> 莿仔花，開去笑微微，笑吾青春無了時；有轎倩來坐；有馬放來騎；
> 馬頭向上山，馬尾掛金鞍，聽著金鞍聲，給您姊仔做親情。做去好，
> 也無累父，也無累母，累著您屇邊的兄嫂；舉鎖匙，開夾褲，紅緞
> 被，繡枕頭，歹命查某嫁著隱龜瘤；啼啼哭哭，不佮隱龜瘤的睏共
> 頭。（花壇）〔註 21〕

歌謠中雖諷刺女子因金錢而下嫁，無奈對方竟是疴傻者，卻也反映出女子擇偶時現實、功利的一面。

另外，亦有童謠以木虱嫁尪來諷刺勢利眼擇婿的心態：「木虱欲嫁家蚤夫，欲抓蚊子做媒人。虱母搖手喊不可。家蚤母是妥當人。牛蜱大隻兼厚重，嫁伊饞會親像人。」〔註 22〕更有即使婚配對象年齡老邁，然女家父母在金錢的引誘下，仍舊毅然為之，歌謠：「莿仔花開去黃巖巖，是吾歹命嫁老夫，子呀子！起來上頭可成人。大鑼連鞭屇，坐紅轎，放大砲；有錢有銀 M 免哭。（臺南）」〔註 23〕由以上歌謠中，除了諷刺婚姻論財的現象之外，但也確實反映早期婦女在貧窮的生活條件之下，企盼藉由婚姻帶來不虞匱乏的生活。

除此之外，體態長相亦為婚戀時另一個的重要條件。人與人最初的來往，首先最先觀察到的就是對方的外表，就其所觀察而產生先入為主的印象，這個印象便成為刺激與力促雙方建立關係與否的橋樑。因此，外貌成為最初吸引人的條件，是男女雙方評斷對方好感的首要標準，美貌雖然能成為吸引異性的條件，然而美的標準卻無一定的規則與定律，所以在中國人的觀念中，對於長相外貌的評判則以「緣」來作為標準，所謂「生緣免生嫷，生嫷無緣

〔註 20〕同上註，頁 22。
〔註 21〕同上註，頁 22～23。
〔註 22〕吳瀛濤：《台灣諺語》，（台北：台灣英文出版社，1975 年），頁 582。
〔註 23〕李獻璋：《台灣民間文學集》，（台北：龍文出版社，1989 年），頁 23～24。

上剋虧。」〔註24〕就是說明容貌美醜沒有一定的標準,「合意」就是漂亮,就有緣分,即有可能成爲婚戀的對象。

外貌雖然是識人的第一步,但並不能以此作爲擇偶的標準與條件,因此在台閩歌謠中亦有諷刺女子重視對方外表,不顧其他現實生活問題的想法:「新娘生做嬌童童,阿母看伊欲嫁翁,嫁著一個緣投翁,哎唷!三日沒食嘛輕鬆。草蜢仔公,啊!弄雞公;時到您就知影當也毋當。」〔註25〕相對的,亦有人自憐外表條件的不足,因而對婚姻抱著消極的態度,不敢妄想覓得良緣:「娘仔生做偌好體,較好京城牡丹花;是哥今年較狼狽,不敢佮娘你交陪。」〔註26〕另外:「土豆好食粒粒脆,紅柑好食十二月,父母生阮歹形體,閹雞不敢趁鳳飛。」〔註27〕或:「父母生我無才調,生阮一身未清飄,看著人美我見笑,三陣面紅企未著。父母生我不成鬼,七孔揪揪做一堆;等候七孔分七位,才會合君你做堆。」〔註28〕以上幾首歌謠雖然皆爲自憐之作,但也隱隱顯示出人們在談論感情、婚姻時,對另一半外表長相的要求。

美的追求本是人類共同的趨向,持平而論,實爲人之常情,但是若過度的以此作爲論人的標準,反而容易做出錯誤的決斷,更遑論是一輩子的婚姻,後果更是堪虞。因此,外表長相是父母所賦予的生命表徵,即使不夠俊俏、美貌,但若能如班昭在《女誡》所言一般:「盥浣塵穢,服飾鮮潔,沐浴以時,身不垢辱,是謂婦容。」〔註29〕端莊優雅的儀態同樣能令人感到美的存在。

雖然如此,也有人基於看法不同,不以一般常俗條件作爲擇婿的標準,而有較爲務實的想法,歌謠:「人人笑我嫁內山,那知是阮所喜歡;君來作田娘作岸,較好富貴做大官。」〔註30〕、「人講春寒秋後熱,算來無久就會煞;君來作田娘作岸,較贏富貴做大官。」〔註31〕由此可知,富貴利祿雖是多數人追求的婚姻條件,也企望另一半能夠擁有風流倜儻的神采,得以引人稱羨。

〔註24〕 陳主顯:《台灣俗諺語典——婚姻家庭》,(台北:前衛出版社,1999 年),頁 319。

〔註25〕 參見:ttp://neuro.ohbi.net/lostsinica/anthem/kid/kidsong1.html——嫁。

〔註26〕 李獻璋:《台灣民間文學集》,(台北:龍文出版社,1989 年),頁 75。

〔註27〕 邱坤良等著:《宜蘭口傳文學(下)》,(宜蘭:宜蘭縣政府,2002 年),頁 565。

〔註28〕 同上註,頁 566。

〔註29〕 漢·班昭:《女誡》,收錄於《諸子集成(補編二)》,(四川:四川人民出版社,1997 年),頁 442。

〔註30〕 歐陽荊:〈台灣歌謠〉,《台灣文獻》,第 21 卷,第 2 期,1970 年 6 月,頁 53。

〔註31〕 李獻璋:《台灣民間文學集》,(台北:龍文出版社,1989 年),頁 41。

但是仍有人打破一般世俗的想法，以安分知足的態度來選擇對象，認為夫妻間的互敬共處、協調配合，才是維持婚姻最重要的基本要素，即便是粗茶淡飯的生活也依然甘之如飴。

　　然而早期「男主外、女主內」的傳統觀念所致，婦女的主要工作便是掌管家中一切「敬公婆」、「理中饋」的家務，因此婦女的各項手藝、纏足、裝扮等便被視為賢慧、美善的象徵，成為男性擇偶時的評判準則。

　　由於早日各項生活條件不甚發達，此時人力的需求就顯得極為重要。尤其是在農村家庭裡，婦女的日常生活，不僅要負擔一切家務的操作，在農忙時節也必須分擔一些粗重的農務。除此之外，生活中各項物品的織作亦落在婦女身上，更何況早期台閩女性多有纏足的習尚，而婦女在鞋履上更是竭盡所能的飾以各種精美的花樣，展現出精良的女紅技藝。因此，未嫁之女平時除了幫忙分擔家務之外，自小就必須學習織作的相關技藝，女紅、手工、烹飪的精良與否，遂成為品評早期未婚女性賢德的標準，更直接關係到媒人說婚的條件。

　　所以昔時女性都希望自己能有一雙巧手，來博得眾人的喜愛，並以此求得好姻緣。相傳「冬生娘」擅長織繡，因此台灣民間婦女於正月十五時有祭拜「冬生娘」的風俗，希望藉由祭拜「冬生娘」的儀式乞求擁有好手藝，祭拜時口中必須吟唱：

> 冬生娘、冬絲絲，保庇阮，織布好布邊，繡花好花枝，套花好卍字，
> 梳頭團團圓，縛腳合你平。冬生娘仔，冬絲絲。教阮繡花，好針黹。
> 繡腳繡手，尖溜溜。繡弓鞋，好鞋鼻。教阮梳頭，好後份。教阮縛
> 腳，落米升。教阮桃花，兼刺繡。教阮靈敏，又伶俐。教阮盤馬齒，
> 光澤澤。教阮畫花，花枝清。教阮畫柳，柳枝明。教阮嫁夫，夫婿
> 和好百年榮。〔註32〕

由此可知，早期社會對婦女的要求，而男性擇偶的要件，也以婦女手藝精良與否作為判斷賢良的標準。

　　如前所述，傳統社會的文化價值，左右了男女擇偶的標準取向，也反映出中國人婚戀時的各種想法與心態。男女婚戀擇偶的過程，或許出於自己的看法，也許是出自於親長的意見，不管是金錢或是外表、職業等各種取向，每個人皆因為自己的生活背景而造就出不同的看法。姑且不論其背後動機的

〔註32〕陳金田：〈冬生娘仔〉，《台灣風物》，第 31 卷 4 期，1981 年 12 月，頁 24～25。

是非，但不可諱言的是這些看法、意見，是為男女兩性對於美好婚姻的一種追求與企盼。

　　因為歌謠流傳於市井、貼近民眾的特色，而使得不少台閩歌謠俱能深刻地描述民眾的心聲，並描繪民眾生活。因此，民眾常經由歌謠的吟詠來抒發生活的各種面向，從這些不同的生活面向中，顯而易見的感情、婚姻正是廣大群眾每天生活所必須面對的課題之一，因為感情與婚姻的取向，不但左右著一個人生命的過程，甚至可能影響整個家族的運作，而廣大民眾的生活就在歌謠間一一呈現不同的面貌。

第二節　早期台灣閩南婦女的戀愛生活與歌謠

　　感情生活的追求是人類尋求生命延續的自然現象，而人類群居的特性也自然造成人類必須經由家庭的生活，達到心理之依賴與慰藉的目的。然而在組織家庭之前，男女雙方乃必須藉由感情的交流過程來達到生命的共識與生活的認知，而「戀愛」就是未婚男女情感交流的過程，因此未婚男女無不希望透過愛情以找尋能夠滿足、豐富自己未來生活的另一半。

　　但早期台灣移墾生活的特質，以及男多女少因素的影響，導致婚姻論財的現象嚴重：「台之婚姻，先議聘儀，大率以上、中、下禮為準：其上者勿論；即下者，亦至三十餘金，綢綾疋數不等，少者以六疋為差，送日之儀，非十四、五金不可。」〔註33〕不但成年男子婚配不易，未婚女子亦有因求重奩而待年不嫁的。根據《台灣縣志》記載：「若夫女家既受人厚聘、納幣之日，答禮必極其豐，遣嫁之時，粧奩必極其整，華奢相尚，每以居人後為恥。」〔註34〕動輒千金的論婚現象，成為成年男女婚配的阻礙，也造成許多嚴重的社會問題，而在歌謠中，即有反應男性大嘆婚姻論財、無力娶妻的社會現象：

　　　　歲頭食屆二十外，無妻可好娶，丈姆婆仔，你想怎樣？喂喲喲喲！
　　　　丈姆婆仔，你想怎樣？歲頭食屆二十外，總趁三角外，也要厝稅，
　　　　也要食穿，喂喲喲喲！丈姆婆仔，你想怎樣？歲頭食屆二十外，勞
　　　　苦甘拖磨，只想娶妻來作伴，喂喲喲喲！丈姆婆仔，你想怎樣？歲

〔註33〕　清・陳文達：《台灣縣志・輿地志》，（台中：台灣省文獻委員會，1958年），
　　　　　頁211。
〔註34〕　同上註，頁212。

頭食屆二十外，聽著聘金三百外，聽起來呀！免食免穿。喂喲喲喲！

丈姆婆仔，你想怎樣？〔註35〕

因此，早期的成年男子雖然對於婚姻有著熱切的渴望，但在前文所述之諸多因素影響之下，也只能大嘆無妻的無奈：

一想無妻真孤稀，朝朝河邊來洗衣，手拿衫褲浸落水，幾多暗切無人知。二想無妻哥自家，朝晨暗埔自己摸，睡到三更思想起，目汁流來枕頭下。三想無妻哥打單，恰似野船在海灘，日裡飄洋遊四海，夜裡無人好做伴。四想無妻真寒酸，自己洗衫自己漿，衫褲爛踢無人補，又無妻子煮三餐。五想無妻哥想真，拜託朋友做媒人，思量日後無牽掛，丟踢香煙靠何人。六想無妻哥想長，朋友勸涯討甫娘，生子好來傳後代，緊想緊真緊痛腸。七想無妻出外鄉，有錢莫入婊子行，當今女子無情義，錢銀有來做病糧。八想無妻打單身，賺錢不可顯風神，提防日後得到病，身邊無錢望何人。九想無妻打單儕，賺錢不可亂亂花，少年時節不曉想，香爐吊在竹頭下。十想無妻真可憐，句句說出無虛言，風流兩字無了日，枕上夫妻正值錢。〔註36〕

此外，傳統中國家庭多以農為業，農村兒女，生長在舊式家庭中，工作忙碌，不但父母未能即時做主婚配，也缺少戀愛擇偶的機會，以致蹉跎歲月，而頗有閨怨之感：

播田仔花，開透白如紗（如雪），我娘罵阮不顧雞，雞頭雞尾無阮份，十七、十八要見君，早起遇著一陣查某囝仔，招我挽花插頭鬃，紅花又無香，香花又無紅，無愛妝水去看人，阿媽捧米叫挨粿；阿公提煙吹叫點火；大嫂叫放草去飼牛；二嫂叫我扛潘去飼豬；三嫂叫阮擔籠園內掘蕃薯。叫呀亂操操，查某仔飼大嫁去別人家，山雞水鴨無對頭，坐在房內映映哭，厝邊嬸婆對阮說：「第一好命你一個，三兄蔭一妹，包穩頭上插金釵。」護阮聽呀目珠瞋瞋眊，怨恨父母無下落，查某仔養著做姑婆。〔註37〕

由以上歌謠可知，一般成年男女多希望藉由婚姻組織家庭、尋找生命的寄託，

〔註35〕李獻璋：《台灣民間文學集》，（台北：龍文出版社，1989年），頁146～147。

〔註36〕舒蘭編著：《台灣情歌（二）》，收錄於《中國地方歌謠集成》，（台北：渤海堂文化公司，1989年），頁44。

〔註37〕歐陽荊：〈台灣歌謠〉，《台灣文獻》，第21卷，第2期，1970年6月，頁52。原註：瞋瞋眊，眼轉貌。

並且延續新的生命血脈，而成年男女對於感情追求便是以婚姻爲前提。但在傳統社會中，男女雙方鮮少有婚前交往的機會，雖然如此，市井男女對於愛情仍然充滿著期待與憧憬。

　　愛情既是飲食男女所渴望的心靈寄託，歌謠抒發情感的特性就成了男女反映愛情、追求婚姻表達的最佳方式，故情歌所呈現出來的感情世界，不但熱情奔放且情意眞摯，也展現出早期台灣兩性渴望愛情、憧憬婚姻的面貌。因此，愛情類的歌謠也在早期的台灣歌謠中佔有相當大的比例。鍾敬文在謝雲生所著之《台灣情歌集序》中認爲台灣情歌的特色：「語詞質直，頗少宛轉纏綿之致。」〔註38〕因此，台灣情歌之純眞而質樸的特色於此可見。

　　然而歌謠也會隨著時間、空間而有所變異，從歌謠內容中常常可反映出當時的情懷與當地的特色。台灣係一海島，氣候宜人，物產豐富，在情歌中常可見其加入台灣當地的景物，植物如：水錦（木槿）、香蕉、甘蔗等，而動物如：斑甲（斑鳩）、水牛等，產生一種南國海島特有的浪漫情調。再者，由於台地居民本爲大陸移民，又受自然環境的影響，性格上難免充滿冒險、進取的特質，因此在台灣情歌中亦表現一種奔放豪邁、自然質樸的氣息。〔註39〕

　　情歌的內容多是市井男女尋覓對象，表達愛戀之意的描述，市井男女在尋覓姻緣的過程中，一旦遇見心儀的對象，首先就必須先傳達自己的情意，並試探對方，待對方有相同的心靈感受時，便會予以回應。如歌謠：「娘仔滯在某字號，哥你無嫌來佚陶；眞名正姓共哥報，免得害哥去尋無。」〔註40〕歌謠中的女性就藉由報姓名的方式表達情意，在一往一來的互動中，逐漸進入戀愛的過程。然而卻也有單相思的情形出現：「合哥見面頭一擺，轉去底時會佫來，互阮煩惱佇心內，阿哥全然攏無知。」〔註41〕因此，情歌的酬唱就成爲早期男女互相傳達愛戀之意的最佳表現方式。

　　在早期傳統觀念之下，男女自由交往的空間有限，多數都秉承「父母之命，媒妁之言」〔註42〕的婚姻現象，故歌謠：「白衫穿來白蒼蒼，蝦仔落鼎遍身紅，娘仔想欲嫁好夫，父母主婚限定人。一個戒指來過定，叫我捧茶出大廳，

〔註38〕謝雲生：《台灣情歌集》，收錄於婁子匡編：《中山大學民俗叢書》，（台北：東方文化，1970 年），頁 6。

〔註39〕陳瑞貴：〈台灣的情歌〉，《台灣文獻》，第 29 卷，第 1 期，1978 年 3 月，頁 194。

〔註40〕李獻璋：《台灣民間文學集》，（台北：龍文出版社，1989 年），頁 38～39。

〔註41〕黃勁連：《臺灣歌詩集》，（台南市：台南縣立文化中心，1997 年），頁 76。

〔註42〕漢・趙岐注、宋・孫奭疏：《孟子・滕文公章句下》，收錄於《十三經注疏——孟子注疏》，（台北：藝文印書館，1979 年），頁 109。

不知賣我做媚也著行。」〔註43〕頗有埋怨婚姻不自主之意。實際上，早期多數男女並無經過戀愛、相處的階段，即便有之，也必須經過父母長輩認可的程序，雖然如此，但並不表示早期男女兩性對感情並無任何的想像與憧憬，早期的女性對於感情的冀求雖然豐富而熾熱，礙於傳統禮教的約束，所以她們對感情的表達通常是含蓄且婉轉：「路頭離遠真僥倖，招娘手巾裂作平；一人一平收起藏，無看你面看娘物。」〔註44〕描述一份剛開始的感情，男女雙方使用手巾當作信物，藉此表明心意，也便於在不能相見時得以睹物思人。

在早期傳統的社會中，當然也有不少歌謠即時反映出男女相戀，卻又恐保守的父母知曉後將其拆散的心態：「嫂嫂佮哥真意愛，又驚咱厝父母知；冥日偷來幾十擺。兄哥無講嫂不知。」〔註45〕因此，歌謠中也將男女間交往時期待約會，卻又必須避人耳目的情況作了充分的描繪：「小娘約哥後壁溝，假意舁椅去梳頭；搭心若來著喀嗽，哥仔招手娘點頭。」〔註46〕、「含笑過午芳弓蕉，手掐花籃挽茶葉；驚父驚母不敢叫，假意呼雞喚獵鴦。」〔註47〕歌謠中將女子與情郎兩人約會時必須掩人耳目、假意他事的情況表現得入木三分，同時也呈現出傳統男女，在婚姻不自主的現實情況下求愛的苦心。因此，早期男女相戀總以保守的心態處之，而女性更是羞於啓齒。再者，若是瞞騙父母而交往，面對親友的詢問時總得稱謊，以免多惹事端：「一冥刣睏半撐倒，神魂一半去尋哥；有人講我佮哥好，心肝現有嘴爭無。」〔註48〕將戀愛中女性心口不一的神情，描繪得頗爲率眞、質樸。

戀愛中的男女總是希望彼此能夠常常相見，但早期男女的約會總是被蒙上一層輕佻的色彩，容易遭受非議，所以要談情說愛通常只能以私會的方式，避免外人得知：「佮君約佇甘蔗溝，蔗葉拍結做號頭，夭壽啥人共阮敨，害阮一人淪一溝。」〔註49〕歌謠中的男女相約於甘蔗園私會，並將甘蔗打結作記號，無奈有人將號頭解開，使得雙方「一人淪一溝」無法見面。從「夭壽」

〔註43〕舒蘭編著：《台灣民歌（一）》，收錄於《中國地方歌謠集成》，（台北：渤海堂文化公司，1989年），頁119。

〔註44〕李獻璋：《台灣民間文學集》，（台北：龍文出版社，1989年），頁36。

〔註45〕同上註，頁46～47。

〔註46〕同上註，頁112。

〔註47〕同上註。

〔註48〕同上註，頁37。

〔註49〕方耀乾：〈台灣早期女性的生活畫像——以台灣民間歌謠爲論述場域〉，《台南女子技術學院學報》，第18期，1999年8月，頁38。原註：敨，讀若thau2。淪，讀若lng3。

這兩字當可推測爲女性用語，不但可以體會少女幽會不成的哀嘆與無奈，整首歌謠中也充分描述出戀愛男女相思難耐的心情。〔註50〕

出於自然天性，女性在面對感情時總是比男性來得浪漫許多，從台閩情歌中，可發現絕大多數都以女性的立場來抒發、描述愛情。雖然如此，但並不代表男性不重視感情的需求，男性對於感情的眞切渴求也可以從歌謠中窺知一二，如：「離父離母都笑笑，離著阿娘倌碍虐；日時欲哭驚人笑，冥時目滓浸被蓆。」〔註51〕歌謠中充分表現出男性追求情感時，礙於傳統觀念中將男性角色定位爲剛毅、堅強的形象，故當眾不便表達出戀愛的心思，只好待夜深人靜之時，才得以宣洩滿腔的愛戀情懷。

當陷入情網的戀愛男女，面對愛情的態度，常有患得患失的心態，因此必須藉著約會來製造相處的機會，進一步了解彼此、堅定彼此相愛的決心：「火船駛居滬尾港，親娘不可嫁別人；二人相好相痛疼，有頭有尾才是人。」〔註52〕並以誓言保證感情的堅貞不移：「當今咒詛有偌重，對頭放息仙不可；永遠著來相痛疼，世間上好咱二人。」〔註53〕、「你是未嫁我未娶，招你當天來咒詛；我若先彙先死我，你若先彙隨口化。」〔註54〕由此可知，戀愛中的男女有著極爲敏感、脆弱的心理，且亦充滿幽微的感情，因此必須不斷的以誓言見證彼此相戀的心意。

熱戀中的男女所呈現的心理狀態是亟欲把對方包容進來，這種互相包容的現象並不是「分享」的意義所能涵蓋的，是不斷製造兩人相處的機會，試圖把自己與對方的界線模糊化，並彼此穿透對方的世界，使其心靈的情感得到豐盈與滿足，而不在於達成一個具體成就。豐沛的情感是一直存在的狀況，戀愛中的男女以貼近的方式彼此含攝且依附，使得雙方彼此對待情感是不必掩飾的，亟欲追求「合體」的感覺，不願意被「隔開」。〔註55〕如以下歌謠所呈現的現象：「一時無看嫂的影，隔壁無看用聽聲；不時聽聲佮夢影，一半讀

〔註50〕同上註。

〔註51〕李獻璋：《台灣民間文學集》，（台北：龍文出版社，1989年），頁36。原註：碍虐，讀若 Gni gio 即不自然貌。

〔註52〕李獻璋：《台灣民間文學集》，（台北：龍文出版社，1989年），頁78〜79。

〔註53〕同上註，頁78。

〔註54〕同上註，頁48。

〔註55〕余德慧：〈存在與行動──中國人的愛情與允諾〉，收錄於張老師月刊編輯部：《中國人的婚戀觀──允諾與嫁娶》，（台北：張老師文化事業有限公司，1990年），頁14〜15。

書一半聽。」〔註 56〕歌謠中描繪男子的情人並未遠離,雖只有一牆之隔,然而在看不到情人的情況下,即運用「聽聲俗夢影」方式,猜測情人的動作與一顰一笑,將情人之間亟欲追求「合體」、「行影相隨」的感覺,表現得淋漓盡致。由此可知,熱戀中男女的感情特別熾熱、奔放,因而常有各種不顧現實利益而犧牲的現象,但通常會獲得對方傾心相投甚至誓死相隨:「哥今共娘同心神,**双**人相好加倍親;生死的確著做陣,不甘放娘你單身。」〔註 57〕而這種相投、相隨的感覺,通常都能更加強化雙方的感情與共處的決心。

雖然戀愛過程的甘甜是戀愛男女歡喜感受的來源,然而歡喜的愛戀並非一定能劃下美滿的結局。戀愛會因為雙方的性格、身分、背景、環境等種種因素的差異而擁有不同的結果。雖然戀愛時男女雙方不乏海誓山盟,但是立下重誓後,卻仍有背信而見異思遷之人,此時對於仍苦守感情之一方心情,著實為一種折磨至極的考驗。因為在傳統中國式的感情情觀念中,戀愛是為了結婚,相對而言,結婚便是愛情的目的。在愛情要求有圓滿的前提之下,分手便意味著戀情失敗,這種可怕、悲慘的創痛,似乎留下了不可磨滅的遺憾。〔註 58〕相較於熱戀時候的深情款款,此時愿懟、咒詛心態卻躍然於紙上:「君有新娘任你交,放煞舊的是無賢;海水飲清人會老,便看誰人無尾稍。」〔註 59〕、「交著新的熱火火,款待舊的嘴唇皮;等你新的若熱過,給我架腳嫌你衰。」〔註 60〕往日的濃情蜜意雖不復存在,面對情海生波,卻仍然有人以豁然之心處之:「咱身今年無錢項,親娘無認咱做人;親娘欲粜著緊放,放給娘身嫁別人。」〔註 61〕不以舊情約束對方,願意讓對方追尋自己幸福。

傳統中國式的婚戀觀裡,認為戀愛是婚姻的前奏,希冀透過戀愛的過程來篩選合適的婚姻對象,但愛情卻不一定能擁有圓滿的結局,其中當然也包含著許多的失敗、挫折,使失戀的人飽嚐失望與苦澀。戀愛過程中酸、甜、苦、辣的感受,雖然只有當事人才能特別領略,但這些過程卻也是成長與學習人際相處的開始。其實中國人的愛情不單單只是擁有「愛」的感覺而已,

〔註 56〕李獻璋:《台灣民間文學集》,(台北:龍文出版社,1989 年),頁 42。
〔註 57〕同上註,頁 79。
〔註 58〕莊慧秋、顏瑜君:〈為結婚而戀愛〉,收錄於張老師月刊編輯部:《中國人的婚戀觀──允諾與嫁娶》,(台北:張老師文化事業有限公司,1990 年),頁 14。
〔註 59〕李獻璋:《台灣民間文學集》,(台北:龍文出版社,1989 年),頁 120。
〔註 60〕同上註。
〔註 61〕同上註,頁 122。

而是建立在「眞誠」的基礎上，所謂「眞誠」強調的是一種愼重、不玩弄、不輕易與不隨便的態度。因此，戀愛不僅是單身男女尋覓良緣的過程，其過程亦是情感的試鍊，若能突破這層考驗，彼此情投意合便結爲夫婦，兩人世界的恩愛與甜蜜就非紙墨所能傳達清楚。

　　從古至今，愛情的故事總是深受廣大民眾所喜愛，亦是文人騷客行文歌頌的最佳題材，常寄予人們無限的憧憬與想像。從早期台閩歌謠裡，可以發現早期男女雖然受到傳統禮教的影響與束縛，男女交往的機會即使有限，但是對於追求情感生活的自由、渴望，以及戀愛過程中情意相投時的甜蜜、歡喜，或是感情受創時的煩惱、苦澀，卻都透過歌謠，作出最眞實的呈現，同時也將早期台閩婦女主動追求愛情的形象完整展現出來。

第四章　從台灣閩南婚禮歌謠論婚姻的意義

　　婚姻制度是人類社會普遍存在的現象，即使人類因生活環境、歷史等因素導致婚姻習俗的差異，但仍可發現人類藉由婚姻制度，成全、端正男女婚姻關係。台灣傳統婚禮儀節，多承襲古代「六禮」的儀式發展而來。六禮之儀始於周代，它制定了婚禮中必經的六種儀節，過程隆重且繁複，而這套傳統的禮節，在台灣經過了幾百年的變化，已孕育出自己獨特的風味。

　　在傳統觀念中，婚姻之於女性是重要且神聖的，更是女性成婦、成媳的轉捩點。本章所論，主要是藉由「婚禮歌謠」的內容呈現女性在婚姻中的定位，並企圖藉此探析女性對即將邁入婚姻生活的複雜心理，以及對周遭環境的因應態度。

　　婚禮儀式並非一成不變的，每一地區婚禮儀俗的產生，雖然有承接古禮的部分，卻也常常融合其地方色彩，成為獨具地區風味的民俗傳統。台灣閩南婚禮儀俗正具備這樣的特性，亦即因地域性與移民背景的關係，使得台閩婚俗在承接宋·朱熹《文公家禮·婚禮》的狀況下，又雜揉了台灣地方風土民情，配合實際需要，而衍生出議婚、定盟、完聘、親迎等四項禮節，且在每一個禮節之下，又實際劃分為許多雜俗。由於每項雜俗又有屬於其儀節的祝賀歌謠，因此交織成一幅綿密且饒富風味的台灣婚俗景況。

　　婚禮進程中的每個儀節，表達著人們對婚姻的重視與祝願。為了渲染婚禮的熱鬧氣氛，幫助婚禮儀節的進行，在婚禮過程中所唸誦一連串具有吉祥厭勝與祝福意味的詞句，通常被稱為「好話」、「喜話」，又因它多以四句為一

聯的結構方式呈現，故又稱爲「四句聯」。因爲本章論述的範圍乃限定於台灣閩南地區，在婚禮儀式進行中所吟誦具祝福意味的詞句，故在此章以「台灣閩南婚禮歌謠」稱之。

　　台灣閩南婚禮歌謠，在台灣傳統婚禮中扮演著重要的角色。婚禮歌謠的形成，雖然主要是爲了增添婚禮喜慶的氣氛，但若深究歌謠的內容與意義，將會發現婚禮歌謠的意義不僅僅在於氣氛的渲染而已，它經常是由「孝親」的基點出發，擴展至「人倫」結構，而有各種符合當時婚禮儀俗的呈現。因此，儘管婚禮歌謠會因時間、空間與地域上的不同而有各種變式，但是婚禮的基本精神與家族的傳統倫理仍保存其中。據此，以下試將台灣閩南歌謠之內容與象徵意義，配合古代六禮之儀與傳統的婚姻觀，呈現另一番新的面貌。

第一節　台灣閩南婚禮與婚禮歌謠

　　婚姻制度的建立，即在於規範與確立男女關係。男女關係一旦確立，則男分女歸，家庭結構於是形成。愼重地舉行過婚禮，才能堅定夫妻雙方該守的信義道德。結婚爲社會行爲，其作用有二：（一）結婚可當做人類社會用以規定兩性關係的手段。（二）結婚又可以當做個人生於社會中獲得某種一定地位的手段。〔註1〕簡而言之，婚姻的意義在於經由對兩性關係的基本規範，進而延伸至家族地位的確立。

　　結婚既是社會行爲，就得經過一定的禮儀程序，達成婚姻關係的確認。在《禮記‧昏義》裡開宗明義地說：「昏禮者，將合二姓之好，上以事宗廟，而下以繼後世也，故君子重之。」〔註2〕說明了結婚是爲兩姓關係的結合，主要目的爲傳宗接代與宗廟祭祀的繼承，是結合兩姓之好的一種手段。

　　結婚六禮之儀始於周代。當時所謂「六禮」，即納采、問名、納吉、納徵、請期、親迎。此六禮制定了結婚過程中必經的六種過程與儀節。然而婚禮的儀俗卻也隨著時空與背景轉變而更換。古之六禮，到了宋‧朱熹《文公家禮》已有空前的變動，化繁爲簡的將傳統六禮合併成爲納采、納幣、親迎等三禮，以適應當時文化現象與風氣。由於台灣移民多來自閩粵兩地，而且自南宋代以來，閩地民眾受朱熹文教影響甚深，故於婚喪喜慶之禮俗上也多依據《文

〔註1〕林惠祥：《文化人類學》，（台北：商務印書館，1993年），頁179。
〔註2〕漢‧鄭玄注、唐‧孔穎達疏：《禮記‧昏義》，收錄於《十三經注疏──禮記正義》，（台北：藝文印書館，1979年），頁999。

公家禮》的規範行禮。因此，台灣閩南的婚俗，原則上是遵承《文公家禮》
所記載之三禮而來，並再予以擴張爲議婚、定盟、完聘、親迎等四禮。台灣
閩南婚禮之儀俗形式雖與《文公家禮》不盡相同，但依然可見古俗遺風。在
婚前禮、正婚禮、婚後禮三個基本禮俗下又劃分爲各個小儀節，每個禮節皆
具有重要的意義與目的。

　　在台灣閩南婚俗中，婚禮歌謠的吟唱是最具特色的風俗之一，從婚前禮
的儀式至婚後禮都有歌謠呈現，其中又以「吃新娘茶」時產生的歌謠爲最。
事實上，婚禮歌謠也爲婚禮的氣氛增色不少，它不但營造了婚禮的熱鬧氣氛，
有意思的，還在於歌謠本身也獨具涵義。婚禮儀程配合婚禮歌謠的吟誦，除
了展現婚禮莊嚴肅穆的氣氛，也讓新人在聽到歌謠的當下，對婚姻多了一份
敬正愼重的體認。

　　總而言之，婚禮是人生的大事，在古代諸多典籍中皆有記載，直至現今
社會，仍有不少談論婚姻相關課題的書籍。要了解婚姻的眞義，首先就必須
先由婚禮儀式著手，深入知悉其中蘊含的特質與深義。因此，本文首先論述
台閩婚俗受宋・朱熹《文公家禮・婚禮》影響，另併六禮爲四禮的情況，作
一闡述。最後擬以《文公家禮・婚禮》之記載與台閩舊慣婚俗之種種禮儀，
配合台閩婚謠，比較台閩一帶既受《家禮》影響，卻又獨具地方色彩的特質
與事實，試圖呈現台灣閩南婚禮儀俗的另一種風味。

一、《文公家禮・婚禮》與台灣閩南結婚四禮

　　歷史記載，在明鄭時期即有大批大陸移民來台，直至清領時期，由大陸
來台開墾的百姓，以福佬人及客家人兩個族群爲主，[註3] 其中福佬人又佔了
較高的比例。[註4] 在婚姻儀節方面，大致上雖因循周代所制之六禮，卻也有
相異之處。中國最早在《儀禮・士昏禮》詳論婚姻嫁娶制度，歷代以來因各
方面環境的更迭而有所因革，但內容上仍以《儀禮・士昏禮》爲參考典範。

　　陳顧遠在《中國婚姻史》中有段話提到婚姻禮俗隨著社會轉變所產生之
變化：

> 《儀禮・士昏禮》備述納采、問名、納吉、納徵、請期、親迎之節
> 目，《禮記・昏義》亦書「父親醮子而命之迎」於其後。亦有不盡六
> 禮程序而爲之者矣。……漢以後，魏晉南北朝皇太子婚禮亦無親迎

〔註3〕福佬移民多以漳、泉兩州爲主，其中又以漳州受朱熹教化影響最深。
〔註4〕薛化元：《台灣歷史》，（台北：大中國圖書有限公司，2001年），頁37。

節目，⋯⋯惟自東漢迄於東晉，往往因時屬艱難⋯⋯，即「合巹」
之儀亦棄矣。⋯⋯終以六禮繁重，於宋世即加省略。⋯⋯其所存者
納采、納吉、納徵、親迎四禮是也。惟《朱子家禮》並將納吉刪去，
蓋得吉即送禮幣，不必於納徵以先，再有納吉之程序，故只存三禮；
後世學者或稱其簡便合時宜，或稱其僅爲名稱之簡略，於實質上並
無刪減。元，較朱子多「議婚」一目⋯⋯。明，洪武元年制用《朱
子家禮》，⋯⋯清《通禮》所載，漢官自七品以上，禮別爲九，但係
併入成婦或成婿之禮，而當於古代六禮者仍只有五，議婚、納采、
納幣、請期、親迎是也。〔註5〕

可見，婚禮儀節之程序會因時代背景的不同而有所損益。早期來墾的民眾因
多來自福建地區，因此在婚嫁程序上多受《朱文公家禮》的影響，〔註6〕朱子
將傳統六禮合併爲納采、納幣、親迎等三禮，化繁爲簡，而台灣民眾的婚俗
雖多沿承《文公家禮》，卻又融合了台灣當地的色彩，以至於與《家禮》間又
有不同，呈現出特殊的地方婚俗。

　　台灣閩南地區早期婚禮乃承襲《文公家禮·婚禮》之儀節並擴張之，以
「四禮」的方式呈現，即爲：議婚、定盟、完聘、親迎等四項。其中台灣閩
南婚禮之議婚、定盟相當於《家禮》中的納采之禮，亦相當於古六禮中的「問
名」與「納吉」的儀式；至於台灣閩南完聘禮則相當於《家禮》中的納幣之
禮，亦即古六禮中的「納采」、「納徵」之節。而婚禮中的禮物也由《禮記》
與《家禮》中所載，變化爲饒富台灣本土風味的禮品。台灣閩南婚禮承宋·《文
公家禮》之儀，另併六禮爲四禮的情形如下：

（一）議婚

　　議婚相當於《家禮》中的部分「納采」之禮，亦爲古六禮中的「問名」
與部分「納吉」的儀式。依照台俗，在議婚前媒人必先徵求雙方家長同意
始能進行，媒人把女方八字送至男家，閩南話即「提字仔」又稱「換庚帖」，
〔註7〕相當於《家禮》中的部分「納采」與古禮之「問名」。《儀禮·士昏禮》

〔註5〕陳顧遠：《中國婚姻史》，（台北：台灣商務印書館，1966 年），頁 152。

〔註6〕南宋朱熹曾任福建漳州知州一職，並至福建一帶講學，又多成立書院，其學
　　　說對福建地區影響甚鉅，因此又稱「閩學」，故福建的禮俗多受《朱文公家禮》
　　　的影響。

〔註7〕「議婚」：相當於六禮中的「問名」，閩南話又稱「提字仔」。目的爲由媒人送
　　　女之八字（庚帖）至男家，帖上書其生時年月，男家將此置於祖先神桌案上

對「問名」之說：「賓執雁，請問名，主人許，賓入，授，如初禮。」〔註8〕
鄭玄注曰：「問名者，將歸卜其吉凶」〔註9〕，又《家禮》中記載，媒人在
徵求雙方同意後進行議婚，男方則先「主人具書，夙興，奉以告祠堂，乃
使子弟爲使者如女，女氏主人出見使者。」〔註10〕而後女方「遂奉書，以
告於祠堂。」〔註11〕可見，婚禮之前乃須媒妁居中撮合、調解兩家，待雙
方家族均無異議後，議婚才算成功。

　　《台灣風土志》也言：

> 男女婚事，先由媒人謀合男女兩家同意，然後求庚卜吉。所謂求庚
> 卜吉就是由媒人送女生庚帖於男家，男家將女生庚帖放在祖先靈位
> 卜吉。三日內，如果家裡平安無事，便將男生庚帖送給女家。女家
> 接受之後，或則問卜於星相，或則即表同意。〔註12〕

男女雙方均同意合婚後，便將雙方八字交予算命先生「合八字」。所謂：「男
命無假、女命無真。」〔註13〕有些人家在女孩出生後，便造假安排了一個十
足的好八字，希望女孩能夠在適婚年齡出嫁，出嫁後也能因此得到婆家的疼
愛。

　　這些禮節的用意，主要在利用這些形式，加強當事人對婚姻的信心，增
加對婚禮謹慎隆重的意義。占卜經過祖先的認可，表示婚姻大事不是家長或
當事人就可以擅自草率決定的，所有族人與祖先都親自參與婚事的深思考
慮。如此審慎的態度，自然會給與當事人一份嚴肅而隆重的感受，以及對婚
姻責任的體認。〔註14〕總之，對「議婚」的敬正慎重，是基於對婚姻關係的
重視；而「慎始善終」的態度，也強化了當事人對美好婚姻的追求。

　　卜吉，此爲古六禮中部分「納吉」之儀式。三日內家中平安無事，再將男方
　　庚帖送女家。女家接受後，或問卜，或表同意合婚。男女雙方授與庚帖後，
　　三日內雙方家中均忌變異，倘有變異之事，以爲不吉，則婉辭婚事退還庚帖。
〔註8〕　漢・鄭玄注、唐・賈公彥疏：《儀禮・士昏禮》，收錄於《十三經注疏——儀
　　　　禮注疏》，（台北：藝文印書館，1979年），頁40。
〔註9〕　同上註。
〔註10〕宋・朱熹：《朱文公家禮・婚禮》，收錄於清・陳夢雷編：《古今圖書集成・禮
　　　　儀典（一）》二十五卷〈婚禮部〉，（台北：文星出版社，1964年），頁247。
〔註11〕同上註，頁248。
〔註12〕何聯奎、衛惠林：《台灣風土志》上篇，（台北：台灣中華，1989年），頁75。
〔註13〕鄭文海：《常用台灣俗語話（上）》，（台北：益群出版社，2000年），頁263。
〔註14〕周何：《古禮今談》，（台北：萬卷樓圖書有限公司，1992年），頁54。

（二）定盟

定盟即「送定」，相當於《家禮》中的部分納采之禮，亦與古六禮中的「納吉」相當。顧名思義，即送聘禮至女家，定下這門親事。而《文公家禮》之儀節則是在雙方同意合婚後：「出以復書授使者，遂禮之。」〔註15〕即媒人代表男方親至女家送禮，並行禮如儀，而後再回覆男方：「使者覆命，婿氏主人復以告祠堂。」〔註16〕即告禮成。由於男方所送之禮不如完聘般齊全、多樣，因此又有小定或小聘、過定、攜定、文定之稱。根據舊俗，聘禮的禮盤，要湊成十二樣，稱之爲十二品。〔註17〕

訂婚當天，由男家備送聘禮至女家。陪同一起前往的男方人數，通常在十人左右，取其雙數以求吉兆。女方在收受聘禮後，將之奉於神明祖先案前供拜。禮餅則分送親友，稱爲「分餅」，並藉此機會告知親友即將成婚的消息。收到禮餅的親友也必須回贈禮品予女方，此謂「添妝」或「燦妝」。

男方家屬親至女家，待入席後，受訂的女子便要捧甜茶上廳，由媒人爲之一一介紹男方家人，男方則各包「壓茶甌」之紅包禮回贈，對未來男家媳婦的外貌舉止表示滿意。待吉時到來，男方對受訂之女行掛手指的儀式。此時，女於大廳中面向外而坐（招夫時則女面向內）。昔日男方尊長在行此禮時，還會牽起女子的手，細看一下手相，先確定女子有否斷掌，台諺有云：「斷掌查脯做秀工，斷掌查某守空房。」〔註18〕一切合意後，才由男方尊長掛戴戒指。婚戒有金、銅兩只，銅音同，以象徵「夫婦同心」或「一身同體」之吉意。台灣人相信因緣天定，因此以紅線繫結兩戒，表夫妻結緣。而戴婚戒的另一層深意，則經由戒指表達男女雙方戒守婚姻盟約之意。〔註19〕

〔註15〕 宋・朱熹：《朱文公家禮・婚禮》，收錄於清・陳夢雷編：《古今圖書集成・禮儀典（一）》二十五卷〈婚禮部〉，台北：文星出版社，1964年，頁248。

〔註16〕 同上註。

〔註17〕 「定盟」又稱送定，相當古禮「納吉」的部分。男方擇吉日送聘禮至女家，聘禮計爲：紅綢（上繡生庚，即爲庚帖）、金花（金簪）、金戒指、金耳環、金手環、豬、羊、香燭、禮炮、禮餅（俗稱大餅茗花）、連招花盆（取意連生貴子吉兆）、石榴花（表多子多孫之意）等十二項。

〔註18〕 徐福全：《福全台諺語典》，（台北：作者自印，1998年），頁299。原註：秀工，即相公。

〔註19〕 王灝：《台灣人的生命之禮──婚嫁的故事》，（台北：臺原出版社，1998年），頁50。

行完戴婚戒禮儀後，女方則設置午宴招待男方親友，男方並要回贈紅包於宴桌上，此謂「壓桌」。待午宴接近尾聲之際，男方一干親友便得離席返家，臨走時不可與主人告別，並忌回頭，主人也避諱道說「再見」，表示婚姻順利，白頭偕老之意。

（三）完聘

完聘又稱大聘。相當於《家禮》之納幣之禮，亦合古六禮中的「納采」、「納徵」而成，具婚書、聘金、幣帛等物，署「納幣之敬」。《禮記‧曲禮上》有云：「男女非有行媒不相知名，非受幣不交不親。」〔註20〕又《禮記‧郊特牲》也說：「幣必誠，辭無不腆。」〔註21〕由此可見，納幣之禮的重要性。但古禮中納幣之舉並非在「幣」之金額多寡，《禮記‧禮器》：「賓客之用幣，義之至也。」〔註22〕所以古人納幣行為，可說是禮與義的表現，在金額上既無規定，亦可用禮品替之。

《文公家禮》亦云：「幣用色繒，貧富隨宜，少不過兩，多不踰十，令人更釵、釧、羊、酒、果實之屬，亦可補註。」〔註23〕可見得古人納幣之舉乃在於「義之至」的彰顯，與重財無關。台灣閩南婚禮完聘之禮雖承襲古禮而來，但聘禮之禮品仍是極盡繁盛。完聘的日期必須擇日選定，經媒人通知女方。完聘當天所有禮品具陳列於由二人扛槓之木盛上，此稱為「扛木盛」或「辦盤」。〔註24〕

完聘當日，聘禮至，女方則歡宴男家，並焚香奉告祖先。女方備「坤書」

〔註20〕漢‧鄭玄注、唐‧孔穎達疏：《禮記‧曲禮上》，收錄於《十三經注疏──禮記正義》，（台北：藝文印書館，1979年），頁37。

〔註21〕漢‧鄭玄注、唐‧孔穎達疏：《禮記‧郊特牲》，收錄於《十三經注疏──禮記正義》，（台北：藝文印書館，1979年），頁505。

〔註22〕漢‧鄭玄注、唐‧孔穎達疏：《禮記‧禮器》，收錄於《十三經注疏──禮記正義》，（台北：藝文印書館，1979年），頁474。

〔註23〕宋‧朱熹：《朱文公家禮‧婚禮》，收錄於清‧陳夢雷編：《古今圖書集成‧禮儀典（一）》二十五卷〈婚禮部〉，（台北：文星出版社，1964年），頁248。

〔註24〕「辦盤」：完聘禮物至於木盛上，由媒人壓木盛作陪，沿街遊行送至女家。聘禮主要為：婚書（結婚證書）、聘金（昔日最多為一百二十枚龍洋）、大餅茗花（禮餅）、冰糖冬瓜、桔餅、福圓（龍眼乾）、糖仔路（糖果作各式具有吉祥如意之造型）、雞鴨各一對、麵線、豬羊、香燭、手環、戒指、盤頭裘裙（新娘禮服）等。男女兩家若相隔甚遠，無法備辦禮物，或為節省繁雜費用，時而將禮物折成禮款，裝盛於紅包袋內，袋外書禮品名稱表之，此稱「打盤」。

〔註 25〕交付媒人，而約定婚禮。男方送來的禮品，部分由女方領受之，其中如：福圓〔註 26〕、閹雞、鴨母等表男家福分，照例應退回。而豬肉僅取其肉，豬腳一樣退回男方。

　　另外，女方亦須回贈男方禮品，禮品包括新郎結婚當日所用之鞋、帽……等用品，以及送給未來公婆的禮物，如：飾品、衣物……等，俗稱「磧盤」。按照禮俗，若女家富有，完婚之日，女家將贈一份可觀的粧奩。反之，女方在收受聘禮時，僅收取少數。男方回家之後，也要將婚書供在神明祖先神位之下，報告已和某家結為親家。

（四）親迎

　　親迎或稱迎娶，乃併古六禮「請期」、「親迎」而成。「請期」舊俗稱「送日頭」又稱「提日仔」或「乞日」，〔註 27〕而《文公家禮》之「請期」則併入「納幣」禮中為「請成婚之期也」，〔註 28〕是為婚前（親迎前）最後一個步驟，亦即由男家決定結婚日期後，委託媒人送日課於女家，徵求女家同意，另備禮帖、炮燭等附送之。女方同意後，可復書交由媒人攜回，並還贈禮品。「親迎」在《禮記・昏義》則載：

> 父親醮子而命之迎，男先於女也。子承命以迎，主人筵几於廟，而
> 拜迎于門外。婿執鴈入，揖讓升堂，再拜奠鴈，蓋親受之於父母也。
> 降出，御婦車，而婿授綏，御輪三周，先俟于門外。婦至，婿揖婦
> 以入，共牢而食，合巹而酳，所以合體，同尊卑，以親之也。〔註 29〕

而《文公家禮》「親迎」之說為「親往迎歸，至家成禮也。」〔註 30〕即謂新郎前往女家迎娶新婦，即今之結婚婚禮。根據周何先生的說法，「親迎」的禮節，有三層意義：

　　首先，婚禮中所有重大節目的進行，都是由男方主動，女方處於被動，

〔註 25〕女方送給男方的則稱「坤書」，男方送往女家稱為「乾書」，也就是結婚契約書。
〔註 26〕福圓即龍眼乾，象徵有福之意，也代表女婿的眼睛。
〔註 27〕請期：男家事先選定兩個吉日，再送往女家徵求同意，目的為了避開一些凶喪之事，或新娘的生理現象。
〔註 28〕宋・朱熹：《朱文公家禮・婚禮》，收錄於清・陳夢雷編：《古今圖書集成・禮儀典（一）》二十五卷〈婚禮部〉，（台北：文星出版社，1964 年），頁 248。
〔註 29〕漢・鄭玄注・唐・孔穎達疏：《禮記・昏義》，收錄於《十三經注疏——禮記正義》，（台北：藝文印書館，1979 年），頁 1000。
〔註 30〕同上註。

這層原理是符合中國古代基本的陰陽動靜之說。以男女為例，男性屬於陽剛，所以主動、主於外；女性屬於陰柔，所以主靜、主於內。既然男性陽剛主動、女性陰柔主靜，所以婚禮中重大的儀節行進也就當由男方發動，女方配合。親迎由新郎親自前往迎娶新娘，也是順應這個道理。一動一靜、一內一外，相互配合，在婚儀的進程中似乎已經隱隱的告訴雙方男女互動之道。

其次，新郎親自到女方家迎娶時，女方家長親自將新娘交予新郎並囑咐之，自然有託付其女終身與新郎之意。當新郎在岳父母手中接過新娘時，必能更深刻的體會到今後所應負起的重責大任，從今而後必善盡做為夫婿、女婿等各項身份的職責。有了這更深一層的體會，往後對於家庭也必定格外的眷顧。

最後，就新娘出嫁這天的心理而言，她必須與父母兄弟分別，離開生活多年的家庭，獨自面對一個完全陌生的環境，心中想必是非常的惶恐且孤單。所以，有新郎親迎的陪伴，至少能讓新娘不安的心情暫時得到平復與安慰，此時新郎細心的照顧，也能讓新娘體認今後夫妻間必須彼此互相依靠、信賴的情感，並且幫助對方適應新身份的轉換。因此，從新郎親迎的那一刻起，夫妻間的感情也慢慢的在累積著。〔註31〕

二、台灣閩南婚禮儀俗與《文公家禮‧婚禮》之概況與歌謠

在傳統婚俗的「婚禮歌謠」中，最常發現的是，對子孫繁衍的祝願與祈求，這些祝辭普遍分布在各項婚禮的雜俗之中，台灣閩南婚禮歌謠屬於不入樂的方式呈現，為求聲韻和諧，因此在文字結構的編排就顯得相當重要。句式的組成從最短的二字一句，如：「食雞，起家。」〔註32〕三字一句，如：「翻落舖，生查某；翻過來，生秀才；翻過去，生進士。」〔註33〕四字一句，如：「床公床婆，尪某好和。」〔註34〕五字一句，如：「新娘娶到厝，家財年年富，今年娶媳婦，明年起大厝。」〔註35〕六字一句，如：「人客緊坐歸排，媒婆會

〔註31〕 周何：《古禮今談》，（台北：萬卷樓圖書有限公司，1992年），頁60～63。
〔註32〕 鈴木清一郎，1933年著，馮作民譯：《增訂台灣舊慣習俗信仰》，（台北：眾文圖書公司，1989年），頁205。
〔註33〕 阮昌銳：《中國婚姻習俗之研究》，（台北：台灣省立博物館，1989年），頁133。
〔註34〕 葉雅宜：《婚禮四句聯吉祥話研究》，台南師院鄉土文化研究所，碩士論文，2001年，頁32。
〔註35〕 婁子匡、許長樂：《台灣民俗源流》，（台中：台灣省政府新聞處，1971年），頁66。

加紹介：新娘會報伊知，對彼邊請過來。」〔註36〕或是最長的七字一句「左邊點燭滿堂光，右邊點燭生貴子，夫妻雙雙來拜堂，相敬如賓代代興。」〔註37〕等，都極爲講究聲韻的和諧，且如：「食福圓，生囝生孫中狀元」〔註38〕中「圓、元」皆押「an」韻，又如：「新娘出灶腳，來碰灶，子孫大家都有孝」〔註39〕中「腳、灶、孝」則押「au」韻。由此可知，婚禮歌謠雖不入樂，但仍可利用押韻的方式，使歌謠呈現協調、平穩的效果，並增添唸誦時的流利感。

但也有少許歌謠因各種特殊原因，成爲全不押韻的格式。〔註40〕所以，台灣閩南婚禮歌謠，除了講究字句的優美之外，內容上，也力求符合接近時代的脈絡與儀式的象徵意義，並且妥善運用語言的特點，達到實質的效果。

語言在本質上是表達思想的聲音符號，由於語言的功能性，於是，在原始的觀念中，語言與實際的事物具有相等的意義，語言因此變得具有神秘的魔力。原始人相信透過語言，能夠和天地鬼神進行溝通，使得願望或承諾得以實現。〔註41〕

在古代，爲祭祀者表達祈願的人稱「祝」，《說文》云：「巫，祝也。」〔註42〕，段玉裁對「祝」做了注解：「祝，以人口交神也。」〔註43〕由此可知，「祝」是經由語言而進行的巫術活動。在中國傳統婚慶當中，也有許多祝禱語伴隨著各種儀式活動的進行，寄託於語言功能來實現願望並達成禳災祈福

〔註36〕洪進鋒：《台灣民俗之旅》，（台北：武陵出版社，1989年），頁371。

〔註37〕台灣省政府民政廳：《結婚禮儀範本》，（台北：台灣省政府民政廳，1991年），頁49。

〔註38〕鈴木清一郎，1933年著，馮作民譯：《增訂台灣舊慣習俗信仰》，（台北：眾文圖書公司，1989年），頁206。

〔註39〕王灝：《台灣人的生命之禮——婚嫁的故事》，（台北：臺原出版社，1998年），頁139。

〔註40〕葉雅宜：《婚禮四句聯吉祥話研究》，台南師院鄉土文化研究所，碩士論文，2001年，頁54：造成不押韻的格式原因有二，一是文字紀錄，基於民間流傳的問題，紀錄者對此採不同的紀錄系統，如擬音或擬意等方式，或受紀錄者口音的影響，造成字面上無押韻的情況。其二則可能是吟誦者自己本身的即席創作，在吟誦時力有未逮，有時選韻不順，造成偶有不韻的情形。

〔註41〕詹鄞鑫：《心智的誤區——巫術與中國巫術文化》，（上海：教育出版社，2001年），頁215。

〔註42〕漢·許慎撰、清·段玉裁注：《說文解字注》，（台北：漢京文化事業有限公司，1985年），頁201。

〔註43〕同上註，頁6。

的效果,其中最具特色的,是利用諧音的特點,將本來不相干的兩件事,因為諧音而連結在一起。

這種由於諧音而產生歧義的現象,是導致語言巫術的另一個重要原則。在台灣各種禮俗中,利用語言的特點達成福證的目的,占有不少比例,而本文所論「婚禮歌謠」正可證明這些特點。因此,以下即分別由婚禮禮俗進行歌謠的分類,並且由《家禮》中禮俗的活動記載,針對閩南婚禮內容配合歌謠,呈現出婚禮儀俗的主要意義。

(一)「安床」之禮俗與歌謠

安床俗稱「鋪房」。新房是夫妻最主要的獨處之處,因此在房間的佈置上,多力求舒適。《文公家禮》中曾載:「親迎前期一日,女氏使人張陳其婿之室。」〔註44〕按照新娘的好惡佈置新房,一方面是男家尊重女家之舉,另一方面也合乎男外女內,男陽剛女陰柔的道理。

根據禮俗在新房佈置完成後,男方須擇日舉行安床禮,由父母兄弟具全的男孩在床上翻身,一旁則請兒女雙全的「好命婆」〔註45〕唸祝詞,俗稱「翻鋪」。男孩在行「翻鋪」禮時,好命婆於旁唸唱祝詞:「翻落鋪,生查甫;翻過來,生秀才,翻過去,生進士。」〔註46〕或唱「翻過東,生囝做相公;翻過西,生囝生孫作秀才。」〔註47〕歌謠內容雖是對於早生貴子的祈求,事實上更深一層的意義是強調舒適的居家環境對男女陰陽調和的重要,只要房間的環境與床位擺設對了,不管新郎新娘睡姿如何,皆有利於夫妻身心健康,進而早日生下健康的孩子。

至於請男孩於新床上「翻鋪」禮,主要仍表達了國人傳宗接代的思想。傳統觀念上多希冀新娘能在新婚不久即能懷孕,而且頭一胎最好生個男孩,並且對未來的子孫抱著「成龍成鳳」的心願,除了香火能得以延續之外,也希望子孫能光耀家族門楣。

〔註44〕 宋‧朱熹:《朱文公家禮‧婚禮》,收錄於清‧陳夢雷編:《古今圖書集成‧禮儀典(一)》二十五卷〈婚禮部〉,(台北:文星出版社,1964年),頁248。

〔註45〕 好命婆意指子女具全、福壽雙至的婦人,由好命婆扶新娘、吟吉句,意取新娘可以得到好命婆的福氣與致蔭。

〔註46〕 基隆市立文化中心編:《前世因緣今生訂——古禮篇》,(基隆:市立文化中心,1994年),頁24。

〔註47〕 葉雅宜:《婚禮四句聯吉祥話研究》,台南師院鄉土文化研究所,碩士論文,2001年,頁26。

（二）「食姊妹桌」之禮俗與歌謠

新娘在出嫁當天，兄弟姊妹會特別爲她舉行一次惜別宴，俗稱食姊妹桌。《文公家禮》：「女盛飾，姆相之，立於室外，……設女席於母之東，……醮以酒如婿禮。姆導女出於母左，父起，命之曰：『敬之戒之，夙夜無違爾舅姑之命。』」〔註48〕由此得知，古之新娘于歸以前，父母乃爲女設席餞別，勉其女能相夫教子，並命戒新娘爲婦之道。

傳統台閩婚俗姊妹齊聚食姊妹桌之意義，除了趁此機會給予新娘眞切的祝福之外，也給她精神上的支柱，讓新娘感受雖即將出嫁，但往後並非孤單一人，若有事情發生，家人兄弟將會是她永遠的後盾。在此期間，大家都會說一些與菜色相稱的吉祥話。如：「食雞，即會起家。」〔註49〕、「食魷魚，生囝好育飼。」〔註50〕等，或說「吃土豆，吃予老老老。」〔註51〕、「吃這米心，生囝卡水觀音。」〔註52〕因閩南語中「雞」與「家」、「魷魚」與「育飼」又「豆」與「老」、「心」與「音」諧音，除了順口好念之外，還有吉祥如意的意義存在。在吃「姊妹桌」時，藉由食物的語音或傳統意義特質，搭配吉祥語的吟誦，製造出祝福歡樂的氣氛。

由於諧音而產生的習俗，在中國非常的普遍，尤其跟吉祥語同音的事物，往往成爲人們刻意崇尚的目標。例如：「鹿」代表「祿」、「蝙蝠」代表「福」，又台語的「雞」與「家」同音、「豆」與「老」諧音等。因爲語言的關係，促使某些事物成爲吉祥如意的表徵。結婚是人生的大喜，藉由品嚐和吉祥物有相關諧音的食物，來達到祈求婚姻順利的目的其實不難想見。

（三）「新娘點香辭祖」之禮俗與歌謠

婚禮當天從新郎親自到女家親迎開始，婚禮的序幕就此揭開。此後，便是一連串複雜且饒富特色與趣味的婚禮儀俗，許多婚禮儀俗或簡或繁，也跟隨著時空與環境的變遷而更迭，但這些禮俗本身的意義仍然存在。婚姻的締

〔註48〕宋・朱熹：《朱文公家禮・婚禮》，收錄於清・陳夢雷編：《古今圖書集成・禮儀典（一）》二十五卷〈婚禮部〉，（台北：文星出版社，1964年），頁249。

〔註49〕鈴木清一郎，1933年著，馮作民譯：《增訂台灣舊慣習俗信仰》，（台北：眾文圖書公司，1989年），頁205。

〔註50〕同上註。

〔註51〕葉雅宜：《婚禮四句聯吉祥話研究》，台南師院鄉土文化研究所，碩士論文，2001年，頁27。

〔註52〕同上註。

結，必須經過公開的儀式才會被社會承認，如《禮記・曲禮上》即載：「男女非有行媒，不相知名。非受幣，不交不親。故日月以告君，齊戒以告鬼神，爲酒食以召鄉黨僚友，以厚其別也。」〔註53〕所以經由這些儀式，昭告雙方親友尋求祝福與認同。又因結婚爲人生中重要的大事，婚姻更與一輩子的幸福有關，故台諺云：男性若「做著歹田，望後冬；娶著歹某，一世人。」〔註54〕反之，女性若：「嫁著歹翁，絕三代。」〔註55〕因此，結婚須以謹慎的態度、莊嚴的儀式處之。所以，婚禮當天由親迎之始到結束，各種禮俗的重要性由此可見。

《文公家禮》云：「婿出，乘馬至女家，俟於次，女家主人告於祠堂，遂醮女而命之。」〔註56〕新娘在上轎前，必須出廳與父母、新郎點香祭告神明、祖先，爾後新娘之父母也有醮女之儀，戒愼恐懼地再三叮囑其女無違舅姑。台諺云：「食果子，拜樹頭。」〔註57〕緊接著，新娘在離開娘家時，當然也要對養育的家庭表達感恩之意。新娘點香辭祖，焚香祭告，拜別祖先感恩多年來的庇祐，並祈求祖靈的祝福，也是表達認同己身血緣、不忘本的表現。

另一方面，新娘的父母面對愛女出嫁雖然不捨，但卻也了卻一樁心願，女兒畢竟也是父母心頭上的一塊肉，女兒婚姻的幸福與否雖難以掌握，但是從議婚到訂盟種種繁瑣的儀式來看，也表示父母爲了女兒的幸福盡了最大的努力。

因此，就新娘點香辭祖的歌謠內容來說，對新娘的父母而言，不啻是一種親情的牽絆。其歌謠如：「今天嫁女大吉昌，天賜良緣喜洋洋，踏入大廳拜祖先，白首偕老歲壽長。」〔註58〕、「大廳禮燭來點起，愛女準備出大廳，拜別列祖與列宗，百年富貴享榮華。」〔註59〕基於中國傳統時辰的觀念，認爲好的時辰能夠帶來好運，婚禮的各項儀式也不例外。再者，婚前禮所行的各

〔註53〕漢・鄭玄注、唐・孔穎達疏：《禮記・曲禮上》，收錄於《十三經注疏──禮記正義》，（台北：藝文印書館，1979年），頁1000。

〔註54〕鄭文海：《常用台灣俗語話（上）》，（台北：益群出版社，2000年），頁276。

〔註55〕陳主顯：《台灣俗諺語典──婚姻家庭》，（台北：前衛出版社，1999年），頁285。

〔註56〕宋・朱熹：《朱文公家禮・婚禮》，收錄於清・陳夢雷編：《古今圖書集成・禮儀典（一）》二十五卷〈婚禮部〉，（台北：文星出版社，1964年），頁249。

〔註57〕鄭文海：《常用台灣俗語話（下）》，（台北：益群出版社，2000年），頁906。

〔註58〕台灣省政府民政廳：《結婚禮儀範本》，（台北：台灣省政府民政廳，1991年），頁49。

〔註59〕同上註。

項儀式，諸如：提字仔、完聘等皆曾具書祭告神明祖先獲求認可，因此在好時辰裡祭拜祖先，希望愛女與女婿的婚姻在祖先認同與庇蔭下，不僅能白頭偕老，還能富貴榮華，在新娘出嫁之際，由家人陪伴點香辭祖可說是別具意義。

（四）「新娘登轎」之禮俗與歌謠

《文公家禮》：「姆奉女出登車，婿乘馬先婦車，至其家，導婦以入。」〔註60〕早期迎娶新娘都是用花轎（今已用轎車替代），〔註61〕新郎則乘馬於前引導。傳統閩俗在新娘上轎至花轎啓程這段期間，亦有許多禮俗與歌謠，如新娘上轎時，母親唸誦：「新娘預備要坐轎，吩咐好話攏擺著，去著有緣得人惜，有孝家官才有著，母今看子子看母，目屎流落若貞珠，若是男兒在咱厝，生成女兒著配夫。」〔註62〕或唸道：「佳偶良緣天註定，目屎流落心著驚，轎內坐椅要端正，阿母吩咐著要聽，喻望入門翁姑疼，勤儉裕生有名聲，致蔭尪婿有官名，水潑落地轎起行。」〔註63〕表達出父母對出嫁女兒依依不捨的離情以及最後的叮嚀。

中國人認爲男女姻緣在於「天定」，故說「姻緣天定」或說「緣定三生」，認爲男女在經過重重關卡，結爲夫妻必是有緣。「緣」雖然是個抽象的名詞，卻對中國人的人際、婚姻觀起了相當大的影響，所以好的婚姻則謂之「良緣」。既然天定有緣結爲夫妻、成爲家人，所以要維持「良緣」使之不輟。首先，新娘必須融入對方家庭，並克盡孝道，視（侍）對方家人如同自己生身親人一般。其次，母親叮嚀新娘要「坐椅要端正」乃象徵新娘此後爲事必須遵從婦德，端正不偏，意謂「坐正行端」。最後，要求新娘做個好媳婦，除了孝敬公婆外，也要勤儉持家、生子傳嗣，更要做「致蔭」夫婿爲其後盾，使之無後顧之憂的向外發展。這些皆是新娘上花轎時，母親對女兒不厭其煩的最後的囑咐，可說是母親疼惜女兒的心情表現。

待新娘坐定後，鞭炮聲響，花轎便啓程前往婆家，此時新娘父母將先前

〔註60〕宋‧朱熹：《朱文公家禮‧婚禮》，收錄於清‧陳夢雷編：《古今圖書集成‧禮儀典（一）》二十五卷〈婚禮部〉，（台北：文星出版社，1964年），頁249。

〔註61〕迎娶的方式，有新郎親迎與不親迎兩種，俗稱「雙頂轎」或「單頂轎」。昔時只有富豪人家才由新郎親自迎娶，一般人家僅由媒人代往迎娶。

〔註62〕基隆市立文化中心編：《前世因緣今生訂——古禮篇》，（基隆：市立文化中心，1994年），頁20。

〔註63〕同上註。

預備好的臉盆水、稻穀及白米往地上潑去，謂：「嫁出去的女兒，如潑出去的水。」〔註64〕代表女兒已是潑出去的水，從此以後必須跟隨夫婿建立屬於自己家庭。所謂：「覆水難收」，潑水的意義除了表達從今以後女兒之身分已脫離生家，附屬於夫家，也表達出父母盼望女兒婚姻幸福，希望女兒既已結婚，就必須有如覆水一般，要有不輕言分離的堅定決心。起轎後，新娘從轎內丟出一把扇子，由新娘的弟妹撿起，俗稱「放扇」。因台語「扇」與「姓」諧音，意謂新娘嫁入夫家後，從夫姓去舊姓，或是新娘存善給娘家，另外也有新娘今後必將以往的壞脾氣改掉之說，所以又稱「放性地」，或說「放扇，不相見」，意寓自此後做人家的妻子、媳婦，直至白頭。

新娘上轎之歌謠是父母對女兒最後的囑咐與祝福，新娘起轎時行「放扇」的儀式，可以說是新娘接受了父母親的教誨，並對父母教誨的回應。雖說嫁女如覆水難收，但父母的心情卻可說是百般不捨，卻也藉由「潑水」與「放扇」的禮俗，暗示新娘此後必須放下「性地」恪盡為妻、為媳的本分，做個「好媳婦」，展現傳統「婦順」之美德。

（五）「新娘入廳」之禮俗與歌謠

當花轎抵達男家時，此時媒婆先下轎施灑鉛粉，因閩南語中「鉛」與「緣」二字同音，歌謠：「人未到，鉛先到；入大廳，得人緣。」〔註65〕預卜新人婚姻美滿之意。昔日在新娘下轎時，抬轎轎夫則唱誦：「今要轎門兩旁開，金銀財寶一直來，新娘新郎入房內，生子生孫作秀才。」〔註66〕以示吉利，接著由新郎拿扇子在轎頂打三下，並踢轎門三下，據說如此可壓制雌威，再由一位小男孩捧橘子到新娘車前（表示吉祥平安），恭請新娘下轎，新娘輕摸橘子，並給紅包答禮。

新娘下轎後，則由好命婆舉米篩（台語音ㄊㄞ，同「胎」）遮覆在新娘頭頂，以免新娘神與天神相沖，並唸唱歌謠：「米篩上面有八卦，那有歹事攏嚼化。」〔註67〕據說米篩有避穢的作用，而米篩上面會有太極、八卦圖，起

〔註64〕楊炯山：《最新婚喪喜慶禮儀大全》，（新竹：竹林書局，1993年），頁9。

〔註65〕台灣省政府民政廳：《結婚禮儀範本》，（台北：台灣省政府民政廳，1991年），頁20。

〔註66〕基隆市立文化中心編：《前世因緣今生訂——古禮篇》，（基隆：市立文化中心，1994年），頁20。

〔註67〕葉雅宜：《婚禮四句聯吉祥話研究》，台南師院鄉土文化研究所，碩士論文，2001年，頁29。

因中國人相信八卦爲萬象之源。《周易・繫辭上》：「易有太極……四象生八卦，八卦定吉凶，吉凶生大業。是故，法象莫大乎天地，變通莫大乎四時，縣象著名莫大乎日月，崇高莫大乎富貴。」〔註 68〕故以此象徵家族繁華榮盛、生生不息之意。

新娘在入婆家大門前，若婆家院內有竹圈，則須踏竹圈而過，故有「腳踏入圈，頭胎生查埔。」〔註 69〕之說。新娘進婆家大門時，婆家事先準備好烘爐與瓦片，新娘腳必須先跨過門檻與烘爐後再踩破瓦片。又烘爐上用生炭生火，因台語「生炭」諧音「生殖」，由新娘跨過其上，此時配合歌謠唸誦：「腳若舉得高，生子生孫中狀元。」〔註 70〕象徵新娘在過門後能生兒繁衍子嗣。

破瓦是則有禳邪之作用，大部分的說法是爲了破除新娘破月出生的命格，故有「瓦破人無破」之說，故有歌謠：「破瓦不破人，破外不破內，新娘入門攏不破。」〔註 71〕雖然新娘爲破月出生，但今破瓦之後就已經破除了破月之衰。

新娘在進入男家大廳之前，遵循傳統固然有許多避邪的儀俗，這些儀俗在熱鬧與趣味性之外，其中又隱含著嚴肅性。國人相信，在婚禮中的各項儀俗進行，皆關係著新人未來婚姻的順利與否，而每一位新娘也都不敢掉以輕心。

婚禮在歌謠中如：「新娘過火不驚痛，腳步慢慢到大廳」、「腳若舉得高」、「腳若舉得起」等，都有提醒新娘注意穩健腳步的意思。這些儀俗雖含有重大的意義，只是一般情況下常常無法完全體會，這時若配合歌謠的吟誦、祝禱，就更能清楚的了解每件儀式的原因，也能讓新人與賓客們進一步體認其重要性。

另外，在新娘出嫁時，娘家爲其準備的嫁妝中，有一個供新娘洗澡使用的桶子，也供其日後生產時使用，故稱「子孫桶」，閩南話稱「粗桶」。陪嫁的子孫桶，上塗有紅漆，裝在束口的大紅袋裡，因請專人抬著走在婚隊的最

〔註 68〕 魏・王弼、晉・韓康伯注、唐・孔穎達疏：《周易・繫辭上》，收錄於《十三經注疏——周易正義》，（台北：藝文印書館，1979 年），頁 156～157。
〔註 69〕 阮昌銳：《中國婚姻習俗之研究》，（台北：台灣省立博物館，1989 年），頁 131。
〔註 70〕 楊炯山：《最新婚喪喜慶禮儀大全》，（新竹：竹林書局，1993 年），頁 9。
〔註 71〕 王灝：《台灣人的生命之禮——婚嫁的故事》，（台北：臺原出版社，1998 年），頁 109。

後面，從婚隊出發開始一路尾隨至新娘被迎入男家新房爲止，所以又稱「尾擔」。

提尾擔的挑夫通常都具有一張巧口，在提尾擔時會依據情況而大聲吟誦吉祥歌謠，求得紅包。如走在婚隊裡：「子孫桶拉一下攑（高），生囝生孫中狀元；子孫桶按一下起，紅暝床，金交椅。」〔註72〕、「子孫桶捾高高，生子生孫中狀元。」〔註73〕或於新娘跨過門戶，進入男家大門時挑夫緊跟於後，吟唱道：「尾擔提到戶碇頭，新娘生囝眞正賢。」〔註74〕、「尾擔捾入廳，新娘生囝做大官。」〔註75〕另外，在新娘進新房時則吟唱：「子孫桶捾入房，百年偕老心相同。」〔註76〕最後，在新娘入房後吟：「子孫桶提高高，生子生孫中狀元，子孫桶提低低，呼恁兩年生三個，送入洞房入房內，永浴愛河相意愛，洞房花燭雷當開，生育貴子大發財。」〔註77〕這些歌謠，俱是挑夫爲祝福新人、求得吉利所誦之歌謠，此舉既可令婚家因討得吉利而感到愉悅，挑夫也可趁此賺得紅包。

（六）「婿婦交拜」之禮俗與歌謠

新娘進入婆家大廳後，先在大廳與新郎、翁姑祭拜神明、祖先。主要目的是讓新娘謁見家族祖先，正式成爲家族的一員。一方面藉著焚香祈禱，領受祖先的福澤，如婚禮歌謠：「一拜天地謝恩典，再拜高堂福壽長，三拜乾坤生貴子，榮華富貴蘭菊芳。」〔註78〕、「天成佳偶結連理，一見鍾情夫婦順，二姓合婚謁祖宗，交頸鴛鴦勝似仙。」〔註79〕另一方面，也是讓新娘體認，今後爲人媳婦應該要力盡的責任。《司馬氏書儀》載：

〔註72〕阮昌銳：〈從婚俗看中國的傳統倫理〉，《中華文化復興月刊》，第60卷，第1期，1983年1月，頁133。

〔註73〕鈴木清一郎，1933年著，馮作民譯：《增訂台灣舊慣習俗信仰》，（台北：眾文圖書公司，1989年），頁204。

〔註74〕王灝：《台灣人的生命之禮──婚嫁的故事》，（台北：臺原出版社，1998年），頁115。

〔註75〕同上註。

〔註76〕鈴木清一郎，1933年著，馮作民譯：《增訂台灣舊慣習俗信仰》，（台北：眾文圖書公司，1989年），頁204。

〔註77〕基隆市立文化中心編：《前世因緣今生訂──古禮篇》，（基隆：市立文化中心，1994年），頁21。

〔註78〕台灣省政府民政廳：《結婚禮儀範本》，（台北：台灣省政府民政廳，1991年），頁50。

〔註79〕同上註。

> 婿先至廳事，婦下車，揖之，遂導以入，婦從之。執事先設香酒脯
> 醢於影堂，舅姑盛服，立於影堂之上，舅在東，姑在西，相向。贊
> 者導婿與婦，至于階下，北向東上，主人進，北向立，焚香，跪酹
> 酒，俛伏興立，祝懷辭。由主人之左進，東面，搢笏，出辭，跪讀
> 之。曰：某以令月吉日，迎婦某婚，事見祖禰，祝懷辭。出笏，興，
> 主人再拜，退復位，婿與婦拜如常儀，出，撤，闔影堂門。〔註80〕

由此可知，新郎親迎新娘至男家後，舅姑盛服，設香酒脯醢於影堂祭之，並
拜告祖先吉日吉時迎婦之事，以示隆重。

　　台閩入廳堂夫妻交拜之俗，基本上乃承襲《家禮》中「婿婦交拜」之禮：
「婦從者，布婿席於東方；婿從者，布婦席於西方。婿盥於南，婦從者沃之
進帨；婦盥於北，婿從者沃之進帨。婿揖婦，就席，婦拜婿，答拜。」〔註81〕
由此《家禮》之詳細記載，待婦抵達婚家，由婿引導入室，先行「沃盥」〔註82〕
禮，後再進行交拜之禮。《家禮》中亦引司馬溫公之說：

> 女從者，沃婿盥於南；婿從者，沃女盥於北。夫婦始接，情有廉恥，
> 從者教導其志。女子與丈夫爲禮則挾拜，男子以再拜爲禮，女子以
> 四拜爲禮，古無婿婦交拜之義，今從俗。〔註83〕

其中「男子以再拜爲禮，女子以四拜爲禮」即爲台閩習俗之「夫妻交拜」之
禮。由此得之，「夫妻交拜」之禮用意在彰明夫妻之情與廉恥之道。

　　台閩禮俗則是新郎迎娶新娘至男家後，新人便立即行「祭祖」儀式，稟
告家中神明祖先，祈求婚姻平安圓滿。「祭祖」禮成後，即行「夫妻交拜」之
禮，此時好命婆即吟誦：「喜燭紅紅透天長，夫妻雙雙來拜堂，明年生個好寶
寶，世代昌隆萬代興。」〔註84〕或「一拜天地成夫妻，二人結髮子孫多，男
女姻緣天來配，感情永遠無問題。二拜高堂敬祖先，男女做陣是天緣，夫妻

〔註80〕宋·司馬光撰：《司馬氏書儀》卷三，收錄於《叢書集成新編》，（台北：新文
　　　　豐出版社，1985年），頁25～26。

〔註81〕宋·朱熹：《朱文公家禮·婚禮》，收錄於清·陳夢雷編：《古今圖書集成·禮
　　　　儀典（一）》二十五卷〈婚禮部〉，（台北：文星出版社，1964年），頁249。

〔註82〕沃盥：昔日交通不便，迎娶路途通常遙遠且困頓，故讓新人先行洗臉洗手，
　　　　然後再行交拜。

〔註83〕宋·朱熹：《朱文公家禮·婚禮》，收錄於清·陳夢雷編：《古今圖書集成·禮
　　　　儀典（一）》二十五卷〈婚禮部〉，（台北：文星出版社，1964年），頁249。

〔註84〕台灣省政府民政廳：《結婚禮儀範本》，（台北：台灣省政府民政廳，1991年），
　　　　頁49。

和合永不變，妻賢夫正萬萬年。夫妻對拜站正正，嗡望入門家官疼，良時吉日來合婚，一夜夫妻百世恩。」〔註 85〕「夫妻交拜」禮畢，新郎牽引新娘進入洞房，故台俗稱妻子為「牽手」，此時男女的夫妻之名正式成立。

（七）「合卺」之禮俗與歌謠

中國傳統觀念認為床母能夠保佑幼兒，因此新人雙雙在進入洞房後，就先行拜床母的禮儀，祈求夫妻和合早生貴子，並吟誦:「床公床婆，尪某好和。」〔註 86〕或「摸眠床角，新娘官入門，囝婿官田園漸漸合。」〔註 87〕等相關之歌謠。之後，新人對座食「新娘圓（湯圓）」並喝甜茶，食「湯圓」象徵婚姻團圓，喝「甜茶」乃為:「呷甜甜，生後生」之意。喝玩甜茶之後，新人乃共進酒食，即古代「合卺」之儀，台閩俗稱「食酒桌茱」。

「合卺」之儀在《禮記·昏義》載:「婦至，婿揖婦以入，共牢而食，合卺而酳，所以合體，同尊卑，以親之也。」〔註 88〕其義為夫妻倆同牢共食，象徵夫妻一體之義。而《家禮》則載:「婿婦交拜，就坐飲食畢，婿出。」〔註 89〕並對儀式作詳細解釋:「婿揖婦就坐，婿東婦西，從者斟酒設饌，婿婦祭酒舉餚，又斟酒，婿揖婦舉飲不祭，無餚。又取卺分置婿婦之前，斟酒，婿揖婦舉飲不祭，無餚。婿出就他室，姆與婦留室中，撤饌置室外設席。婿從者，餕婦之餘；婦從者，餕婿之餘。」〔註 90〕而此乃古禮中「共牢而食」之「合卺」禮。台閩之俗雖已無《家禮》「從者餕餘」之儀，但仍保留古代夫妻「合卺而酳」的禮儀，依台俗則稱之為「食酒桌茱」。

「酒桌茱」的茱色通常為六葷六素，依照喜好隨意組合，由好命婆夾到新人口邊作吃狀，並唸誦歌謠如:「食雞，會起家；食魷魚，生子好育飼；食鹿，全壽福祿；食豬肚，子婿大地步；食魚領腮，快做老爸；〔註 91〕食魚尾

〔註 85〕基隆市立文化中心編:《前世因緣今生訂——古禮篇》,（基隆:市立文化中心,1994 年）,頁 21。
〔註 86〕葉雅宜:《婚禮四句聯吉祥話研究》,台南師院鄉土文化研究所,碩士論文,2001 年,頁 32。
〔註 87〕同上註。
〔註 88〕漢·鄭玄注、唐·孔穎達疏:《禮記·昏義》,收錄於《十三經注疏——禮記正義》,（台北:藝文印書館,1979 年）,頁 1000。
〔註 89〕宋·朱熹:《朱文公家禮·婚禮》,收錄於清·陳夢雷編:《古今圖書集成·禮儀典（一）》二十五卷〈婚禮部〉,（台北:文星出版社,1964 年）,頁 249。
〔註 90〕同上註。
〔註 91〕魚領下生有鰭,狀如鬚,新郎食之,取意年老蓄鬚做父之意。

叉，快做大家；〔註92〕食福圓，生子生孫中狀元；食紅棗，年年好；食冬瓜，大發花；〔註93〕食芋，新郎好頭路，新婦快大肚；食甜豆，夫妻食到老老老；食柑桔，好結尾。」〔註94〕這一段的婚俗歌謠，如同之前提過「食姊妹桌」的禮俗一般，利用語言巫術的方式，多借用諧音的關係，比附一些吉祥的事物，達到祝福的目的。

（八）「婚筵」之禮俗與歌謠

結婚當天由男家設筵請客，俗稱吃喜酒，男家婚筵可說是結婚當天婚禮的另一波高潮。和台閩宴客禮俗所不同的是，根據《家禮》在「婿婦交拜，就坐飲食畢，婿出。」〔註95〕指出新人對坐飲，食畢，新郎則出室宴請賓客，而新娘此時只處於室中，不再出室會客。

台俗婚宴，則是新人雙雙出席宴會，招待前來祝賀之賓客，設宴饗食之目的乃是男家以此款待前來祝賀的親友，並宣告新郎新娘始成夫妻，更深一層意義則是表明夫妻身分，彰顯夫妻之義，避免日後悖亂之事的發生。此外，賓客們也可以藉這個機會，貼近新人一睹風采。所以，在歡慶之餘，讚嘆新人風姿的歌謠就此紛紛出爐。茲舉例如：「新娘秀外又慧中，玉潔冰清又端莊，明年生個好寶寶，世代子孫永昌隆。」〔註96〕、「新郎才子，新娘美女，夫妻相好，誠實規矩。」〔註97〕或是「龍鳳相隨，代魚開嘴，夜夜相對，萬年富貴。」〔註98〕等，多以新人外貌條件等作為讚美之詞與表達祝賀之意。

宴畢席散，古禮則由父母出面送客即可，由《家禮》中：「主人禮賓」〔註99〕之記載已充分說明。而台閩之俗，則必須由新人與父母共同於晏後進行送客的儀節。此時，新人手捧謝籃，籃內置有喜糖、香煙等物品，並

〔註92〕魚尾雙叉，狀如扇，新娘食之，取意將來子女繁多之意。
〔註93〕冬瓜壯長而大，有長壽之意。
〔註94〕鈴木清一郎，1933 年著，馮作民譯：《增訂台灣舊慣習俗信仰》，（台北：眾文圖書公司，1989 年），頁 205。
〔註95〕宋·朱熹：《朱文公家禮·婚禮》，收錄於清·陳夢雷編：《古今圖書集成·禮儀典（一）》二十五卷〈婚禮部〉，（台北：文星出版社，1964 年），頁 249。
〔註96〕台灣省政府民政廳：《結婚禮儀範本》，（台北：台灣省政府民政廳，1991 年），頁 50。
〔註97〕洪進鋒：《台灣民俗之旅》，（台北：武陵出版社，1989 年），頁 368。
〔註98〕王灝：《台灣人的生命之禮——婚嫁的故事》，（台北：臺原出版社，1998 年），頁 127。
〔註99〕宋·朱熹：《朱文公家禮·婚禮》，收錄於清·陳夢雷編：《古今圖書集成·禮儀典（一）》二十五卷〈婚禮部〉，（台北：文星出版社，1964 年），頁 250。

與離去的賓客一一行禮道別，賓客們從籃內取食，最後亦以吉句回應祝福新人，以至賓客散盡。

（九）「鬧洞房」之禮俗與歌謠

喜筵結束後，新娘的弟弟進房添燈，寓意新人添丁。而新人送走婚筵的賓客後，稍至新房休息，此時尚留下部分男方至親的親友，爲了延續婚禮熱鬧的氣氛，便以戲弄新人爲樂，俗稱鬧洞房，並試探新娘的「脾氣」如何。鬧洞房者捉弄吟道：「新娘還在房間內，不知是在做什歹，人講新娘生眞美，你嗎出來我看覓。」〔註100〕、「新郎和新娘，還在新娘房，不可給我等，甜茶就緊捧。」〔註101〕然而在《家禮》中並無「鬧洞房」之相關記載，而台俗中卻獨爲盛行，可知「鬧洞房」禮俗乃台閩地方風俗特色。

新娘在房內休息片刻，在賓客戲謔的催促下，如：「新娘行出房，茶盤雙手捧；確實有誠意，要請咱眾人。」〔註102〕即出廳向男方親人進奉「新娘茶」。好命婆乃依尊位順序，介紹男方長輩給新娘認識，新娘藉此拜見尊長。因此，台閩「新娘茶」的儀式，可說是《家禮》中「婦見於諸尊長」之儀。所不同的是台閩「新娘茶」之儀，在於迎親婚宴後舉行，而《家禮》亦補註說明：「今世俗人家娶婦，親屬畢聚，宜留至次日，行見舅姑禮畢，先見本族尊長及卑幼，次見諸親屬。」〔註103〕可見《家禮》中「婦見於諸尊長」之儀，是於結婚次日「婦見舅姑」後舉行。

台閩新娘奉「新娘茶」，並拜見尊長後，被介紹的尊長亦回答祝詞，給予新人祝福，如介紹母舅：「新娘捧茶出大廳，也有糖仔冬瓜餅，甜茶新娘親手煎，要敬母舅頭一名。」〔註104〕母舅答詞：「黃道吉日鬧猜猜，八音鼓吹兩邊排，大家要來看子婿，果然一對好人才。」〔註105〕依序一一介紹，並答詞。

待好命婆介紹完畢，新娘亦依尊位進行「奉茶」儀式，新娘奉茶時，接受者必須再以吉詞回應之，如：「來食新娘一杯茶，給你二年生三個，一個手

〔註100〕吳瀛濤：《台灣民俗》，（台北：眾文圖書公司，1992年），頁135。
〔註101〕阮昌銳：《中國婚姻習俗之研究》，（台北：台灣省立博物館，1989年），頁135。
〔註102〕洪進鋒：《台灣民俗之旅》，（台北：武陵出版社，1989年），頁369。
〔註103〕宋・朱熹：《朱文公家禮・婚禮》，收錄於清・陳夢雷編：《古今圖書集成・禮儀典（一）》二十五卷〈婚禮部〉，（台北：文星出版社，1964年），頁250。
〔註104〕基隆市立文化中心編：《前世因緣今生訂──古禮篇》，（基隆：市立文化中心，1994年），頁21。
〔註105〕同上註。

裡抱，二個土腳爬。」〔註106〕或「新娘捧茶手伸伸，好時吉日來合婚，入門代代多富貴，後日百囝合千孫。」〔註107〕男方尊長喝完甜茶，新娘照尊位順序一一回收茶杯，杯內放置紅包禮金，並給予新人祝賀，俗稱收「壓茶甌」。這時親友們除了奉上紅包外，也會吟誦歌謠給予新人最真切的祝福：「甜茶飲乾乾，捕袋落去搔，紅包壓甌底，新娘生卵孵。」〔註108〕或吟：「新娘茶甌緊來收，新郎新娘可自由，紅包乎妳添福壽，二姓合配定千秋。」〔註109〕等，而後好命婆也會代替嬌羞的新娘答謝親友：「銀錢何必著計較，人愛有量才有肴，汝厝家伙如重斗，那有看這小紅包。」〔註110〕「壓茶甌」所收取之禮金，通常為新娘個人之「私己」，日後任由新娘發配使用。

新娘接受了親友的紅包與祝福後，須回贈紀念品，以示禮尚往來。此時親友便會開口討禮品或食品：「一對好夫妻，恭敬捧茶杯，不但要食茶，亦要吃冬瓜。」〔註111〕或「冰糖吃過討紅棗，恭喜全家真協和，夫妻相愛百年好，新娘賢淑敬公婆。」〔註112〕食品也多寓意吉祥，如：「冬瓜」、「福圓」、「紅棗」之類，〔註113〕琳瑯滿目。而新娘奉茶之舉並以食品贈與親友，代表新婦今後必當遵照人倫輩分，以戒慎的態度來侍奉親長之表徵，可說是「婦順」的一種表現。

吃新娘茶所吟誦的歌謠，是所有婚禮歌謠中為量最多，其習俗在台閩地區也是傳習已久，主因新婦在初次拜見男家親人時，不免緊張嚴肅，為了沖淡緊張的氣氛，親友們便會配合歌謠製造笑料，製造歡樂的場面以達到安慰新娘的目的。因此，藉由食新娘茶的禮儀，一方面可讓新娘藉此拜見男方長

〔註106〕婁子匡、許長樂：《台灣民俗源流》，（台中：台灣省政府新聞處，1971 年），頁 66。

〔註107〕吳瀛濤：《台灣民俗》，（台北：眾文圖書公司，1992 年），頁 137。

〔註108〕鈴木清一郎，1933 年著，馮作民譯：《增訂台灣舊慣習俗信仰》，（台北：眾文圖書公司，1989 年），頁 217。

〔註109〕洪進鋒：《台灣民俗之旅》，（台北：武陵出版社，1989 年），頁 373。

〔註110〕基隆市立文化中心編：《前世因緣今生訂──古禮篇》，（基隆：市立文化中心，1994 年），頁 23。

〔註111〕婁子匡、許長樂：《台灣民俗源流》，（台中：台灣省政府新聞處，1971 年），頁 66。

〔註112〕吳瀛濤：《台灣民俗》，（台北：眾文圖書公司，1992 年），頁 137。

〔註113〕冬瓜：表長壽之意。福圓：表圓滿多福之意。紅棗：表早生貵子、日日早起之意。這些食品多因形狀、諧音等關係不僅別具吉祥之意味，而新婦以此為贄禮，也代表今後將日日早（棗）起，以戒慎的態度，以盡為婦之道，故成為婚禮中常備之食品。

輩，了解男方親疏關係。另一方面，男方親友也可以進一步從新娘應對進退的姿態檢視新娘的品德。由此視之，食新娘茶之儀，也有其嚴肅之意義存在。

新婚之夜正是新郎與新娘單獨相處的第一晚，雙方難免緊張與尷尬，賓客們在離去之前，還是不忘給新人祝福與暗示：「新娘眞古意，鬧久新郎會生氣，大家量早返，給你通去變把戲。」〔註114〕或是「喜酒扣著喝，坐久新娘會鬱卒，愛緊來去返，給伊去搬暝尾出。」〔註115〕希望雙方能早行周公之禮，以求子孫綿延。所謂：「天地交而萬物通也，上下交而其志同也。」〔註116〕達到陰陽和合之境，夫妻關係也就因此而成立。

由於子嗣傳承在中國人的觀念裡始終居於首要地位，因而成爲婚姻的主要目的。所以歌謠中多以詼諧暗示的語氣，如：「給伊去輸贏」、「準備若好勢，緊去變猴弄」等戲謔語，鼓勵新人早行傳承子嗣的責任。

三、台灣閩南婚後儀俗與《文公家禮‧婚禮》之概況與歌謠

婚禮的目的在確立男女關係、傳宗接代，並承繼爲人父母的責任與義務，使家族血脈得以連綿而不輟。若說婚禮前男女各自籌備婚禮中的各項禮俗是婚儀的起始點，而最後新人雙雙「出廳」與「歸寧」就可說是婚禮的終點。「出廳」與「歸寧」的意義在於那一份對彼此身份的確立與認定，「出廳」禮代表男家對新婦的接納；而「歸寧」禮就代表女家對新婚的的認同，兩者皆是對男女雙方在轉換身份後的一種確認。

因此，婚後禮俗相較於正婚禮亦是別具意義，台閩婚俗既是沿承《文公家禮》而來，當然在婚後禮俗方面亦可見《家禮》之遺跡，只是經過時空與地域背景的變遷，使得台閩婚後禮俗如同婚禮儀俗一般，饒富本地特色與趣味。其中所看到的，不僅僅是當事者雙方對婚姻所抱持信任的態度，相對的，也給予彼此家人擔當家庭的承諾。

（一）「出廳」（成婦禮）之禮俗與歌謠

婚禮中成婦之禮俗由來已久，早在古籍《禮記‧昏義》就已有充分的說明：

〔註114〕吳瀛濤：《台灣民俗》，（台北：眾文圖書公司，1992 年），頁 139。

〔註115〕同上註。搬暝尾出：演出晚間的重頭戲，即洞房花燭夜之意。

〔註116〕魏‧王弼、晉‧韓康伯注、唐‧孔穎達疏：《周易‧泰‧象》，收錄於《十三經注疏──周易正義》，（台北：藝文印書館，1979 年），頁 41。

　　夙興，婦沐浴以俟見。質明，贊見婦於舅姑。執笲、棗、栗、段脩以見。贊醴婦。婦祭脯醢、祭醴，成婦禮也。舅姑入室，婦以特豚饋，明婦順也。厥明，舅姑共饗婦以一獻之禮，奠酬。舅姑先降自西階，婦降自阼階，以著代也。〔註117〕

如《禮記・昏義》所述，新婦第二天早起沐浴淨身，晉見舅姑時以棗子、栗子、段脩爲贄禮。新婦進奉棗子表示日後將日日早（棗）起，以戰戰兢兢（栗）的戒愼態度，斷斷（段）然自行修飾（脩），以盡爲婦之道。〔註118〕唐朝王建〈新嫁娘詞〉：「三日入廚下，洗手作羹湯，未諳姑食性，先遣小姑嘗。」〔註119〕這道節目的立意在於「以成孝養」、「主於孝順」，由媳婦發動，親自下廚做菜敬饋翁姑，表示孝敬與奉養的心意，也代表新婦承接了婆婆主婦的責任，在意義上可說是合情合理；況且以媳婦的身份來說，具備「主中饋」的能力，也是眾多應盡的主要義務之一。

　　《家禮》亦載「婦見舅姑」之禮：「明日夙興，婦見於舅姑，舅姑禮之，婦見於諸尊長，若冢婦則饋於舅姑，舅姑饗之。廟見，三日主人以婦見於祠堂。」〔註120〕古禮，新娘於婚後一早，就必須晨起拜見舅姑並饋饌之，而後舅姑禮饗之，表示正式承認彼此的親屬關係，亦如古禮「著代」之意。新婦拜見男方諸尊長，待之以禮，此表「婦順」之義。

　　又古禮中三月廟見之禮，至《文公家禮》時已改于三日之後。新婦至男家祠堂祭拜，禮成，始爲男家「宗婦」。相延至台閩婚俗，新婦則於成婚次日行「出廳」之禮。出廳後，新人即先拜見家中神佛祖先，然後拜見翁姑長輩。其後，家中弟妹子侄禮見新婦，新婦須以禮品回贈，則是把《文公家禮》的「夙興婦見舅姑」與「三日，婦見於祠堂」同日合併舉行。

　　台閩婚俗「出廳」禮畢，亦有引新婦入廚「理中饋」之儀，新婦試理廚務時，好命婆同時從旁吟誦吉祥話，例如拜灶君：「拜灶君，起火劥燻，煮糜

〔註117〕　漢・鄭玄注、唐・孔穎達疏：《禮記・昏義》，收錄於《十三經注疏——禮記正義》，（台北：藝文印書館，1979年），頁1001。

〔註118〕　林素英師：《從古代生命禮儀透視其生死觀——以禮記爲主的現代詮釋》，（台北：文津出版社，1997年），頁42。

〔註119〕　唐・王建：〈新嫁娘詞〉，收錄於徐冠英注：《唐詩選注》，（台北：華正書局，1991年），頁496。

〔註120〕　宋・朱熹：《朱文公家禮・婚禮》，收錄於清・陳夢雷編：《古今圖書集成・禮儀典（一）》二十五卷〈婚禮部〉，（台北：文星出版社，1964年），頁250。

快滾。」〔註121〕新婦生升材火：「新娘出灶腳，來碰灶，子孫大家都有孝。」
〔註122〕飼雞時：「年頭飼雞栽，年尾做月內。」〔註123〕這些歌謠雖具祝福之
意，但對於一個新娘來說，在該做好的事情裡面，必須具備「主中饋」的能
力，新婚次日新婦試理廚務，乃在於考驗新婦廚務之能力，亦為家務傳承之
象徵。

（二）「歸寧」（成婿禮）之禮俗與歌謠

「回門」指新婦在婚後由夫婿陪同，攜帶禮品回娘家祭祖，俗稱「歸寧」、
「雙人返」、「做客」或「返外家」，是新婦回娘家省親的禮俗。歸寧的目的乃
因新娘出嫁至夫家，情緒難免不捨，藉此機會讓新娘回家省親，緩衝思家的
情緒，另一方面也讓女方家人了解一下新娘的狀況，給予親情的慰藉，使之
循序適應夫家生活。

《東京夢華錄》曾記載宋代歸寧之禮：「婿復參婦家，謂之拜門。有力能
趣辦，次日即往，謂之復面拜門，不然三日七日皆可。賞賀亦如女家之禮。
酒散，女家具鼓吹從物迎婿還家。」〔註124〕又《家禮》記載：「婿見婦之父母，
明日婿往見婦之父母，次見婦黨諸親，婦家禮婿如常儀。」〔註125〕在新婦行
「廟見」禮後，次日「婿見婦之父母」，並拜見「婦黨諸親」。新娘偕夫婿「回
門」之相關禮俗，為古代「成婿禮」的遺意，目的在體諒及慰問初為人婦的
女兒，一解女兒思親的情緒，使之寬心。另一方面，女家親長亦藉著「請子
婿」之熱絡氣氛，交代子婿善待女兒，並祝福兩人婚姻幸福。

昔日台閩「回門」日期各地不一，大抵於三日、十二日、十五日行之皆
可。請新人「回門」時，須先由岳家父母具帖來請，屆期，新婚夫婦備禮相
偕回門。當天午前新娘、新郎到了女家，一對新人在謁拜岳家祖先之後，獻
見面禮給岳父母，岳父母收受，另備禮物回贈，最後再會見弟妹子姪，並贈
禮品。

〔註121〕婁子匡、許長樂：《台灣民俗源流》，（台中：台灣省政府新聞處，1971 年），
　　　　頁 66。整首歌謠表達新婦善於炊煮之意。

〔註122〕王灝：《台灣人的生命之禮——婚嫁的故事》，（台北：臺原出版社，1998 年），
　　　　頁 139。

〔註123〕鈴木清一郎，1933 年著，馮作民譯：《增訂台灣舊慣習俗信仰》，（台北：眾
　　　　文圖書公司，1989 年），頁 210。雞栽：小雞。

〔註124〕宋・夢元老撰：《東京夢華錄・娶婦》，（台北：商務印書館，1971 年），頁 99。

〔註125〕宋・朱熹：《朱文公家禮・婚禮》，收錄於清・陳夢雷編：《古今圖書集成・禮
　　　　儀典（一）》二十五卷〈婚禮部〉，（台北：文星出版社，1964 年），頁 250。

這一天中午，岳家設宴款待，宴請新婿於外，而宴請女兒於內，並另請數位男性親屬陪新婿，請女眷伴新娘，叫做「會親」，又稱「請子婿」。在形式上，則尊重岳家之意願，設宴款待男方親屬及女方親友、賓客，座位的安排上也已無內外之分。直到黃昏歸寧結束後，新娘必須隨夫婿回家，不能留在娘家過夜，俗稱：「暗暗摸，生查埔」〔註126〕並攜回兩根帶葉的甘蔗、蓮蕉數棵及五穀籽〔註127〕和一對公母的小雞，象徵五穀豐收、子孫繁昌。

「回門」禮之立意亦如同「婦見舅姑」之禮，意在讓新婿認識拜見女方尊長，了解女家生活與習慣，進一步融入女方家族，確立自己和女方關係，正式成為女家子婿。

從《家禮》到「台灣閩南婚禮」，因為時空的變遷，故行禮的方式亦有因革損益。台閩婚俗雖承自《文公家禮》，但因為婚禮過多的繁文縟節，致使民眾行婚禮時，在儀節上大致雖依照辦理，但亦有多根據需求而做增刪，故實際上的儀式顯得相當紊亂。

在朱熹《家禮》中可看到將古六禮合併為納采、納幣、親迎三禮之跡，而台閩婚俗卻又據此劃分為議婚、定盟、完聘、親迎等四禮。從本節之論述過程，可以得知不論是由古六禮至《家禮》之間的化繁為簡，抑或是由《家禮》至台閩婚俗之間的化簡為繁，實際上，都是為了迎合當時的時空背景下民眾的需求，並融入地方風俗的特色。如台閩「鬧洞房」之儀俗，在《家禮》中全無相關記載，而台俗中卻獨為盛行。又「新娘茶」的儀式，可說是《家禮》中「婦見於諸尊長」之儀。所不同的是台閩「新娘茶」之儀，在於迎親婚宴後舉行，而《家禮》中則是於次日行「婦見舅姑」之禮後舉行。這中間種種同中有異、異中有同的情況，足以說明台閩婚俗既承繼古禮又另創新禮的特色。

台閩婚俗細論之下，習俗雖然縟雜，但正象徵人們對婚姻的期許與重視。而台閩婚姻歌謠亦以這樣的方式，如實地呈現人們的願望。歌謠是人類表達喜、怒、哀、樂的一種方式，不管是歡喜的謳歌或是哀傷的吟詠，都是人類對感官感受自然且貼切的回應，雖然婚禮歌謠中所呈現的多是歡樂的讚嘆，但在平鋪陳敘的語調中，卻也呈現出婚俗中深藏的男婚女嫁之真諦。

〔註126〕鈴木清一郎，1933 年著，馮作民譯：《增訂台灣舊慣習俗信仰》，（台北：眾文圖書公司，1989 年），頁 218。

〔註127〕五穀籽：蓬萊、在來、糯米、長荳、青荳。

第二節　台灣閩南婚禮歌謠的內容與意義

　　台灣婚禮歌謠展現了多采多姿的台灣民俗風味，由歌謠的內容，充分透露出廣大民眾對婚姻生活的美好願景與深刻的情感。雖然婚禮歌謠因時間、空間與地域上的不同而有了各種變式，但是婚禮的基本精神與家族的傳統倫理仍保存其中。婚禮歌謠所寓藏的傳統精神對於成婚的新人有深刻的生活啓示，不管是傳承子嗣，或是人生成就的滿足，抑或是婦饋舅姑的敬順自持，主要都是站在「孝親」的條件上做「人倫」的擴展與表現。

　　中國自古以來以儒教治國，而傳統儒家首重「孝道」；因此，中國人在處世待物的思想觀念裡則多以「孝親」爲依歸，甚至是婚姻的締結也不例外。昔日傳統婚姻多奉「父母之命」成婚，不管男婚或是女嫁，多由父母安排，即使是男女兩情相悅，仍需要以父母意見爲參考，避免男女雙方因一時的衝動，而造成終身遺憾。這固然是遵從與孝親的表現，主要也是婚姻畢竟關係到男女雙方一生的幸福，不可等閒視之，故必須以敬愼重正的態度處理，此乃人類異於禽獸之自覺心的表現。因此，制定婚禮制度與婚姻禮俗的重要性就在於此，而婚禮歌謠也對婚禮的莊敬愼重做了另一種呈現。

　　歌謠，是民間文學的一種，更是廣大民眾寄託願望、傳達情感的重要方式之一，而台灣閩南婚禮歌謠在婚禮場合中的功用亦是如此。婚禮歌謠的特點就是伴隨婚俗的進行而出現，且在進行不同婚儀之時，也會呈現出不同內涵與意義的婚禮歌謠。因此，本文之目的，即搜羅台灣閩南婚禮歌謠後集結之，並且系統的歸納這些歌謠的特點，並結合古六禮之儀與傳統的婚姻觀，企圖對台灣閩南歌謠之內容與象徵意義做出新的詮釋。以下就歌謠意義之呈現，試歸納出下列七項特點：

一、子孫昌盛——多子多孫多福氣

　　中國自古以農立國，勞動生產者在所有人口數中佔有相當大的比例，人民的生計多來自於勤奮不懈的從事農業勞動。因此，傳統觀念中極爲重視宗族人口的興旺與否，其中尤爲注重家族男性人口的多寡，皆抱著以多爲盛「多子多孫多福氣」之心態，所謂「不孝有三，無後爲大」〔註128〕，更以女子婚後不能生男爲最大的遺憾。人們期望經由婚姻關係的聯繫以繁衍後代，特別

〔註128〕漢・趙岐注、宋・孫奭疏：《孟子・離婁》，收錄於《十三經注疏——孟子注疏》，（台北：藝文印書館，1979年），頁137。

是繁衍能傳續香火的男嗣。因此，在婚姻關係中，女性便被賦予傳宗接代的責任，一旦進入家庭之後，首要的重任即在於能夠及早懷孕生子。

另一方面，女性因本身才剛轉換身分，進入一個陌生的環境當中，在情感與各方條件上，實無法馬上與男方族人取得密切聯繫，此時如能順利的懷有身孕，即所謂的「入門喜」〔註129〕，如此一來，通常可以及早取得男方族人的認同與疼惜，也更能確立自己在男方家族中的地位。如歌謠提到：「新郎新娘且慢，我有拴鹹公餅，尪某著卡打拼，入門喜我知影。」〔註130〕或「大家要起行，給伊去輸贏，準準入門喜，粘米做阿娘。」〔註131〕所以婚後繁衍子孫不僅是男方家人衷心的祈願，嚴格說來，也是女性取得自己在夫家身份地位最有利的條件之一。

在整個婚禮儀式中，從最早的安床儀式到最終的出廳儀式，反映在祈子求孫喜願的歌謠，佔有相當多的比例。如安床儀式的歌謠：「翻落舖，生查甫；翻過來，生秀才，翻過去，生進士。」〔註132〕早期民間對於安床禮相當重視，一般要依照男女雙方的干支，並觀察家相、方位等再決定床位的擺設，即符合現代所謂的「室內空間美學」。以此觀點而言，安床禮之意義，實乃替新人營造出好的居家環境，有利於新人進行傳宗接代的任務。

除了婚前安床禮的歌謠外，婚禮當天新郎親迎新娘進門過程中，也有許多和求子相關的歌謠伴隨著諸多禮俗進行，如舉米篩時唱：「米篩粗粗，新娘入門快生查甫。」〔註133〕舉米篩是為新娘禳災避邪之用，米篩上繪有八卦據說可以避除晦氣，在意義上也是保護新娘身體不受傷害，使之容易受孕。另外，昔日房舍外多設有圍籬，新娘入門前若遇圍籬則必踏圈而過，此時好命婆便唱：「腳踏入圈，頭胎生查埔。」〔註134〕新娘腳踏圈，意寓中彩之意，為求男之吉兆。此外，在親友們食新娘茶時也會吟唱一些相關歌謠，如：「來食新娘一杯茶，給你二年生三個，一個手裡抱，二個土腳爬。」〔註135〕賓客們

〔註129〕「入門喜」：即新娘於新婚期間懷有身孕稱之。
〔註130〕洪進鋒：《台灣民俗之旅》，（台北：武陵出版社，1989年），頁371。
〔註131〕吳瀛濤：《台灣民俗》，（台北：眾文圖書公司，1992年），頁139。
〔註132〕基隆市立文化中心編：《前世因緣今生訂──古禮篇》，（基隆：市立文化中心，1994年），頁24。
〔註133〕葉雅宜：《婚禮四句聯吉祥話研究》，台南師院鄉土文化研究所，碩士論文，2001年，頁29。
〔註134〕阮昌銳：《中國婚姻習俗之研究》，（台北：台灣省立博物館，1989年），頁131。
〔註135〕婁子匡、許長樂：《台灣民俗源流》，（台中：台灣省政府新聞處，1971年），頁66。

以歌謠平舖直陳地祝福新人早生貴子。至於婚後於新婦行出廳禮時，家人仍不厭其煩的說道：「年頭飼雞栽，年尾做月內。」〔註136〕藉著新婦飼雞之舉，提醒新婦應該也要及早飼育自己的兒女。從以上所列之歌謠中，可以看出人們對新婦早日生子抱著相當大的期待。

　　傳統中國社會制度的特色乃是以父系爲主的宗法社會，因此人丁繁衍是傳統家庭最大的期盼，而「房」的觀念在漢人的家族制度中是最被重視的，而且只有男性才可稱「房」。在從屬原則上，諸子所構成的「房」絕對隸屬於其父親之下，〔註137〕故「房」的多寡即代表其父親所生養男丁的數量。傳統漢人家族的結構是以家族爲中心，家族人口越多，其社會關係即相對增加，對於社會資源的取得亦愈便捷。子女們也可以經由婚姻關係與其他家族成爲姻親，藉著家族成員關係的緊密連結，成爲一個廣大的資源脈絡，使其家族愈漸顯赫。

　　《周易‧繫辭下》有云：「天地絪縕，萬物化醇；男女構精，萬物化生。」〔註138〕天地萬物感受陰陽之氣而孕化萬物，故人間男女亦稟受陰陽之氣的支配，進而相交結合孕育子嗣。因此婚姻的首要目的，就在於促成男女結合以繁衍子孫。由此可知，家族成員眾多，勞動力相對增加，經濟狀況較易提昇，況且家族勢力的龐大，連帶而來的相關利益便因此應運而生，所以傳統講求多子多孫多福氣的意義即在於此。

二、富貴——財富地位的擁有

　　財富是促使人們擁有良好生活品質的條件之一，通常，能擁有好的生活品質與財富，就比較容易贏得別人的尊敬，獲得社會地位。由於財富也是凝聚家庭力量的一個重要指標，因此，擁有財富便成爲人們努力不懈的追求目標。台諺有云：「龍交龍，鳳交鳳，隱龜交懂憨。」〔註139〕明確道出國人對婚姻條件相當的看法。基於中國人對門第觀念的重視，婚姻可以說是兩個家族

〔註136〕鈴木清一郎，1933年著，馮作民譯：《增訂台灣舊慣習俗信仰》，（台北：眾文圖書公司，1989年），頁210。

〔註137〕陳其南：《家族與社會》〈「房」與傳統中國家族制度：兼論西方人類學的研究〉，（台北：聯經出版社，1990年），頁129～132。

〔註138〕魏‧王弼、晉‧韓康伯注、唐‧孔穎達疏：《周易‧繫辭下》，收錄於《十三經注疏——周易正義》，（台北：藝文印書館，1979年），頁171。

〔註139〕徐福全：《福全台諺語典》，（台北：作者自印，1998年），頁646。隱龜：駝背之意。

勢力的結合，自古以來，不少家族就是藉由婚姻的結合取得雙方資源，創造更豐沛的財富。

　　婚姻對雙方家族而言，帶來的不僅是人口的增添，財富資源的擴展也是重要的關鍵。因此，利用婚禮喜慶歡愉的氣氛，喜上加喜，說說富貴、發財的祝辭，在在都表現出人們求富求貴的深厚願望。如在新娘進入男家大廳與祭拜男家祖先時，都有不少祈求富貴的相關歌謠：「新娘娶到厝，家財年年富，今年娶媳婦，明年起大厝。」〔註140〕、「天造地設天定緣，進入大廳謁祖宗，有情成眷五世昌，榮華富貴滿家香。」〔註141〕或是在喜筵時賓客的祝賀：「龍鳳相隨，代魚開嘴，夜夜相對，萬年富貴。」〔註142〕由此看出人們希望經由婚姻關係的締結，進入對方宗族取得「族人」身分，有利於探求雙方家族資源，帶來更龐大的經濟利益。

　　試從男方的角度來看，在「娶妻以德」為要的條件下，若能娶得家族背景豐厚的媳婦，更是求之不得。因此在「議婚」條件上，昔時有謂：「第一門風、第二財富、第三才幹、第四美貌、第五健康。」〔註143〕「門風」與「財富」皆位於議婚條件之首，可見傳統對門戶觀念之重視。門戶條件可說是家族勢力的延伸，故從現實面而言，若能娶得顯要家庭出身的媳婦，如歌謠所說「新娘娶到厝，家財年年富」則應是必然的現象。

　　此外，中國人也相信，婚禮喜慶的氣氛與新娘好福氣的「致蔭」能夠給夫家帶來好運，傳統觀念認為夫妻本是一體，《禮記‧昏義》有云：「婦至，婿揖婦以入，共牢而食，合巹而酳，所以合體，同尊卑，以親之也。」〔註144〕從新婚夫妻的「共牢而食」開始，所享用的飲食完全相同，代表夫妻並無尊卑地位之分，且食後而酳，〔註145〕更是象徵夫妻應當同心同德，患難相持、

〔註140〕婁子匡、許長樂：《台灣民俗源流》，（台中：台灣省政府新聞處，1971年），頁66。

〔註141〕台灣省政府民政廳：《結婚禮儀範本》，（台北：台灣省政府民政廳，1991年），頁50。

〔註142〕王灝：《台灣人的生命之禮——婚嫁的故事》，（台北：臺原出版社，1998年），頁36。

〔註143〕婁子匡、許長樂：《台灣民俗源流》，（台北：台灣省政府新聞處，1971年），頁62。

〔註144〕漢‧鄭玄注、唐‧孔穎達疏：《禮記‧昏義》，收錄於《十三經注疏——禮記正義》，（台北：藝文印書館，1979年），頁1000。

〔註145〕即為飯後飲酒，使用由一瓠剖半的酒器，各執一瓢酒，合巹而酳。一瓠剖為兩瓢，兩瓢合和，象徵陰陽相成、相輔之意。而瓠瓜的味道甘淡，故又象徵夫妻「同甘共苦」之意。

榮辱與共之意。因此，男方認定倘若有幸娶到好八字的女子，必定會招來「福蔭」。故台灣在行婚四禮之「議婚」程序時，媒人先把女方八字送至男家，閩南話即「提字仔」，在男女雙方均同意合婚後，再將雙方八字交予算命先生合八字，有道是：「男命無假、女命無真。」〔註146〕有些人家在女孩出生後，便做假安排了一個十足的好八字，希望女孩能夠在適婚年齡出嫁，出嫁後也能藉此得到婆家的疼愛。

我們可發現，在這些祈願發財富貴的歌謠中，很多是以夫妻間互信互諒、夫唱婦隨的基礎爲前導，如：「天地配合，成雙成對，夫唱婦隨，萬年富貴」〔註147〕或是「甜茶相請眞尊敬，郎才女貌天生成，夫妻和好財子盛，恭賀富貴萬年興。」〔註148〕等歌謠，前提都在強調夫妻間的相處要有如天地配合一般和諧順暢，所謂「家和萬事興」，只要夫妻間齊心努力，遵循「夫唱婦隨」的夫婦親和之道，創造財富應是指日可待。

因此，夫妻雙方在門第相稱的前提之下，人們當然也相信、冀望新娘擁有財富、美貌、才德……等諸多好條件，未來對夫家也就能給予最大的幫助，甚至創造更豐碩的財富。

三、益夫──事業功名的追求

中國人對於讀書人總是給予相當高的地位，所謂：「萬般皆下品，唯有讀書高」，乃因傳統中國以科舉取仕，仕途的唯一門徑就在於此，即使過程是十年的寒窗苦讀，卻能創造無限可能的未來。因此，當官是絕大多數讀書人的夢想，況且一旦身入仕途，隨之而來的功名、利祿更是誘人。所以在婚禮歌謠中不乏希望新郎能「求仕順利」、「功成名就」……等祝辭。實際上是新人於婚後，可以藉由另一半的分擔與協助，更順利的達成理想。台諺也說：「嫁雞隨雞飛，嫁狗隨狗走。」〔註149〕女性莫不希望自己有所謂「幫夫運」來分擔家中的各項工作，甚至相信命定的福運能「致蔭」夫婿，使丈夫能無後顧之憂，以致能專心爭取功名，進而金榜題名、光宗耀祖。如此一來，自己後半輩子也將衣食無缺，甚至也能藉著夫婿的「致蔭」而揚眉吐氣，成爲其他

〔註146〕鄭文海：《常用台灣俗語話（上）》，（台北：益群出版社，2000 年），頁 263。
〔註147〕葉雅宜：《婚禮四句聯吉祥話研究》，台南師院鄉土文化研究所，碩士論文，2001 年，頁 36。
〔註148〕吳瀛濤：《台灣民俗》，（台北：眾文圖書公司，1992 年），頁 136。
〔註149〕林川夫：《民俗台灣（第二輯）》，（台北：武陵出版社，1990 年），頁 158。

人欽羨的對象。婚禮歌謠中就有許多透露出這樣的想法，如新娘起轎時母唱歌謠：「佳偶良緣天註定，目屎流落心著驚，轎內生椅要端正，阿母吩咐著要聽，嘛望入門翁姑疼，勤儉裕生有名聲，致蔭尫婿有官名，水潑落地轎起行。」〔註150〕歌謠傳達出人們期待新郎能娶到擁有好品德的新娘，希望藉由新娘的幫助「致蔭」夫婿，早日求得功名。而後參與婚宴的親友們也會細心觀察新娘的舉止儀態，更藉著喝新娘茶等儀俗的機會，來祝賀新人並評斷新娘的能力：「新娘捧茶手正正，房間出來蓮步行，一杯好茶來相請，致蔭翁婿早出名。」〔註151〕、「來看新娘人眞多，甜茶食過討冬瓜，食著冬瓜說好話，団婿有福中頭科。」〔註152〕所以親友們「看新娘」之舉，不僅僅是對新婦容貌的好奇之外，也是對新婦品德能力的一種觀察。

　　昔日女性在婚姻上多憑「父母之命、媒妁之言」，女性一逢適婚年齡，親友多熱心的幫忙牽線做媒。此種風俗，肇基於傳統觀念認爲女性未婚以前，住在生養的娘家只能算是作客，她必須經由婚姻，才能得到後半輩子眞正安身立命的「家」庭，所以稱女子出嫁爲「于歸」，故在閩南話中，女性稱自己娘家爲「外家」，可見傳統觀念認爲女子婚前在母家只能算是暫住客居。

　　《儀禮‧喪服》云：「婦人有三從之義，無專用之道。故未嫁從父，既嫁從夫，夫死從子。」〔註153〕此「三從」之原意本專指服喪一事，意指女子服喪時，喪服的穿著是隨著家主而有所不同，後引申泛指女子服從家主之道。又《周禮‧九嬪》云：「九嬪掌婦學之法，以教九御，婦德，婦言，婦容，婦功。」〔註154〕指出「四德」爲婦女婚前所受的教育，作爲將來爲人媳、婦、母之訓練，亦認爲「四德」是婦女行事重要之依歸，故後人有關論述婦女德性之事多據此而論。在傳統文化的施教下，使得女性深植「三從、四德」的觀念，正因如此，女性對於婚姻難免也會投射過多的期待，一旦在進入婚姻家庭之後，多把希望寄寓於另一半，鞠躬盡瘁的扮演賢妻良母的角色，除了

〔註150〕基隆市立文化中心編：《前世因緣今生訂──古禮篇》，（基隆：市立文化中心，1994年），頁20。

〔註151〕葉雅宜：《婚禮四句聯吉祥話研究》，台南師院鄉土文化研究所，碩士論文，2001年，頁38。

〔註152〕吳瀛濤：《台灣民俗》，（台北：眾文圖書公司，1992年），頁138。

〔註153〕漢‧鄭玄注、唐‧賈公彥疏：《儀禮‧喪服》，收錄於《十三經注疏──儀禮注疏》，（台北：藝文印書館，1979年），頁359。

〔註154〕漢‧鄭玄注、唐‧賈公彥疏：《周禮‧九嬪》，收錄於《十三經注疏──周禮注疏》，（台北：藝文印書館，1979年），頁116。

盡自己本分之外，最終目的還是希望得到族人的認同、丈夫的疼惜，更希望
有朝一日夫婿能衣錦還鄉，故歌謠中不少提到：「致蔭尪婿有官名」、「致蔭翁
婿早出名」、「囝婿有福中頭科」等祝辭。這些歌謠雖是婚禮賓客們的祝賀之
辭，實際上也是新娘心中對夫婿最真摯的期待。

四、長壽圓滿──執子之手與子偕老

　　男女雙方經由婚禮成為夫妻、組織家庭，夫妻就是生命共同體，福禍與
共、不離不棄。只要夫妻心意相通，互相扶持偕老，自然事事成功順利，這
也是親友們衷心的期盼。因此，在台灣閩南婚禮歌謠中也有不少祝福夫妻恩
愛、福壽綿長的祝福辭。如：「食甜豆，夫妻食到老老老。」〔註155〕、「吃
韭菜，久久長長。」〔註156〕這兩首皆是新娘於食姊妹桌時，其兄姐弟妹們
趁著各種菜色所蘊藏的吉祥寓意，將其納入吟唱的歌謠中，於字面上用
「老」、「久」、「長」等字，就已經明顯感受到象徵婚姻長久、白頭偕老的祝
福之意。

　　此外，從新娘點香辭祖到婚禮最後討物件的儀俗歌謠中，也有不少祝福
新人長壽圓滿之歌謠，如新娘在女家點香辭祖時：「今天嫁女大吉昌，天賜良
緣喜洋洋，踏入大廳拜祖先，白首偕老歲壽長。」〔註157〕新娘到了男家點燭
拜堂時：「點起喜燭滿堂光，宜室宜家滿門春，良辰吉日來拜堂，百年好合歲
壽長。」〔註158〕或在進新娘房時抬子孫桶者唱：「子孫桶，縉入房，百年偕老
心和同。」〔註159〕抑或是在最後討新娘物件時親友道：「冰糖吃過討紅棗，恭
喜全家真協和，夫妻相愛百年好，新娘賢淑敬公婆。」〔註160〕都有象徵「諧
和」、「長壽」、「偕老」、的意義存在。

　　事實上，出嫁的新娘也都希望能擁有好的歸宿，能夠幸遇良人，得到夫
家成員的接納與夫婿的寵愛，相伴到老。所以《詩經·邶風·擊鼓》有云：「死

〔註155〕鈴木清一郎，1933 年著，馮作民譯：《增訂台灣舊慣習俗信仰》，（台北：眾
　　　　文圖書公司，1989 年），頁 206。
〔註156〕葉雅宜：《婚禮四句聯吉祥話研究》，台南師院鄉土文化研究所，碩士論文，
　　　　2001 年，頁 27。
〔註157〕台灣省政府民政廳：《結婚禮儀範本》，（台北：台灣省政府民政廳，1991 年），
　　　　頁 49。
〔註158〕同上註，頁 50。
〔註159〕婁子匡、許長樂：《台灣民俗源流》，（台中：台灣省政府新聞處，1971 年），
　　　　頁 64。
〔註160〕洪進鋒：《台灣民俗之旅》，（台北：武陵出版社，1989 年），頁 373。

生契闊，與子成說，執子之手，與子偕老。」〔註161〕即在指稱只要夫妻恩愛、有志一同，婚後的生活不論如何都會甘之如飴，在心底深處也會有陪伴對方，相偎到老的誓願。因此，即使婚前男女對愛情多懷有浪漫的憧憬，但婚後仍得回歸於「柴、米、油、鹽」的現實生活，而此時的信任、體諒就是維持雙方關係最重要的潤滑劑。所以歌謠如：「食甜桔，好尾結。」〔註162〕、「吃豬心，尪某會共心。」〔註163〕、「頭插紅花，身穿紅襖，夫妻偕老，同心和好。」〔註164〕有不少是藉著物件名稱的諧音作為比附，或提取各物之特性，以象徵夫婦好合，以達成「好尾結」、「共心」、「偕老」、「合好」等願望。間接也提醒新郎與新娘在完成婚禮之後，必須體認到自身身分的轉變，進而修正自己的生活態度，注重「女主內」的原則，以柔合適順的態度侍奉親人，給夫婿一個溫暖的家庭；「男主外」則說明男子以堅決剛毅的態度承擔責任，給妻子一副可以依靠的肩膀。夫妻共同承擔起家庭生活一切的責任、慎始慎終，用最實際的行動見證彼此的愛情。

五、婦順——孝順公婆、益夫旺家

中國是個注視孝道的社會，人們總希望新娘娶進門後，除了幫助丈夫事業成功，使家道興旺，最重要的是能擁有「好女德」孝順公婆，治家幫夫。《禮記・昏義》具體的指出：「婦順者，順於舅姑，和於室人，而后當於夫」〔註165〕，就是希望新婦嫁入後，要先能孝順親長，並與家人和睦相處，最後再要求和丈夫在生活情趣上都能適時的配合，並要求新娘從今以後必須行「敬公婆」、「理中饋」的家務。在《禮記・昏義》有云：「舅姑入室，婦以特豚饋，明婦順也。」〔註166〕又說「舅姑共饗婦以一獻之禮，奠酬。舅姑先降自西階，婦降自阼階，以著代也。」〔註167〕婦準備特豚以饋

〔註161〕漢・毛亨傳、漢・鄭玄箋、唐・孔穎達疏：《詩・邶風・擊鼓》，收錄於《十三經注疏——毛詩正義》，（台北：藝文印書館，1979年），頁81。

〔註162〕鈴木清一郎，1933年著，馮作民譯：《增訂台灣舊慣習俗信仰》，（台北：眾文圖書公司，1989年），頁206。

〔註163〕葉雅宜：《婚禮四句聯吉祥話研究》，台南師院鄉土文化研究所，碩士論文，2001年，頁34。

〔註164〕吳瀛濤：《台灣民俗》，（台北：眾文圖書公司，1992年），頁137。

〔註165〕漢・鄭玄注、唐・孔穎達疏：《禮記・昏義》，收錄於《十三經注疏——禮記正義》，（台北：藝文印書館，1979年），頁1001。

〔註166〕同上註。

〔註167〕同上註。

舅姑，代表人媳孝養舅姑之道，這是婦順的表現。而後舅姑饗婦，先自西階而降，婦再降自阼階，這些則代表新婚夫婦日後可以取代舅姑的地位，當然也承接了舅姑的責任與義務。若舅姑已歿，則須於三月後行廟見之禮，《儀禮‧士昏禮》：「若舅姑既沒，則婦入三月乃奠菜。」〔註168〕祭祀已故之舅姑後，才算得到認同成爲宗婦。所以，婦人三月奠菜，也是表明新婦孝饋舅姑之意，亦是婦順之徵。

　　不少婚禮歌謠於婚禮中發揮了勸勉、警示作用，提醒剛過門的新婦，成婦後必須改變個人態度與生活習慣，發揮「婦順」之美德，事順公婆、益夫旺家。婚禮歌謠如：「吃白米飯，更能孝順。」〔註169〕其意爲，新娘吃白米飯時，要能體會父母的養育之恩與持家的辛苦，而力行孝道於不輟。另外歌謠：「新娘預備要坐轎，吩咐好話攏擺著，去著有緣得人惜，有孝家官才有著，母今看子子看母，目屎流落若貞珠，若是男兒在咱厝，生成女兒著配夫。」〔註170〕則是新娘上轎前，母親仍以「有孝家官才有著」做最後的叮嚀，認爲爲媳之道首要就在孝順。此外，在昔日物資不發達的時代，冰糖、紅棗都屬昂貴且富有吉祥寓意的食品，所以新婦以此贈饋親友，象徵對男家宗族親人的尊重之意，而贈饋之舉也是「敬慎」、「婦順」一種表現。所以親友在討食後，高興之餘，也難免藉此吟誦具有吉利意味的歌謠，如：「冰糖吃過討紅棗，恭喜全家眞協和，夫妻相愛百年好，新娘賢淑敬公婆。」〔註171〕讚美、提醒新娘要以端莊嫻熟之德來孝敬公婆，婆媳間的問題解除了，才能彰明夫妻之義，夫妻之義既明，家庭關係必然和諧。

　　依照台灣舊俗，新婦在婚後次日，便要行「出廳禮」，到廳堂拜見祖先、長輩，和全家大小見面，這是古代「廟見禮」〔註172〕的遺風。禮畢，新娘還要到廚房拜「灶君」，進行試廚務的儀式，並考驗新娘的炊事能力，此時便由

〔註168〕漢‧鄭玄注、唐‧賈公彥疏：《儀禮‧士昏禮》，收錄於《十三經注疏——儀禮注疏》，（台北：藝文印書館，1979年），頁59。

〔註169〕台灣省政府民政廳：《結婚禮儀範本》，（台北：台灣省政府民政廳，1991年），頁18。

〔註170〕基隆市立文化中心編：《前世因緣今生訂——古禮篇》，（基隆：市立文化中心，1994年），頁20。

〔註171〕洪進鋒：《台灣民俗之旅》，（台北：武陵出版社，1989年），頁373。

〔註172〕漢‧鄭玄注、唐‧孔穎達疏：《禮記‧曾子問》，收錄於《十三經注疏——禮記正義》，（台北：藝文印書館，1979年），頁366：「三月而廟見，稱來婦也。擇日而祭於禰，成婦之義也。」意即新娘須於婚後三月對舅姑行廟見之禮，禮成，始能正式成爲男家宗婦。

好命人在旁吟誦著吉利的歌謠，如：「拜灶君，起火燴燻，煮糜快滾。」〔註173〕
或唸「新娘出灶腳，來碰灶，子孫大家都有孝。」〔註174〕、「攪奔浮，飼豬較
大牛。」〔註175〕等歌謠，表新婦已行過出廳禮，正式成為宗婦，此後行事萬
事皆吉之意。「攪奔浮」就是攪餿水桶，要新婦攪餿水桶，主要是讓剛過門的
媳婦，了解餿水桶的內容，進而了解這戶人家的家風簡樸與否，如果桶裡少
有菜渣剩飯，就是告訴媳婦要守樸質的家風，不可任意糟蹋東西，所以藉著
攪餿水桶，也是婆婆對新婦展開首次的教導。事實上，這類歌謠大多是祝願
新娘在成婦後，掌理炊事和從事一切的家務勞動皆能順遂如意，也是對新娘
婚後家庭生活幸福美滿的祝福。除此之外，也透露出家人對新婦家庭生活適
應與否的關心。

自古家庭廚務多是女子最重要的工作之一，藉由飲食起居的侍奉，在在
都能反映媳婦的賢良與否。因此，對新婦而言，這類歌謠更具有告誡意味，
要以翁姑為重，善待長輩。如：「摸著籠，才會知頭重。」〔註176〕就是說新婦
在摸提箸籠之時，因為箸籠頭的重量，使她能夠體會昔日長輩持家的艱辛，
乃知行孝道。另外，傳宗接代也是婚姻主要的目的，如歌謠：「年頭飼雞栽，
年尾做月內。」〔註177〕這首是新婦出廳當天，拿米餵雞儀式時所唸之歌謠，
實際上乃在暗示新媳，族人對他的期盼，盼望她早日生子傳宗接代，所以初
為人媳者，在聽到此謠後，心中就應有所警惕了。

六、讚美──婚禮的頌讚

婚禮中有許多是祝福、讚美新人的歌謠，內容上除如前所述祝福順利、
圓滿外，多是對新人才貌的稱頌。雖是對新人容貌的稱讚，但更深一層的涵
義卻是對雙方往後「儀容」的要求。《禮記‧昏義》篇有云：「古者婦人先嫁
三月，祖禰未毀，教于公宮；祖禰既毀，教于宗室。教以婦德、婦言、婦容、

〔註173〕婁子匡、許長樂：《台灣民俗源流》，（台中：台灣省政府新聞處，1971 年），
　　　　頁 66。
〔註174〕王灝：《台灣人的生命之禮──婚嫁的故事》，（台北：臺原出版社，1998 年），
　　　　頁 139。
〔註175〕婁子匡、許長樂：《台灣民俗源流》，（台中：台灣省政府新聞處，1971 年），
　　　　頁 66。
〔註176〕同上註。知頭重：善待尊長之意。
〔註177〕鈴木清一郎，1933 年著，馮作民譯：《增訂台灣舊慣習俗信仰》，（台北：眾
　　　　文圖書公司，1989 年），頁 210。

婦功。教成，祭之。牲用魚，芼之以蘋藻，所以成婦順也。」〔註178〕由此可知，古時對即將出嫁的女子教導「德、言、容、功」四道，而「婦容」則要求新婦待人接物時，在儀態的適順之外，更應注意自身的儀態是否端莊合宜。

清‧章學誠在《婦學》對婦女「德、言、容、功」之學有其看法：

> 古之婦學，如女史、女祝、女巫各以職業爲學，略如男子之專藝而守官矣。至於通方之學，要于德、言、容、功，德隱難名，功粗易舉，至其學之近于文者，言、容二事爲最重也。……是婦容之必習於禮，後世大儒且有不得聞也，至于婦言主於辭命，古者内言不出於閫，所謂辭命亦必禮文之所須也，孔子云：「不學詩，無以言」，善辭命者未有不深于詩，乃知古之婦學必由禮而通詩，六藝或其兼擅者耳。〔註179〕

這段話是說一般婦女受「德、言、容、功」的教育，「德」性的修養是抽象的，而「功」的才藝展現就較爲具體。至於「言」、「容」則屬儀容與語言的訓練，最爲重要，好的儀容必定是嫻熟禮儀，必然要有實際的訓練。而且孔子也說「不學詩，無以言」，因此能夠嫻熟語言並運用精妙之人，則一定精通《詩》三百，所以章氏認爲古代女子是先學禮而通詩。由此可知，古人對女子的禮儀要求有相當高的標準。章學誠之說，並非否定「德」於「德、言、容、功」中四首之位，而是認爲婦女經由學習「言」、「容」禮儀的實際訓練與操作時，能從中體驗出「禮」的各項涵義，進而反思與內化自己的德性修養，最後適切地表現在日常生活的一切言行、舉止上。

因此，合宜的儀態對女子而言，不僅是對自我重視的要求，也是使男方族人望尊儀而重之的條件之一。婚禮中有不少盛讚新娘美麗聰慧的歌謠，如：「新娘生水兼伶俐，親像牡丹花一枝，捧茶相請眞好意，恭喜福祿慶齊眉。」〔註180〕或讚美新娘聲音婉轉：「捧出甜點來相請，尪某一定好名聲，新娘做人眞四正，講話鶯聲人愛聽。」〔註181〕也有在肯定新娘的氣質之餘，對她打理未來生活的期待之歌謠，如：「冬瓜食過討檳榔，食著檳榔較甜糖，新娘理家

〔註178〕漢‧鄭玄注、唐‧孔穎達疏：《禮記‧昏義》，收錄於《十三經注疏——禮記正義》，（台北：藝文印書館，1979年），頁1002。

〔註179〕清‧章學誠撰：《婦學》，收錄於《百部叢書集成‧藝海珠塵》，（台北：藝文印書館），1968年，頁8。

〔註180〕葉雅宜：《婚禮四句聯吉祥話研究》，台南師院鄉土文化研究所，碩士論文，2001年，頁39。

〔註181〕洪進鋒：《台灣民俗之旅》，（台北：武陵出版社，1989年），頁372。

賢打算，三多九如慶十全。」〔註182〕在賓客讚美新娘具有優雅容貌與氣質儀態的同時，事實上，也已間接的告訴新娘「婦容」的重要。

從頌讚新娘的歌謠，可發現對新人容貌儀態的讚美，多集中於新娘進入男家之後。著實因爲婚禮當天，在新郎尚未前往女家迎娶新娘前，這時的新娘還只是某家待嫁的女兒，做父母的，總要對即將出嫁的愛女做最後一次殷切的叮嚀與囑咐，所以在此之前的婚禮歌中，鮮少是對新人儀態容貌的讚美之辭。一旦新娘被迎往男家祭祖之後，此時這對新人的身分已正式改變，在歡慶氣氛的渲染之下，賓客讚美之辭不免紛紛出籠。再則婚禮這天對新郎與新娘而言，是不比尋常的大喜日子，爲了顯得風光與體面，新郎的「盛服」與新娘的「盛飾」，再加上一連串熱鬧隆重的儀式，的確可讓當事人感受到這是件莊嚴榮耀的人生大事，參與婚禮的賓客們也一樣能感染這份神聖的氣氛，對於新人不同於以往而有的端莊華麗打扮倍感驚嘆，於是在婚禮中便產生不少有關讚美新人的歌謠。

七、戲謔——婚慶氣氛的營造與深深的祝福

婚禮中戲謔調侃意味濃厚的歌謠爲數頗多，尤以婚禮過程行進到越後面越可見。其原因在於婚禮儀式已趨於尾聲，爲了化解新人面臨獨處時的緊張氣氛，引起新娘歡笑，製造婚禮的另一波高潮，受邀賓客難免出於戲謔心態，而產生充滿影射意味的相關歌謠。同時，也可以讓賓客通過各種滑稽又不傷大雅的動作或把戲，來試探一下新娘的言語、舉動、性情、耐性等。〔註183〕但在調侃背後，仍可體會對新人深深的祝福，希望新人婚姻美滿，事事順利。在新娘尚未奉茶拜見親長之時，男方親友對其調侃，如：「新娘還在房間內，不知是在做什歹，人講新娘生眞美，你嗎出來我看覓。」〔註184〕或是賓客在接受新娘茶時吟誦：「茶盤框金，茶甌深深。新郎新娘要相親，那無這盃甜茶，我們就無愛喝。」〔註185〕以及藉由戲謔與暗喻而祈望新人早生貴子的歌謠，如：「眠床四角，蚊罩空殼，新娘睏坦笑，新郎睏坦覆。」〔註186〕、「新娘暗

〔註182〕同上註，頁373。
〔註183〕譚達先：《中國婚嫁儀式歌謠研究》，（台北：台灣商務書版社，1990年），頁39。
〔註184〕吳瀛濤：《台灣民俗》，（台北：眾文圖書公司，1992年），頁135。
〔註185〕王灝：《台灣人的生命之禮——婚嫁的故事》，（台北：臺原出版社，1998年），頁135。
〔註186〕妻子匡、許長樂：《台灣民俗源流》，（台中：台灣省政府新聞處，1971年），頁66。原註：坦笑，仰睡。坦覆，趴睡。

暗暢，夫婿是將相，若是考文武，定歸一筆中。」〔註187〕雖是戲謔之辭，但確實也達到了舒緩新人心情的效果。

　　可以發現的是，戲謔意味的歌謠多集中在喝新娘茶與賓客離去的時段。其原因在於接受新娘奉茶或饋贈時，新娘與男方親友初次近距離的接觸，為了拉近彼此的距離且化解尷尬場面，此時逗趣的婚禮歌謠的確能適時的達到博君一笑，達到消除緊張的效果。就新娘而言，結婚就得離開自己生活了數十年的家庭，並且與摯愛的親人分離，心情上自然會有惶恐、悲傷之情。再則婚禮當天一連串婚禮儀式的進行，雙方新人也已倍感疲倦。當婚禮儀式進入最後的尾聲，此時賓客們藉戲謔的言語與逗趣的動作，調適新人的心情，可以率先營造出新人洞房的氣氛。新人雙方的婚姻大事雖已告一段落，但未來漫長的人生道路上還有許多任務尚待完成，首先就是「傳宗接代」的人生大事。賓客們藉由這些歌謠，如：「武藝高強真厲害，一戰成功結珠胎。」、「若是考文武，定歸一筆中。」、「準備若好勢，緊去變猴弄。」等影射、戲謔意味濃厚的祝福辭，提醒新人得把握時光，趕緊完成香煙繼承的任務。

　　所謂「夫唱婦隨」、「男外、女內」，是夫妻和合最理想的婚姻狀態，因自然之道乃陽剛而陰柔，故以夫為貴是傳統女性的特點。《周易‧繫辭上》：「天尊地卑，乾坤定矣……乾道成男，坤道成女。」〔註188〕又《周易‧說掛》：「乾健也，坤順也。」〔註189〕以乾剛坤柔的特質，說明男女之別、夫妻之義有如天地乾坤一般，剛柔並濟陰陽兼備。乾剛而動；坤柔而從，陽帥陰隨，陰陽調合。夫妻間要能相知相守，則必須落實在生活之中，夫婿給與妻子最忠誠的依靠，妻子給與夫婿最平實的照顧，夫妻的白首偕老，應該是美麗的願景。因此，婚姻中處處可見夫婦有別的特性，夫妻若各有所分、各司其職，相互配合不輟，伴隨而來的定是事業、財富雙收的喜悅。

　　班固《白虎通‧嫁娶》說：「妻者，齊也，與夫齊體。」又說：「夫者，扶也。」〔註190〕認為妻與夫的地位等同一體。由此可知，先人對夫妻的地位

〔註187〕鈴木清一郎，1933 年著，馮作民譯：《增訂台灣舊慣習俗信仰》，（台北：眾文圖書公司，1989 年），頁 216。

〔註188〕魏‧王弼、晉‧韓康伯注、唐‧孔穎達疏：《周易‧繫辭上》，收錄於《十三經注疏——周易正義》，（台北：藝文印書館，1979 年），頁 143～144。

〔註189〕魏‧王弼、晉‧韓康伯注、唐‧孔穎達疏：《周易‧說卦》，收錄於《十三經注疏——周易正義》，（台北：藝文印書館，1979 年），頁 184。

〔註190〕班固撰、嚴一萍選輯：《白虎通‧嫁娶》卷四上，收錄於《百部叢書集成‧抱經堂叢書》，（台北：藝文印書館，1968 年），頁 19。

的看法是平等且無尊卑之分。由於天地造人，男女先天的自然構造便有所不同，人類生處於天地之間，自然得順適服膺於造物的自然法則。因此，即使夫妻無所謂尊卑之別，但陰順陽和之義亦不可偏廢，而傳宗接嗣之道亦在於此。

儒家之道以孝爲本，而孝之首要在於傳後，故《孟子·離婁》：云「不孝有三，無後爲大。」〔註191〕宗法制度是中國社會結構的根本觀念，爲了確保宗祧於不輟，故需要綿延不絕的子嗣來傳承。因此，維繫血脈使之生生不絕，便成了人們單純且主要的想法。中國傳統的「孝親」之道並不僅僅在於力盡子嗣傳承的責任而已，勤於家務，侍奉舅姑的義務也是孝親的表現。台灣婚姻禮俗中從拜見祖先尊長（喝新娘茶）到次日的廟見之禮（出廳），充分表現出「長幼有序，不相踰越」的人倫次序。《儀禮·士昏禮》也說：「戒之敬之，夙夜毋違命。」〔註192〕所言正是新婦戒愼誠謹的侍親態度。因此，婚禮歌謠中反映出不少以「孝親」、「傳宗接代」來彰明婦順的歌謠。

婚禮歌謠就內容而言，所反映的是傳統中國家庭「孝悌」的「人倫」觀念，由己身的道德的要求，再推己及人，順應生活。從婚姻始於「父母之命」的安排，就已充分展現出中國女性「適順」、「尊長」的精神。總而言之，婚姻的喜悅與神聖，我們僅能在婚禮各項儀式與歌謠吟誦充分感受，但婚姻一步一腳印的過程，就只有當事人才能領受箇中滋味。

婚姻是社會文化的一部份，而婚禮歌謠更是因應婚禮儀式而生的產物。由於社會文化的變遷，婚俗儀式也相繼有所改變，連帶的婚禮歌謠也必須配合環境，在內容陳述上也必須順應當下時代潮流而有所不同，例如對新人的讚美辭，以往說法如：「新郎眞美似小生，新娘眞美似花旦，今年來請食甜茶，明年抱後生相看。」〔註193〕喻新郎「小生」、新娘「花旦」，比喻多是優美而含蓄。現今說法如：「維新剪髮電頭鬃，穿插歸身閣清香，新娘體型眞活動，子婿大學讀書人。」〔註194〕歌謠表現的形式較爲活潑，並且與現實潮流相符。由於閩南婚禮歌謠今昔對照分析並不在本文論述範圍，故不再贅述。胡萬川

〔註191〕漢·趙岐注、宋·孫奭疏：《孟子·離婁》，收錄於《十三經注疏——孟子注疏》，（台北：藝文印書館，1979年），頁137。

〔註192〕漢·鄭玄注、唐·賈公彥疏：《儀禮·士昏禮》，收錄於《十三經注疏——儀禮注疏》，（台北：藝文印書館，1979年），頁64。

〔註193〕吳瀛濤：《台灣民俗》，（台北：眾文圖書公司，1992年），頁137。

〔註194〕竹林書局：《食新娘茶講四句》，（新竹：竹林書局，1989年），頁3。

在《談民間文學》一書曾說：

> 民間文學通常又叫口傳文學、口述文學、口語文學，也就是口口相
> 傳、流傳在民間百姓的故事及歌謠。……每一民族都有她的傳統文
> 化特色，沒有文字的時代，這些傳統都是靠著口口相傳。……第三
> 個特徵是流傳變異性。民眾的口口相傳，因著時間、空間的變異，
> 會使作品有些改變。〔註195〕

因此，對婚禮歌謠而言，時空的變更，或許造成平面字句陳述上的些許改變。
但事實上，時空的變換並不能因此而更改每一道婚禮程序的象徵意義與文化
特色。只要婚禮儀俗的意義存在，配合時代潮流的婚禮歌謠便會因應而生。

〔註195〕胡萬川：《談民間文學》，（彰化：彰化縣立文化中心，1993年），頁2～5，36
　　　～37。

第五章　從台灣閩南歌謠看早期女性的婚後生活

　　傳統漢人的婚姻觀中特別重視生兒育女與傳宗接代的功能，所謂「不孝有三，無後爲大。」〔註1〕就是最好的說明。站在「孝親」的立場，人們一方面期望藉由婚姻關係來繁衍後代，特別希望能有繼承家族香煙的男嗣，另一方面，也由於傳統「養兒防老」的心理因素，因此廣傳家族、繁衍子嗣便成爲婚姻的主要目的。在《禮記・昏義》就說：「婚禮者，將合二姓之好，上以事宗廟，而下以繼後世也。」〔註2〕可見婚姻的結合和子嗣的傳承有著密切的連接。

　　傳統中國家庭結構中，一般而言，女性必須依靠夫家來取得家族成員的資格，也就是說女性欲取得社會地位，必須藉由婚姻一途，附屬於所婚配的丈夫，才能得到家庭的認可，成爲一個眞正的社會人，否則死後將無所歸屬，無法享有香火祭祀。〔註3〕女性經由婚禮進入家庭之後，雖然已正式獲得夫家家族地位的認可，但在許多的主觀意識上，夫家族人仍無法眞正認同新婦的家族地位，而這些主觀意識則來自於新婦與夫家族人並無共同生活的過程與經歷，再則，剛嫁入的新婦，嚴格而言，對夫家也尚未有

〔註1〕漢・趙岐注、宋・孫奭疏：《孟子・離婁》，收錄於《十三經注疏——孟子注疏》，（台北：藝文印書館，1979年），頁137。

〔註2〕漢・鄭玄注、唐・孔穎達疏：《禮記・昏義》，收錄於《十三經注疏——禮記正義》，（台北：藝文印書館，1979年），頁999。

〔註3〕卓意雯：〈清代台灣婦女的生活——婚姻關係〉，《台灣風物》，第41卷，第4期，1991年12月，頁16。

所實質的「貢獻」。〔註4〕因此，若從新婦與夫家族人共同的「生活經驗」與「貢獻」的角度視之，新婦雖已是家族一員，但嚴格來說，卻仍尚未進入整個家族的意識核心。

因此，基於國人對子嗣的重視，並將婚姻視爲傳承宗祧的媒介與目的，此時女性爲夫家繁衍子嗣、傳承宗祧，除了是其責任所在，另一方面亦是取得夫家身分地位的最有利方式。對夫家族人而言，「育嗣」便是新婦爲家族奉獻的重要途徑，更有助於新婦取得男家認同與疼惜，以進入家族核心。女子生育不僅是個人人生之大事，亦有傳承宗祧的意義，甚至具有爲國族繁衍子孫的重大意義。然而就女性的生命歷程而言，生育乃爲人生的一個重要關口，爲傳統社會中家族的重要大事。

此外，傳統上女子于歸男家的婚姻制度，妻必隨夫而居，女子一旦出嫁，其身分地位即完全附屬於夫家家族的結構之下，且早期台灣家庭多屬於大家庭同居共爨的生活模式，因此早期婦女除了基本的持家之道外，在家庭的人際相處上，亦被賦予必須上侍翁姑、夫婿，友愛叔妹、和樂親友的責任與形象。由於早期農業社會生產力不足、就業不易，女性無法離開家庭獨立生存，其一生多圍繞在家庭之中，多肩負操持家庭的大任。也因爲如此，所以一般人大多將家庭的和諧與否歸咎於婦女因素，因此女性含莘茹苦照顧家庭、維繫家族人際關係和諧的形象，就成爲聯繫家族傳承、穩定社會的無形力量。

第一節　閩台歌謠中台灣女性的生育觀

傳統中國人的婚姻既以傳承子嗣爲主要目的，當然在男女婚配的相關事務也就馬虎不得。由於認爲男女的婚齡和生育有著密切的關聯，因此歷代對於男女的婚育年齡都有相關的論述，從最早《禮記・內則》可得知：「男子二十而冠，始學禮，……三十而有室，始理男事。」〔註5〕、「女子十有五年而笄，二十而嫁，有故，二十三年而嫁。」〔註6〕在《唐會要・嫁娶》則說：「男

〔註4〕這裡所說的貢獻，確實的說，即是因爲婚前尚未共同生活的經歷，因此新婦還未曾於夫家行「敬公婆」、「理中饋」的家務，且也未曾生下子嗣，因此在情感上並無法馬上與夫家族人取得密切的聯繫。

〔註5〕漢・鄭玄注・唐・孔穎達疏：《禮記・內則》，收錄於《十三經注疏──禮記正義》，（台北：藝文印書館，1979年），頁538。

〔註6〕同上註。

年十五以上，女年十三以上，聽婚嫁。」〔註7〕到了宋代之《溫公書儀》一書：
「男子年十六至三十，女子十四至二十，身及主婚者，無期以上喪，皆可成
婚。……」〔註8〕至於清代的《大清通禮》，則規定：「男年十六以上，女年十
四以上，身及主昏者，無基以上服，皆可行。」〔註9〕由此可知，中國歷代在
男女婚齡的規定上雖末統一，但男性卻不出十五至三十歲、女性十三到二十
歲的範圍。不過一般而言，各朝民眾並未能完全遵守規定，以清代台灣女性
而言，最普遍的結婚年齡乃爲十六至二十歲之間，〔註10〕故台諺有謂：「十八
歲查某囝——到格。」〔註11〕之說。

　　以現代的眼光來看，可以發現歷代之女性普遍都有早婚的現象，其原因
可從兩方面探討之：首先，從《黃帝內經》所載：

　　　女子七歲腎氣盛，齒更髮長。二七而天癸至，任脈通，太沖脈盛，
　　　月事以時下，故有子。三七腎氣平均，故眞牙生而長極。四七筋骨
　　　堅，髮長極，身體盛壯。五七陽明脈衰，面始焦，髮始墮。六七三
　　　陽脈衰於上，面皆焦，髮始白。七七任脈虛，太衝脈衰，天癸竭，
　　　地道不通，故形壞而無子也。〔註12〕

對女性生理的研究看來，女子自二七月事來潮之後，每間隔七年，生理就會
發生不同的變化，而這些生理變化皆與「生育」有關，此亦明確指出女性合
適的生育年齡。可見在傳統中國家庭「重嗣」的觀念之下，女性的生理因素，
實著支配著婚嫁的年齡。

　　其次，若從男女雙方家庭的心理層面來說，原因可能是：

　　　在女方家庭方面，因從前「男主外，女主內」的家庭分工方式，女
　　　性比較少實際參與家庭經濟生產勞動，加上「女兒終究是別人家的

〔註7〕　宋・王溥撰：《唐會要・嫁娶》十三卷，收錄於《百部叢書集成・聚珍版叢書》，
　　　　（台北：藝文出版社，1971年），頁4。
〔註8〕　宋・司馬光撰：《溫公書儀・婚儀（上）》，收錄於《百部叢書集成・學津討原》，
　　　　（台北：藝文印書館，1965年），頁1。
〔註9〕　清・來保撰、王雲五主編：《欽定大清通禮・嘉禮》卷二十四，收錄於《四庫
　　　　全書珍本》，（台北：臺灣商務印書館，1970年），頁1。
〔註10〕臨時台灣舊慣調查會編：《第一部調查第二回報告書》第二卷下，（台北：臨
　　　　時台灣舊慣調查會，1907年），頁14。
〔註11〕陳主顯：《台灣俗諺語典——婚姻家庭》，（台北：前衛出版社，1999年），頁
　　　　289。「到格」：即影射「夠」資格「嫁」人之意。
〔註12〕《黃帝內經・素問》〈上古天眞論〉第一卷，（台北：藝文印書館，1990年），
　　　　頁8。

人」或「賠錢貨」的觀念，總是想早點將女兒嫁掉，如此可以早些結束在女兒身上的投資損失。在男方家庭方面，若娶較年輕的媳婦，一者可以有較多的生育力保障，以確保擁有男嗣傳宗接代，二者年輕婦女較具生產活動力，且更能順應夫家的生活方式，有助於適應婆婆的習慣。〔註13〕

早婚的心理，不僅牽涉到女家的經濟因素，對男方家庭來說，年輕女性可以延長生育的年齡，提高生育率，有利於在早期死亡率高及強烈子嗣觀念之下的台灣民眾之需求，〔註14〕故台諺也說：「早婚，添一代。」〔註15〕此乃爲台灣早期觀念鼓勵早婚，儘早生兒育女的說法。

由於傳統社會中女性婚姻的年齡，最主要的還是關係著「生育」的問題，可見子嗣的傳承對於女性婚後的家庭關係有著莫大的影響。因此，婦女婚後的生活除了「敬父母」、「理中饋」的家務操持之外，最重要的便是在於「生」、「育」下一代。若女子久婚不孕，則運用各種方式來祈求子嗣，便成爲必然且必要的程序。倘若一旦有孕，要面臨的即是十月懷胎的漫長過程，懷胎過程不僅帶來生理上的不便，在傳統「重男輕女」的觀念之下，心理上也難免充滿壓力，而生育之後所必須面臨的即是一連串「教育」的過程。因此，傳統母親的生命就消磨在「生」兒「育」女的日子當中，而這些生活歷程就成爲一部傳統女性的生活史，周而復始、恆久不衰。

中國人對傳宗接代的重視，由最早新人結婚之禮俗到生育之前的祈子、胎教乃至生育後的對孩子的祈福儀式、養育方式，都有充分的透露。在前一章婚禮歌謠一文中，我們曾經探討過傳統台閩婚禮中許多和祈子有關的習俗與吉祥話的使用，這些附屬於婚禮的求子儀俗，的確能完整的呈現出中國人祈求「子孫昌盛」的心態，然因前章已有充分的論述，故於此章不再贅述。

本節首先希望從女性的角度來分析傳統女性面對「生育」過程的壓力與生活，並將歌謠配合古代的相關文獻，逐一從祈子、懷孕、教育的歷程論述之，並配合歌謠，希冀從中探討早期台灣婦女的生育觀念，得以清楚的了解

〔註13〕 John Brent Casterline 著、朱柔安譯：〈台灣婦女遲婚姻素的分析（1905～1976）〉，收錄於丁庭宇、馬康莊主編：《台灣社會變遷的經驗——一個新興的工業社會》，（台北：巨流圖書，1986年），頁334。

〔註14〕 許蓓苓：《台灣諺語反映的婚姻文化》，東吳大學中國文學研究所，碩士論文，2000年，頁53。

〔註15〕 陳主顯：《台灣俗諺語典——婚姻家庭》，（台北：前衛出版社，1999年），頁275。

傳統婚育觀對早期台灣女性婚姻生活的影響，以及早期傳統婦女爲家庭與子女犧牲奉獻的概況。

一、祈子

傳統中國的「孝道」，除了是子女侍奉安養父母的孝親之行，此外最重要的還是「有後」的孝，這種「孝」不僅是一項道德，而且是一種必須奉行的責任，希望經由親生子女，使得整個家族的生命得以延續，因此傳宗接代的含意與力量已遠超過道德的範圍，而轉過來反而有助於道德的履行。〔註16〕所以早期的女性多希望在婚後儘早能爲夫家生育添丁。

既然婚姻的目的在於擴大家族、繁衍子孫，因此傳宗接代的責任便被視爲女性的天職。然而在台灣早期醫藥不發達的時代，萬一不幸發生久婚不育，或是生女不生男的現象，婦女內心的焦慮與徬徨可想而知，其所要面對的，不僅僅是夫家的不解與責難，女家也會因此對男家倍覺愧對而感到蒙羞。富裕人家通常以蓄妾的方式來解決「無後」的問題，有時也會因此引發成休妻的案例。因此，久婚不育，不僅使婦女在婆家的地位受到威脅，也帶給不育婦女錐心的痛苦。所以早期不孕婦女最普遍求子的方法即是求神拜佛，其二便是抱養「好加脊位」的養女，希冀藉由養女的福運招生弟妹。

中國祈子習俗所在多有，最早的文獻記錄可見於《禮記・月令》：「是月也，玄鳥至。至之日，以大牢祀于高禖，天子親往，后妃率九嬪御，乃禮天子所御，帶以弓韣，授以弓矢，于高禖之前。」〔註17〕此段文字主要記載古代帝王、后妃求子的習俗，其中授以「弓矢」即代表祈求生男子之意。就帝王而言，子嗣的傳承代表的是國家著代、傳位的大事，有著國族繁衍的重大意義。此段有關祈子儀式、時間、人物、祭品等都有完備的說明，可見國人祈子的心態上自王公貴族，下至販夫走卒，自古皆然。

台灣民間有關婦女祈子的習俗則多尋求廟宇的祭拜祈求，依照台閩習俗，其中又以祈求註生娘娘者居多。台灣民間的許多寺廟，都供奉有註生娘娘。註生娘娘又稱臨水夫人，閩台地區民眾多將祂看做專司生育的神，而稱之爲註生娘娘。所謂「註生」，是指執掌生育之事。據說註生娘娘是唐代福建

〔註16〕楊懋春：《中國家庭與倫理》，（台北：中華文化復興運動委員會，1981年），頁137。

〔註17〕漢・鄭玄注、唐・孔穎達疏：《禮記・月令》，收錄於《十三經注疏——禮記正義》，（台北：藝文印書館，1979年），頁299。

陳昌之女，名叫靖姑，生於唐代宗大歷二年（西元 767 年），秉賦特異，通曉
靈幻之術，死後成為閩台一帶專司婦女生育及守護兒童的女性神祇。〔註 18〕
台灣諺語：「三月二十，人看人。」〔註 19〕台北著名寺廟「保安宮」位於台北
市大龍峒一帶，宮內西廂供有註生娘娘，每逢農曆三月二十生辰之日，求子
之民眾因紛紛前往朝拜，而顯得人潮洶湧，故傳有此諺。

　　此外，亦有婦女祭拜土地之神，希望受到庇祐早日得子，如彰化地區歌
謠所述：「土地婆，土地伯；恬恬聽我說，說到今年五十八，好花來朝枝，好
子來出世，亂彈布袋戲，紅龜三百二，閹雞古，五斤四。（彰化）」〔註 20〕從
以上歌謠所描寫求子之婦女許願事成之後重牲答謝的心態，可窺知不孕婦女
求子之心切。台閩不孕之婦女乃多至寺廟祭拜進行祈子的儀式，希望藉著虔
心的祈禱，上感天聽而一舉得子，順利完成家族內傳宗接代的大任。

　　婦女求子的習俗可謂五花八門。昔日台閩婦女除了到寺廟進香祈求之
外，也會趁著各種節慶慣俗進行祈子的儀式，如元宵之夜，俗以婦女外出「賞
燈」並且鑽過燈下，為生男之兆。「賞」有授與之意，而在閩南話中「燈」與
「丁」諧音，因此婦女「賞燈」即表示希望上天授與男丁之象徵。〔註 21〕「鑽
燈腳」之俗乃因俗語有謂：「鑽燈腳，生男胞。」〔註 22〕又因「燈」、「丁」諧
音，民眾乃取其吉意認為有穿燈求貴子之意，因此一些想要生育男孩的婦女
都會來「鑽燈腳」，希望祈求神佛保佑求得男丁。

　　然而早期的台灣民間也十分流行尋求巫覡術士，以其法術來達到生育
的目的，如〈卜卦調〉所描述：「手搖籤筒吓，三枝噢，要卜新娘啊，入門
喜咿，現在有身三月日噢，包領會生，莫嫌遲咿。」〔註 23〕此歌謠中顯示
婦女卜卦求子的心態。而「栽花換斗」之術則是台灣民間久未懷孕的婦女

〔註 18〕鈴木清一郎，1933 年著，馮作民譯：《增訂台灣舊慣習俗信仰》，（台北：眾文
　　　　圖書公司，1989 年），頁 454，記載關於註生娘娘成仙之傳說：註生娘娘幼時
　　　　天賦異秉，長大後嫁與劉杞為妻，懷孕幾月時，福建一帶大鬧旱災，靖姑帶
　　　　著身孕參加祈雨，不幸動胎流產而亡，年僅二十四歲。臨終遺言：「我死後必
　　　　成為神，專門營救難產的婦女。」此後，遂成為閩台一帶專司生育的神祇。
〔註 19〕徐福全：《福全台諺語典》，（台北：作者自印，1998 年），頁 41。
〔註 20〕李獻璋：《台灣民間文學集》，（台北：龍文出版社，1989 年），頁 152～153。
〔註 21〕吳槐：〈上元考〉，收錄於林川夫：《民俗台灣（第七輯）》，（台北：武陵出版
　　　　有限公司，1991 年），頁 14。
〔註 22〕吳瀛濤：《台灣民俗》，（台北：眾文圖書，1992 年），頁 7。
〔註 23〕舒蘭編：《台灣民歌（一）》，收錄於《中國地方歌謠集成》，（台北：渤海堂文
　　　　化公司，1989 年），頁 39。

最常使用的祈子儀式。民間信仰中相信女性的本質如花，每一株要開幾朵花，冥冥之中皆有註定，而花又分紅、白二色，紅色代表生男，白色則表生女，所謂「栽花」即是促使早日開花結果。首先必須請求尪姨之類的巫女做法，在徵求註生娘娘同意之後，於求子者的寢室內畫上生根的蓮招花或芙蓉花，﹝註24﹞或者栽植花於花盆之內以求得子的一種符法，此項儀式也有人在廟內進行。

若婦女盡是生女兒，欲要生男時亦可進行「換斗」的儀式。「換斗」又與「換肚」近音，也就是將豬的胃囊煮好，裝置糯米於內，再置於床鋪正中央，用碗蓋住，使孕婦吃下後，據說即可如願添丁。﹝註25﹞早期台灣一般婦女都很迷信這種法術，不過台諺卻說：「尪姨嘴，糊累累。」﹝註26﹞意即警告婦女不要聽信女巫空妄的言論，而虛擲金錢。

早期也有相當多不孕的婦女，藉著抱養媳的方式招子。台灣俗信認為抱養「加脊位好」的養媳之後，容易招生男孩，﹝註27﹞倘若仍無子嗣，日後養媳還可以轉換為養女的身分，為養家招婿傳宗接代，對於不孕的家庭而言可謂一舉數得。因此，早期時人乃經常藉著抱養養媳的方式添丁招子。

由此可知，在醫藥不發達、文教未開的年代裡，不孕婦女辛苦地遍尋各種方法來達成求子傳嗣的願望，如歌謠〈占生男生女歌訣〉：「七七四十九，問娘何月有。除起母生萬，再添一十九。是男逢單位，是女必成雙。算男若是女，三五入黃泉。」﹝註28﹞事實上，整首歌謠的意思是說：先將婦女懷孕的月數加上四十九，再減去孕婦的年齡，又加上十九，其所得的數目，如果是單數，所生就是男孩，反之，所生便為女孩。歌謠最後「算男若是女，三五入黃泉」之意為：萬一若測得「雙數」但日後生男、「單數」反生女，那麼

﹝註24﹞「蓮招花」，即美人蕉，因為「蓮招」和「卵鳥」音相近，閩南話乃指男性的生殖器，故以「蓮招花」表男性，而「芙蓉花」所開的花色為白，故以此花喻女。民間在實施「栽花」術時慣將此二種植物分別種在花器中培養，然後視察花開放情形，占生男或生女，並以此作為祈求子嗣的巫儀。

﹝註25﹞呂阿昌：〈和妊娠及生產有關的台灣民俗〉，收錄於林川夫：《民俗台灣（第一輯）》，（台北：武陵出版有限公司，1991年），頁146。

﹝註26﹞鈴木清一郎，1933年著，馮作民譯：《增訂台灣舊慣習俗信仰》，（台北：眾文圖書公司，1989年），頁78。

﹝註27﹞傳統俗信認為有的女童，其命運中註定有兄弟之命，故不孕婦女若抱養之，必能因此而招來男丁。

﹝註28﹞黃得時：〈台灣歌謠與家庭生活〉，《台灣文獻》，第6卷，第1期，1955年10月，頁32。

這個小孩至多只能活三、五個月即會夭折。〔註 29〕此歌謠顯示出早期婦女在「重男」心態的作祟之下，即使已懷有身孕，仍希望經由占卜的方式得知胎兒的性別。由此可見，早期的傳統女性在生育上所受到的壓力。

傳統觀念認爲一個已婚女性的生命歷程，必須經過當母親這道程序才算完整，因此傳衍後代的責任往往加諸於女性的身上。雖然現今的科學已證實「生育」之事並非完全是婦女所能決定，然而在過去的社會中，由於「男主外、女主內」的思想，婦女往往要包辦家中一切生活所需，生兒育女之事也就順理成章的羅列其中，所以婦女久婚之後若仍未傳喜訊，在親友的眼中不但質疑其「生育」能力，有時甚至會予以羞辱、批評，有的婦女還會被夫家以犯「七出」〔註 30〕之條的理由慘遭休棄的命運。若在富裕人家，最常見的乃以蓄妾方式來解決生兒育女、傳宗接代的問題，所以必要時，婦女還得因此默許丈夫納妾，甚至積極幫忙物色人選，這種違反自然人性的作法，背後卻是無盡的心酸與無奈。

在這種強烈要求子嗣的傳統社會中，生兒育女似乎成爲女性不可推諉的天職，對於無法生育或是盡生女兒的婦女而言，爲了符合族人的要求、保護自己的地位，在求子心切的情況下，使用一些奇特的風俗儀式也就不足爲奇。由此亦顯示根深蒂固的子嗣觀念，的確深切的影響了婦女的婚姻生活。

二、懷孕與胎教之禁忌

生育是兩性結合的結果，而懷孕是生育必經的階段。懷孕的過程對於孕婦而言，在心理上不但充滿著對新生命的盼望與期待，在生理上也迥異於一般平常的婦女。古往今來，中國人認爲孕婦在懷胎十月的過程中，無論在飲食寢居，甚至是精神活動上，都必須給予細心的照料，有時還得注意、避免觸犯許多相關的禁忌，如此才會順利的孕育出健康的下一代。依現今的科學觀念來說，許多的禁忌多數雖然充滿迷信的色彩，但其主旨，卻多出於對孕婦及胎兒的保護，可見自古以來人們對孕育後代的重視。此外，民間習俗中還會針對懷胎的孕婦給予適當的生活規範，使孕婦的外在與內在條件都保持著最佳狀態，此即爲所謂的「胎教」。

〔註29〕 同上註。
〔註30〕 漢・戴德：《大戴禮・本命》，收錄於《百部叢書集成・畿輔叢書》，（台北：藝文印書館，1966 年），頁 7。婦女之「七出」：即不順父母、無子、淫、妒、有惡疾、多言、竊盜七項。

　　對懷孕的母親實施胎教，就是希望婦女在懷孕期間，利用精神狀態與外界條件，通過孕婦的耳、目、口、鼻等感官的刺激形成作用，以利胎兒在母體內成長，並且培養胎兒穩定情緒。懷孕婦女對其腹中胎兒施行胎教，其作用，現今已獲得醫學上的肯定，然而遠在中國古代，古人對胎教就已極為審慎並有獨到的看法。根據《大戴禮・保傅》記載：「周后妃任成王於身，立而不跂，坐而不差，獨處而不倨，雖怒而不詈，胎教之謂也。」〔註31〕又說：「古者胎教，王后腹之，七月而就宴室，太史持銅而御戶左，太宰持升而御戶右。比及三月者，王后所求聲音非禮樂，則太師縕瑟而稱不習，所求滋味者非正味，則太宰侍斗而言曰：不敢以待王太子。⋯⋯」〔註32〕另外，在顏之推的《顏氏家訓・教子》也提到：「古者聖王有胎教之法，懷子三月，出居別宮，目不斜視，耳不妄聽，音聲滋味，以禮節之。」〔註33〕歸納這些說法，古人所講求的胎教，主要是規定婦女在懷孕期間的行為舉止必須仔細謹慎，目不斜視、耳不聽淫聲、口不起惡言，誦詩以道正事，使形容端莊、心緒平靜，以期供給胎兒安穩的居住環境。〔註34〕

　　雖然在《大戴禮・保傅》中所言的胎教之法，是針對古代皇族貴婦所制定的，一般平民百姓恐怕是無法如此講究，但是由這套法則當中，不僅可以提供作為孕婦妊娠時的參考，其中最重要的是可以看出中國人對生命教育的重視，早在懷孕期就已經開始。

　　因此，要符合古人所謂的「胎教」，一般平民百姓雖然無法如此講究，但仍可由最簡單的生活方式做起，首先要注意婦女懷孕期間的各項飲食起居。中國人是個注重飲食的民族，常利用飲食的攝取來達到養生或醫療的效果，所以孕婦不僅必須注意攝取適當的營養與衛生的食物，好供給胎兒充足的養分。此外，基於對生命的重視，在妊娠的過程之中，亦有相當多相關於飲食方面的規範與禁忌。

　　例如：唐代的孫思邈在《千金要方・養胎論》中就列舉出數項孕婦不宜的食物：

〔註31〕漢・戴德《大戴禮・保傅》，收錄於《百部叢書集成・畿輔叢書》，（台北：藝文印書館，1966年），頁13。

〔註32〕同上註，頁11。

〔註33〕顏之推：《顏氏家訓・教子》，（台北：臺灣中華書局，1974年），頁2。

〔註34〕林素英師：《古代生命禮儀中的生死觀——以禮記為主的現代詮釋》，（台北：文津出版社，1997年），頁17。

兒在胎日月未滿，陰陽未備，腑臟骨節皆未成足，故自初訖于將產，飲食居處皆有禁忌。妊娠食羊肝，令子多厄。妊娠食山羊肉，令子多病。妊娠食驢馬肉，延月。妊娠食騾肉，產難。妊娠食兔肉、犬肉，令子無音聲，並缺脣。妊娠食雞子及乾鯉魚，令子多瘡。妊娠食雞肉糯米，令子多寸白蟲。妊娠食椹幷鴨子，令子倒出心寒。妊娠食雀肉幷豆醬，令子滿面多黑干黯黑子。妊娠食雀肉飲酒，令子心淫情亂，不畏羞恥。妊娠食鱉，令子項短。妊娠食冰漿，絕胎。妊娠勿向非常地大小便，必半產殺人。〔註35〕

此外，在台灣地區流傳的孕婦飲食禁忌還有：忌食螃蟹，否則嬰兒會抓人或是導致胎兒橫行難產；忌食煎炸的食物，否則身體會燒爛等。這些說法不僅缺乏科學佐證，反而帶有迷信的性質，以孕婦忌食螃蟹爲例，根據中醫的理論，最主要在於螃蟹乃屬冷性的食物，孕婦食用，並不會造成胎兒橫行難產，而是較容易導致流產。因此，進一步推論，如前文《千金要方·養胎論》中所列舉孕婦不宜的食物，並非爲眞如其文所述，是爲胎兒致病的直接主因，而是因爲食物本身的屬性，〔註36〕容易使孕婦的身體產生不適的變化，影響胎兒在母體中的發育，才是使它們成爲孕婦忌食的主因。

許多飲食的禁忌雖然因爲類推的聯想而帶有迷信的成分，但台灣民間仍然保有許多相當合乎醫學論證的飲食禁忌，如台灣民間就有勸導孕婦禁止亂服有毒性或辛烈之藥物的歌謠：

斑蝥水蛭及虻蟲，烏頭附子配天雄；野葛水銀並巴豆，牛膝薏苡與蜈蚣；三稜代赭芫花麝，大戟蛇蛻莪雌雄，牙硝芒硝牡丹桂，槐花牽牛皂角同；半夏南星與通草，瞿麥乾薑桃仁通，砂乾漆蟹甲瓜地，熊膽茅根及草麻，常山商陸並牛黃，黎蘆胡粉金銀箔，王不留行鬼箭羽，神麯葵子與大黃。〔註37〕

歌謠中所羅列的數十種藥草，因具有相當的毒性以致孕婦禁食，若需服用也

〔註35〕唐·孫思邈：《千金要方》，（台中：自由出版社，1959年），頁20～21。

〔註36〕所謂「食物之屬性」：根據中醫的理論，每一種食材都有其屬性，其中最主要分爲冷性與熱性兩者。一般而言，生長於地面上的動物，其肉多屬熱性；生長於水中之動物，其肉則多爲冷性，不過也有其他特例，而蔬菜、水果等其他之食材，亦各有其性質。此外，例如：單一食用某種食材並無問題，但有些食材若交互食用則易產生毒素，也成爲忌食的原因。

〔註37〕簡榮聰：〈台灣傳統的生育民俗與文物〉，《台灣文獻》，第42卷，第2期，1991年6月，頁275。

必須經過醫師診治開方後，斟酌其量謹慎服用。

　　孕婦的飲食雖有禁忌，但無論對母體或是胎兒而言，充足的營養終究是懷孕時的必要條件，故台諺說：「補胎，卡贏做月內。」〔註38〕即是強調懷孕間補充豐富的營養對於母體與胎兒的重要。至於養胎的食物，在昔日民生經濟不佳的情況之下，一般家庭之孕婦圖個三餐粗茶淡飯的溫飽就已經是補胎了，更遑論各式珍饈美饌的享用。然而在懷孕初期三個月左右，因為內分泌的改變，影響母體的體質與各項機能，此時母體容易發生頭昏、欲嘔、畏葷腥等異於平常的特殊現象，俗話則稱此現象為「病子」。為了克服這種現象，孕婦通常會有些口味上的改變，例如：變得喜歡吃些酸甜的「蜜餞」或「梅乾」，達到舒緩生理上的不適。

　　在閩台歌謠中，即有將孕婦懷胎十月過程中的生理狀態與飲食需求，做了充分的描述：

> 正月病子在心內，若要講人驚人知，看著物件逐項愛，偷偷叫哥買
> 入來。二月病子人愛睏，三頓粥飯無愛吞，想食白糖泡藕粉，叫兄
> 去買一角銀。三月病子人嘴冷，腳手酸軟烏暗眩，酸澀買到厝內面，
> 愛食樹梅鹹七珍。四月病子人畏寒，趕緊綿裘提來蒙，專專愛唾白
> 白涎，想食竹筍煮鰹干。五月病子者悽慘，愛食仙楂甲油柑，姊妹
> 相招來相探，叫咱鴨母煮烏參。六月病子真羞見，不時眠床倒條條，
> 愛食包仔甲水餃，三頓無食不知飫。七月病到還塊病，不時不日想
> 食甜，腹肚一日一日滿，勸哥不免請先生。八月人還真艱苦，腳酸
> 手軟四界摸，心肝者糟要啥步，愛食馬薯炒香菇。九月者和君實說，
> 大概敢是落後月，趕緊買菜乎我配，今日愛食一鼎麋。十月倒塊眠
> 床內，人真艱苦報君知，去叫產婆來看覓，扣若明白通斷臍。〔註39〕

這首〈病子歌〉不僅忠實的呈現出孕婦每個月不同的生理現象，及其現象之下所反映的飲食偏好，而且尚可從「若要講人驚人知」、「病子真羞見」歌詞中看出早期保守女性懷孕生子時，難掩內心喜悅與嬌羞的神態。

　　另外，台閩還有一首〈病子歌〉的歌詞如此描述：

〔註38〕陳主顯：《台灣俗諺語典——婚姻家庭》，（台北：前衛出版社，1999 年），頁
502。
〔註39〕舒蘭編著：《台灣民歌（二）》，收錄於《中國地方歌謠集成》，（台北：渤海堂
文化公司，1989 年），頁 27～29。

正月算來桃花開，娘仔今病囝無人知；哥仔今問娘愛食麼？愛食唐山香水梨。二月算來田草青，娘仔今病囝面青青；哥仔今問娘愛食麼？愛食枝尾酸仔青。三月算來人播田，娘仔今病囝心艱難；哥仔今問娘愛食麼？愛食老酒一大瓶。四月算來日頭長，娘仔今病囝面黃黃；哥仔今問娘愛食麼？愛食唐山烏樹梅。五月算來人爬船，娘仔今病囝心悶悶；哥仔今問娘愛食麼？愛食山頂雙糕卵。六月算來日毒天，娘仔今病囝倚床邊；哥仔今問娘愛食麼？愛食鳳梨炒豬肝。七月算來人普度，娘仔今病囝無奈何；哥仔今問娘愛食麼？愛食枝尾酸楊桃。八月算來是中秋，娘仔今病囝面憂憂；哥仔今問娘愛食麼？愛食石榴文旦柚。九月算來厚葡萄，娘仔今病囝心焦燥；哥仔今問娘愛食麼？愛食老酒燉鴨母。十月算來人收冬，娘孩兒落土肚內空；哥仔今問娘愛食麼？愛食一瓶麻油炸雞公。十一月算來是冬天，娘仔今抱囝倚門邊；哥仔今問娘愛食麼？愛食羊肉炒薑絲。十二月算來年邊，娘仔今抱囝靠床墩；哥仔今問娘愛穿麼？愛穿綾羅好過年。〔註40〕

這首〈病子歌〉的主要特色是藉著孕婦懷胎十月之生理狀況與口味，展現出四時節令的現象，並配合季節產品，不但顯現出孕婦懷孕的辛苦與愛嬌，亦可看出丈夫到處張羅食品時呵護倍至的神態，在在表現出夫妻間濃厚的感情。而此歌謠的十一月「羊肉炒薑絲」之食物也正好配合婦女做月子時的飲食，「羊肉」與「薑絲」這兩種食材，根據民間的說法皆屬熱性食品。

　　一般而言，若身體衰弱或預防寒冷時，必須忌食冷性的食物，而重吃熱性的食物，乃有滋補的作用，此謂「補陽」〔註41〕。因此，「羊肉炒薑絲」和傳統婦人「坐月子」必備的聖品「麻油雞」一樣都極為適合婦女產後滋補、怯寒活血之用。再者，「羊肉炒薑絲」與「麻油雞」皆屬高熱量的食物，故從營養醫學的角度來看，產婦攝取高熱量的食物，不僅可以恢復體力、促進子宮收縮，還可以分泌充沛的乳汁供給嬰兒所需。由此可見此首歌謠中不但充分展現出孕婦懷孕期間藉由食物之特性來舒緩、調理身體的特色，亦可體會孕婦懷胎的辛苦。

〔註40〕 舒蘭編著：《台灣情歌（二）》，收錄於《中國地方歌謠集成》，（台北：渤海堂文化公司，1989 年），頁 196。

〔註41〕 吳瀛濤：《台灣民俗》，（台北：眾文圖書，1992 年），頁 202。

　　雖然這類與懷孕相關的〈病子歌〉各地皆有，在歌詞上也約略有些差異，但是大致都呈現出懷孕婦女特殊的生理現象與飲食偏好。從飲食當中也顯示台閩地區的季節風物與民眾的飲食習慣饒富本土風味，除此之外，更生動的表現出夫妻之間濃密的感情。

　　中國傳統習慣不僅非常重視婦女妊娠時的飲食，在生活起居方面也有獨到的見解，即如前文《大戴禮·保傅》中所言「立而不跂，坐而不羞，獨處而不倨」〔註 42〕、「七月而就宴室」〔註 43〕，以及《顏氏家訓·教子》所提「出居別宮，目不斜視，耳不妄聽，聲音滋味，以禮節之。」〔註 44〕對整日忙於生計的平民百姓來說，雖無法如此的考究，但古人對孕婦「坐」、「立」、「寢」的種種約束，其實是要避免危險或劇烈的運動影響到母子的安全。〔註 45〕

　　而從起居方面所提出「七月而就宴室」、「出居別宮」來看，也確實是合乎現代的科學根據，要孕婦不與夫同寢，最主要是古人認為懷孕之後夫妻合好將引動肝火，會使先天胎毒加重，若以現代醫學觀念來解釋，主因懷孕期間的性行為容易招致流產。〔註 46〕雖然上述所舉之例對於懷孕時夫妻不同房所說的時間不一，但無論是懷孕三月或七月起都是同樣的道理，必須避免、禁止。

　　然而若以環境衛生的角度視之，孕婦另闢側室而居，則是希望能擁有一個安靜、通風的環境，除了能避免一般閒雜人等的進出，以維持室內空氣的品質，還能讓孕婦擁有一個獨立且優良的環境，以保持穩定的心緒做好生產的準備。因此，古人之說，其中不僅蘊含了提醒孕婦妊娠期間一切行動小心為上的警世作用，亦符合現代醫學理論。

　　在早期醫療不發達的年代，雖然婦女的生育率高，但是嬰兒的夭折率也高，因此為了讓孕婦與胎兒都能順利的生產與成長，所以有許多相關的禁忌。諸多的忌諱都是為了避免沖犯到胎神。昔日民間認為所謂的「胎神」就是附在胎兒之魂上的神。胎兒受胎之後，便受到胎神的支配，胎神常潛伏在孕婦住宅之內，並按照月令變更位置，若是經由人力將祂變動，如：移動屋內擺

〔註 42〕　漢·戴德：《大戴禮·保傅》，收錄於《百部叢書集成·畿輔叢書》，（台北：
　　　　　藝文印書館，1966 年），頁 13。
〔註 43〕　同上註，頁 11。
〔註 44〕　顏之推：《顏氏家訓·教子》，（台北：臺灣中華書局，1974 年），頁 2。
〔註 45〕　吳品賢：〈從大小戴禮記看婦女妊娠期間的禮俗規範〉，《孔孟月刊》，第 38 卷，
　　　　　第 11 期，2000 年 7 月，頁 43。
〔註 46〕　郭立誠：《中國生育禮俗考》，（台北：文史哲出版社，1971 年），頁 74～75。

設等，或施以外力：如釘釘子，都極有可能傷及胎神。由於胎神和胎兒的靈魂相通，所以這種傷害便會波及胎兒，造成流產或畸胎的情況。

根據閩南人的慣俗，孕婦必須避免的禁忌有：禁搬移屋內的東西、禁看布袋戲和傀儡戲、禁跨牽牛繩、禁跨秤、禁綁東西、禁夾東西、禁札東西、禁燒東西、禁看喪家供品、禁將腳桶（澡盆）放在院子、禁觸棺材等十一條戒律。若萬一不幸觸動到胎神，孕婦出現肚子疼痛的症狀，此時就必須趕緊請道士至家中，為孕婦祈禱安胎，並將符咒貼在「動著」的地方，相信如此就可以把胎神安撫住，〔註47〕最後再讓孕婦服用十三味安胎藥，希望利用醫藥與法術的雙管齊下，祈求母體與胎兒的平安。

就現在科學的觀點來說，閩南慣俗中孕婦必須避免禁忌的原因，乃由於昔日缺少現代科學的分析與推理，在過分小心下，因而導致禁忌流於迷信的現象；但若經過仔細推敲，其中並非全然為無稽之談。《黃帝內經‧奇病論》就曾說，所謂「胎病」：「此得之在母腹中時，其母有所大驚，氣上而不下，精氣并居，故令子發為巔疾也。」〔註48〕認為胎病來於孕婦的「有所大驚」，受到了精神上的刺激所致，使胎兒受到了影響。依現代科學證實，母親的情緒的確會影響胎兒。當母親處於焦慮狀態時，體內的賀爾蒙增加，促進血管收縮，會影響子宮的血液供應，容易造成流產。推溯而論，這些禁忌的目的其實都是在於提醒孕婦，避免接觸心理上容易感到驚嚇的事，避免或從事太過劇烈的活動。

從婦女懷孕期間生活起居的相關禁忌與胎教看來，可見得中國人對於下一代的重視。正因為如此，閩南人便把剛出生的嬰兒視為一歲，亦即自精子與卵子結合的一刻算起，胎兒雖於母體內成長，但已有生命發展的過程，便已認定其生命所在。胎兒於母體內的發展過程，有一首台閩歌謠就描寫得極為詳盡：

> 正月花胎龍眼大，父母有身大受磨。二月花胎肚圓圓，一粒親像大
> 荔枝。三月花胎人真姍。四月花胎分手腳，肚尾親像生肉瘤。五月
> 花胎分鼻嘴，好靡也攏食亦肥。六月花胎分男女，恐驚胎神會摻滋。
> 七月花胎會徙位，一日一日大肚歸。八月花胎肚凸凸，早暗大職著

〔註47〕 鈴木清一郎，1933 年著，馮作民譯：《增訂台灣舊慣習俗信仰》，（台北：眾文
　　　　圖書公司，1989 年），頁 86～88。
〔註48〕 《黃帝內經‧素問》〈奇病論〉十三卷，（台北，藝文印書館，1990 年），頁 6。

知防。九月花胎會震動，爲著病子不成人。十月花胎可憐大，一個

腹肚者大介。〔註49〕

此歌謠清楚的描寫出胎兒於母體內十個月的成長過程，每個月都有明顯的變化，可見台閩人對懷孕婦女的觀察入木三分，並且認爲胎兒雖於母體內，但這十個月的歷程也應該給予生命的認定，所以嬰兒一出生就算一歲了。由於對於懷孕時的母體與胎兒之照顧極爲謹愼、講究，可見中國人對生命的重視。

　　由於中國人對生命延續的重視與期待，早期婦女懷孕成爲一件意義重大的家族大事，因此妊娠婦女不僅特別重視胎教，在日常生活上也產生諸多的禁忌與限制。嚴格說來，胎教是孕婦的心理衛生，在古代科學不發達的時代就會夾雜著許多的迷信與禁忌，但實際分析起來，實在是心理衛生、禁忌與巫術的綜合。〔註50〕然而若以現代醫學的角度來看，實乃所謂的「優生學」，這些爲了優生而產生的胎教與禁忌，其的目的都在於希望孕婦產下健康的胎兒，家族血統能有最優秀的傳承，如此才能興家耀祖、光耀門楣，並使家族血脈得以綿延不輟。

三、育子

　　通常孕婦在經過十月辛苦懷胎的過程之後，若順利生下子嗣，產婦即於產後一個月的產褥期間內不外出，而於家中調養，並要吃好的營養品，此風俗稱爲「坐月內」（坐月子）。以西醫的觀點來看，孕婦產後「坐月子」的目的，主要是清理子宮，排清惡露，然後透過藥補和食補，讓產婦恢復生產前的健康狀態。〔註51〕

　　中國人是個相當講究飲食的民族，「坐月子」的飲食觀念，即是將食物與藥物做結合，成爲一套醫療的飲食文化，並認爲透過食物的攝取，不但可以有效的去除疾病，也可以達到滋補的功用。因此，傳統婦女在「坐月子」時就特別講究飲食上的規範。對此，宋・陳自明於《婦人良方》中即說：「婦人非止臨產須愼，產後大須將理，愼不得恃身體和平取次爲之。乃縱心恣意，無所不爲。若有觸傷，便難整理。」〔註52〕所以，國人認爲產婦在產後若缺

〔註49〕　洪英聖：《台灣風俗探源》，（台中：台灣省政府新聞處，1992 年），頁 282～
　　　　　283。原註：姍，讀若 Sian，形容走路軟弱無力感。

〔註50〕　郭立誠：《中國生育禮俗考》，（台北：文史哲出版社，1971 年），頁 65。

〔註51〕　呂秉原：〈坐月子〉，《自由時報》，第四十三版，1999 年 6 月 7 日。

〔註52〕　宋・陳自明：《婦人良方》，（上海：上海科學技術出版社，1991 年），頁 437。

乏調理，日後容易引起各種疾病，對健康有很大的損害。

　　所以依照民間慣俗，產婦於分娩後的坐月子期間，儘量食用雞酒、豬肉、油飯或是豬肝、豬腎等肉類食品，而忌食生冷的蔬菜，亦即產後飲食以攝取高熱量的食品為主。依據營養學的觀點來看，為了滿足母親哺餵母乳所需，傳統坐月子時必備之膳食——麻油雞中含有較高的熱量，不但可以補充孕婦虛弱的體能，其中的「麻油」與「雞油」因含有脂肪酸，亦可以有效的促進子宮收縮，幫助惡露的排除。而「酒」對於產後調養的功能，則在於具有活血通經、舒筋散寒與當作藥引的效果。〔註 53〕此外，肉品亦屬於高蛋白的食品，產婦多食，還能幫助傷口癒合。

　　除此之外，產婦在「坐月子」的生活方面，則如《大戴禮‧保傳》中所言，一般在此期間仍就「宴室」而居，台灣民間乃將坐月子的房間稱為「月內房」。產婦在「月內房」坐月子時，雖然仍如產前一樣必須保持通風宜人的環境，但亦必須注意避免當風坐臥。根據昔日民間慣俗，產後七日內產婦不可觸冷水，不可洗頭、不可冒風……等，亦即不可去做一切容易導致風寒的行為，以免犯得所謂的「月內風」，也就是西醫所說的「產褥熱」，而影響日後身體的健康。因此，傳統認為婦女月子若做得好，甚至還可以改變、強化體質。

　　此外，婦女在坐月子期間亦有許多禁忌，諸如：禁止陌生人、閒人進入月內房、禁止前往別人家、禁止月內婦人做廚事、禁止月內婦人進入廟宇拜神……等。這些禁忌皆起源於認為月內婦人身體不潔的觀念所致，因為傳統漢人社會的思考多將經血視為危險與污穢的象徵，如西晉‧陳延之在《小品方》一書則有直接的記載：「婦人產後滿月者，以其產生，身經闇穢，血露未淨，不可出戶牖、至井灶所也。亦不朝神祇及祠祀也。」〔註 54〕產婦在分娩之後，身體自然會有惡露的排出，因此認為月內婦身體不潔，故有許多禁忌必須避免。

　　然而若從人類學的角度來看，傳統的中國社會對於團體的約束力極強，對個人的規範也極為嚴格，十分重視社會界限的控制、個人角色本分以及社會秩序的維持。〔註 55〕因而認為月內婦因身份的轉變而違反了社會秩序，所

〔註 53〕 呂秉原：〈坐月子〉，《自由時報》，第四十三版，1999 年 6 月 7 日。

〔註 54〕 西晉‧陳延之：《小品方》，（北京：中國中醫藥出版社，1995 年），頁 143。

〔註 55〕 翁玲玲：〈產婦、不潔與神明——作月子儀式中不潔觀的象徵意涵〉，《教育部兩性平等教育季刊》，第 18 期，2002 年 5 月，頁 60。

以必須置於儀式性的隔離架構中（坐月子）予以「淨化」或「轉換」。換言之，即「生產」使產婦不在既有的體系秩序內，亦無明確的身分。若前往祭神，神明無法依據其身分，判斷該如何聆聽、賞罰，以維持一個均衡和諧的社會；若前往別人家，因暫時的失去身分，人們不知該如何以「禮」待之，才能維持一個和諧有序的人際關係，所以必須等待雙方都確認、接受此一轉變，並確定了雙方在社會秩序網絡中的位置並予以宣告（滿月儀式）之後，新秩序才得以確立。〔註56〕

但若從生理衛生的觀點來看，產後因身體有惡露的排除，所以行動上難免不便，且產婦在身體機能上也較爲屭弱、抵抗力差，因此這些禁忌無非是希望產婦多休養生息、避免外出與勞動，靜待體能的恢復。再者，禁止嫌雜人等進入月內房，其寓意仍舊是必免產婦與外界過多的接觸，受到感染或遭受風寒。由此可知，不管從人類學或是從醫學的角度來看，中國人對於產婦自有一套特殊的養生哲學，此套產婦的養生哲學遂形成中國獨特的「坐月子」文化。

在昔日醫學不發達的時代，婦女生產猶是一場生死交關的大事，故台諺有謂：「生贏雞酒香，生輸四片枋。」〔註57〕又說：「繪生，唔值錢；要生，性命相交纏。」〔註58〕順利生產，「雞酒」即成爲產後最即時的報酬。傳統民間「坐月子」的文化無非就是利用這一個月的時間好讓產婦休養生息一番，並藉著物質、飲食等各方面來犒賞產婦懷胎十月的辛勞。傳統中國產婦的「坐月子」風俗，相較於外國，中國產婦顯然倍受禮遇。究其主因，仍在於國人對傳宗接代的重視，以及早期婦女生產時的高危險性有關。翁玲玲的說法更爲切確，認爲「坐月子」是：「此一文化設計不但強調恢復體力，也強調增強，其目的在於使產婦不致因生育而破壞了勞動力和生育力，使嬰兒能藉由充沛的母奶及專致的照顧，打下強身健康的基礎而成爲未來勞動力的來源，以有效延續家族的生命。」〔註59〕可以理解的是，在傳統漢人家族觀的思維之下，婦女生育功能的維護，便成爲延續子嗣的表徵，因此傳統產婦「坐月子」風

〔註56〕翁玲玲：〈漢人社會女性血餘論述初探：從不潔與禁忌談起〉，近代中國婦女史研究編輯委員會：《近代中國婦女史研究（第七期）》，（台北：中央研究院近代史研究所，1999年），頁130～131。

〔註57〕陳主顯：《台灣俗諺語典——婚姻家庭》，（台北：前衛出版社，1999年），頁509。「四片枋」：指棺材，意味產婦臨盆猶如一場生死之搏。

〔註58〕同上註，頁494。

〔註59〕翁玲玲：《麻油雞之外——婦女坐月子的種種情事》，（台北：稻香出版社，1994年），頁12。

俗的實質意義，即在於家族生命的延續與傳承。

在傳統「男主外」的觀念影響之下，認為男子本應主動、堅強，所以必須鼓勵男子要有膽量，所以在男嬰出生後的第三天的「三朝」之日，於嬰兒的洗澡水中放置一塊小石，取意要給小孩「頭殼硬，身體強」，謂之「做膽」。然而石頭要選圓的，以祈將來性情圓滿、變通不死板。〔註60〕孕婦產後男嬰二十四天、女嬰二十天要為嬰兒做「滿月」〔註61〕，做滿月首先就必須先為嬰兒剃除胎髮，剃髮時準備石頭、雞蛋各一枚，鎳幣十二塊，蔥少許，後將蔥揉碎，以蔥汁攪和蛋黃塗在嬰兒頭髮上開始剃髮，〔註62〕並吟誦：「雞蛋身，雞蛋面，剃頭莫變面，娶某得好做親。鴨蛋身，鴨蛋面，好親戚來相勻。」〔註63〕嬰兒剃完胎髮之後，早期時人慣習上會取壁土在嬰兒頭上比畫一番，並唸誦：「抹壁土不驚風不驚雨，不驚唇邊頭尾大腹肚。」〔註64〕其用意在於祛除日後可能遇到的沖犯。事實上，這些儀式與唸謠不僅具有祈求吉祥的意味，並且希望嬰兒平安、健康的長大，甚至已經開始設想、期待日後能夠擁後好的婚配對象，可見傳統國人傳宗接代的觀念深植民心。

男嬰在剃過胎髮之後，身穿外婆家送的衣服鞋帽，可請鄰人或其親人等背、抱到戶外，並過橋以壯其膽量。話雖如此，不過其背後的意義則是要讓嬰兒漸漸適應外在的環境。其後，背、或抱嬰兒者，則手拿一枝雞箠，帶著孩子繞屋一圈，並且一邊拍打地面一邊吟唱道：「鵁鴒飛上山，囝仔快做官，鵁鴒飛高高，囝仔中狀元，鵁鴒飛低低，囝仔快做老爸。鵁鴒飛高高，生子生孫中狀元，鵁鴒飛低低，囝仔快做老爸。」〔註65〕或唱：「鵁鴒，鵁雞，飛

〔註60〕 鈴木清一郎，1933 年著，馮作民譯：《增訂台灣舊慣習俗信仰》，（台北：眾文圖書公司，1989 年），頁 130～131。

〔註61〕 同上註，頁 131。男嬰、女嬰剔除胎髮的時間不同，乃謂日子較長才理髮頭腦較好，因此傳統認為女子頭腦比男孩差是正常與適當的事，而男嬰取二十四天剃髮，即期望此男孩長大後能如民間所流傳二十四孝的故事一樣孝順父母。

〔註62〕 片岡巖，1921 年著，陳金田譯：《台灣風俗誌》，（台北：眾文圖書公司，1994 年），頁 5～6。雞蛋蛋汁的作用除了可除卻胎垢，潤滑頭顱方便剃髮之外，亦象徵嬰兒圓滿健美之意。石頭乃象徵嬰兒頭殼硬。錢幣象徵好運道，並祈日後富貴之意。蔥則象徵頭髮濃厚，因蔥又與聰同音，故有祈求聰明之意。

〔註63〕 台灣省文獻委員會：《重修台灣省通志（卷三）住民志・禮俗篇》，（南投：臺灣省文獻委員會，1993 年），頁 305。

〔註64〕 洪英聖：《台灣風俗探源》，（台中：台灣省政府新聞處，1992 年），頁 287。

〔註65〕 台灣省文獻委員會：《重修台灣省通志（卷三）住民志・禮俗篇》，（南投：臺灣省文獻委員會，1993 年），頁 305～306。

上山，囝仔快當官，鴟鴞飛高高，囝仔中狀元，鴟鴞飛低低，囝仔快做爸。」
〔註66〕歌謠中所蘊含的意義，仍舊是傳統觀念中祈求、祝福孩子光耀門楣、
傳遞宗族香煙的期許。

　　此外，嬰兒滿月時多會慎重其事地請滿月酒，此時參與的賓客多會前來
予以祝福：

> 恭喜恭喜送天兒，是我外甥聽我言，一看清水兼伶俐，一心聰明賢
> 讀書。食蔥算來是聰明，吟詩作對第一名，對席開彩先飲酒，一生
> 富貴保長壽。食雞最好食禽胸，明年科甲中舉人，食肉豬腿切四方，
> 後日錢財變石崇。白飯原來是五穀，天數受蔭是福祿，對席開彩食
> 齊備，生子傳孫滿滿是。壹串銅錢是百二，與汝小兒好育飼。〔註67〕

歌謠中除了祝福孩子健康長壽之外，還希望孩子長大之後能「好讀書」以「求
功名」，享「榮華富貴」，最後「傳宗接代」以光耀門楣。綜合以上歌謠可知，
在早期傳統農業社會中，時人認為要擺脫勞動、貧窮最佳的方式就是讀書求
仕。因此，這些祝福不僅是為人父母者對於剛出生的嬰兒的期許，甚至可以
說是希望孩子替父母完成夢想的一種心理投射。

　　嬰兒出生滿四個月時，家人以牲禮、紅龜粿、酥餅供神祭祖，叫「做四
月日」。而岳家必須再送嬰兒衣褲及涎垂（圍兜）、成串的有孔酥餅，替嬰兒
「收涎」。「收涎」時要用紅線將十二片或二十四片的酥餅串起，並掛在嬰兒
的胸前，由親友拿取其一，在嬰兒嘴邊作揩抹狀，並吟誦道：「收涎收乾乾，
給你老母後胎生男胞，收涎收利利，給你明年再招小弟。收涎若收乾，你母
仔後胎生男胞，收涎若收了，你母仔再生男雀。」〔註68〕意即收拾嬰兒口邊
的垂涎，謂自此之後嬰兒不再流口涎，且習俗以為嬰兒收涎後，發育會愈加
順利，長得愈健壯。然而若從此首歌謠的意義來看，除了希望嬰兒健康、順
利，最主要還希望其母能再次懷孕生子。依照時間推算，嬰兒「收涎」乃於
出生後四個月，而此時的母體也已得到充分休息與緩和。因此，相較於嬰兒滿
月時的歌謠，此首歌謠反而充滿暗示，不僅是希望母體再次受孕生子的祝願，
而且還希望下次生個男孩，傳統國人「多子多孫多福氣」的心態由此可證。

〔註66〕同上註，頁306。
〔註67〕黃得時：〈台灣歌謠與家庭生活〉，《台灣文獻》，第6卷，第1期，1955年10
　　　　月，頁33。
〔註68〕台灣省文獻委員會：《重修台灣省通志（卷三）住民志·禮俗篇》，（南投：臺
　　　　灣省文獻委員會，1993年），頁306。

　　台灣傳統祝福嬰兒出生的儀式，一直要到嬰兒滿一歲時做過「週歲」之後，才算告一段落。做「週歲」，台俗稱為做「度晬」、「大晬」。當天家人備牲禮敬神拜祖，並以紅龜粿分贈親友，早期富裕人家還會再次開宴請客。而岳家則再次贈送頭尾、金飾、玩具等為賀，若是生女亦祝「週歲」，但儀式則較為簡單。早期嬰兒做「度晬」時還會有「試兒」的儀式，即以十二種物品納於竹篩之內，嬰兒坐於其中，使其任為擇取一物，以占卜其將來之命運。〔註69〕惟可發現的是，士、農、工、商行業雖然不同，但都是希望孩子本身所帶的福祿命格與勤勉的性格，能為其將來生活、事業創造出一片天地。因此，「試兒」儀式雖為卜占，但這些物品乃多取其吉意，父母愛子心切，望子成龍、望女成鳳之心情可見一斑，而有首台閩歌謠對此就有充分的描述：

> 搖呀搖，來挽茄，挽若干？挽一飯篱。也有可食，也有可賣，也好護阮嬰仔做度晬。阿嬰哭，阿母無閒可上竈；阿嬰驚，阿母連搭甲脊騈（背上）；阿嬰哮哇哇，阿母嘴內就念歌；阿嬰哭不怗，阿母直直念；念到愛去外媽宅，好衫護你穿，好帽護你戴；明那早（明天），帶你去看戲。阿嬰無愛哭，阿公講乖巧，胸前給你結紅包；阿嬰笑睞睞，阿媽提金柑，阿嬰食著甜甜甜；阿嬰睏縣縣，阿妗給你掛八仙；阿嬰嘴巴紅膨膨，阿舅給你結響鈴；阿嬰一下醒，阿姨給阮嬰戴鳥鼎。阿嬰吃吃笑，阿母沿路行沿路搖；乖乖睏，一暗大一寸，乖乖惜，一暝大一尺。〔註70〕

這首歌謠不僅勾勒出在早期經濟不佳的情況之下，母親賣力的「挽茄」做工，來張羅生計以及為孩子過週歲所需的費用，還捨不得孩子哭啼，所以不是背、就是抱，充分描繪出母親以及親人、長輩疼愛嬰兒的心情。下列這首〈搖籃歌〉亦顯露出父母愛子的情懷：

> 搖仔搖仔搖，搖茗搖，搖來搖去，一搖搖到黑趁橋。橋邊雙邊，樹木花蕊，青笑笑。橋下一條，清清溪水流無休。搖仔搖仔搖，搖茗搖，搖來搖去，一搖搖到黑趁橋。乖嬰仔古錐，親像花蕊，吻吻笑。

〔註69〕 吳瀛濤：《台灣民俗》，（台北：眾文圖書，1992 年），頁 116。早期「試兒」儀式時竹篩放置的物品分別為：書、印、筆、墨、算盤、錢幣、雞腿、豬肉、尺、斧、蔥、芹菜、田土、稻草、秤等，書主讀書人、學者，筆墨主書畫家，印主做官，算盤、秤則主商賈，錢幣主富豪，田土主地主，尺主工，蔥主聰明，雞腿、豬肉主食祿，芹菜主勤勉等，各有其含義。

〔註70〕 歐陽荊：〈台灣歌謠〉，《台灣文獻》，第 21 卷，第 2 期，1970 年 6 月，頁 51。

　　阿娘阿爹，無時無陣疼惜惜。搖仔搖仔搖，搖苦搖，搖來搖去，一
　　搖搖到黑趁橋。乖嬰仔賢大，冥大一寸，日大一尺，粘麵會行，粘
　　麵會跑也會叫。〔註71〕

此首歌謠在吟誦之後，可發現每句的開頭皆重複「搖仔搖」的字句，使音律
顯得平穩，以穩定嬰兒情緒使其安睡，為人父母者也希望孩子乖乖睡，才能
「一冥大一尺」，而歌謠中景色的描繪，的確可產生時光流逝的感覺，配合著
最後「粘麵會行，粘麵會跑也會叫」的歌詞，充分顯示出盼望孩子趕緊長大
的心情。

　　從嬰兒出生到滿週歲這一連串的儀式與歌謠來看，可以發現多是希望
孩子能平安、健康的長大，並且期望孩子在各方面能「青出於藍」，這些美
麗的祝願都是父母最深切的期盼，然而從這些期盼願望中亦可深深體會中
國人的「生養」觀念，不僅僅只是以「生」來完成「傳宗接代」的責任，
也特別重視「教育」的功能，所以也希望藉由教育幫助孩子成長，並期望
其長成之後，能由己身的「安身立命」，進一步拓展「事業」甚至「功名」
的追求。

　　因此，「生」在傳統的漢人社會中，無非是增加勞動力、傳承子嗣的必要
條件，然而日後的「養育」也是一樣的重要。從孩子出生後的嗷嗷待哺，到
能辨是非、直至長成，其中成長的歷程皆需仰賴家庭。而父母在「望子成龍、
望女成鳳」的同時，在養育的過程中就必須施以教育、指導，並培養孩子明
辨是非的能力。當然在孩子成長當中，也會慢慢的學習與經歷各種生活狀況，
這些成長的過程都有助於孩子日後人格的養成。人格是一個人的成長過程，
與適應社會環境的生活中，在對人、己及各種事物時，個人所獨具的感受、
認知與習慣反映的綜合。這種感受與行為模式，乃基於個人的遺傳因素、成
熟程度、環境條件、學習經驗等交互作用而成的。〔註72〕而人從一出生即接
觸家庭、仰賴家庭，在早期傳統、封閉的社會環境中，民眾的生活閱歷、接
觸自然有限，在此有限的社會接觸下，家庭是早期民眾最主要的生存團體，
因此，家庭組織對於孩子的人格養成息息相關。

〔註71〕　舒蘭編：《台灣民歌（一）》，收錄於《中國地方歌謠集成》，（台北：渤海堂文
　　　　　化公司，1989年），頁79。

〔註72〕　林素英師：《從古代生命禮儀透視其生死觀——以禮記為主的現代詮釋》，（台
　　　　　北：文津出版社，1997年），頁16。

有一首〈訓兒歌〉從歌詞中就可看出早期父母對孩子品格教育的看法：

> 囝仔人，不可白賊愛老實。囝仔人，不可與人偷提雞卵。囝仔人，
> 不可不時要穿新衫。囝仔人，不可不做取看戲。囝仔人，不可亂做
> 愛糊塗。囝仔人，不可不學假逃學。囝仔人，不可不愛去做穡。囝
> 仔人，不可大漢慢做父。囝仔人，不可放浪亂亂走。囝仔人，不可
> 懶惰愛做賊。〔註73〕

另外，尚有一首歌謠：「子呀子，當時娶您娘，無眠床，睏踏板。無棉被，蓋
腰裙。無枕頭，睏草茵。無柴梳，五爪龍。無虱篦，目賊船。無鏡照水痕，
無茶油，抹清潘。」〔註74〕此首歌謠描述一位父親借著昔日之窮苦生活的狀
況，來訓誡其子生活切莫奢華的觀念。早期因生活的困苦，致使一般家庭的
父母鮮少接受完整的教育，但純樸的農業社會中卻深知品格對於人生的重要
性，因此對於孩子或許無法充分授與知識性的灌輸，然而對其人格的養成卻
是充滿堅持。因此，以上兩首歌謠就明白的說出，早期民眾在純樸的觀念之
下，希望孩子不僅要有誠實、樸質、勤奮的品格，亦可從「不可大漢慢做父」
的訓詞中，體會出父母望子早日成家立業的傳統心態。

由於傳統社會中「男主外、女主內」男女分工極為明確，而「養育」子
女的責任則被明確的劃分為家內之事，因此養兒育女對於女性而言不僅是天
職，也是一種使命。〈育子歌〉中就頗能道出母親養育孩子的艱辛：「一歲二
歲手底抱，三歲四歲土腳趖。五歲六歲漸漸大，有時頭燒甲耳熱。七歲八歲
去上學，九歲十歲知人事。十一十二十三十四，讀書考教中舉人。十五十六
中進士，十七十八娶新娘。」〔註75〕歌謠顯示傳統觀念認為讀書取仕是男子
最佳的出路，所以科舉得第、光宗耀祖、子孫綿延，是父母對兒子的期盼。

然而傳統社會中，相較於男子，女子在這方面就沒有這樣的機會，在早
期男女分工極為精確的社會觀念下，女孩從小就要學習家務瑣事，待其出嫁
之後才能得心應手。由下舉這首〈育女歌〉的描述就極為傳神：「一歲二歲手
底抱，三歲四歲土腳趖。五歲六歲漸漸大，有時頭燒甲耳熱。七歲八歲真賢
吵，一日顧伊二支腳。九歲十歲教針黹，驚伊四界去庚絲。十一十二著打罵，
者去著若學做衫。十三十四學煮菜，一塊桌面辦會來。十五十六要轉大，驚

〔註73〕台灣省文獻委員會：《重修台灣省通志（卷三）住民志‧禮俗篇》，（南投：臺
　　　灣省文獻委員會，1993 年），頁 354。
〔註74〕李獻璋：《台灣民間文學集》，（台北：龍文出版社，1989 年），頁 10。
〔註75〕簡上仁：《台灣民謠》，（台北：眾文圖書有限公司，1992 年），頁 229。

了甲人去風花。十七十八作親成，一半歡喜一半驚。」〔註76〕以上兩首歌謠分別描述出男女的成長歷程，在前半段歌謠中皆顯示出孩子尚於年幼之時，母親對其照顧呵護倍至的心情，然待孩子漸漸成長後，便依其屬性分別施予不同的教育，男孩上學受教、女孩學習家事女紅。

仔細推敲兩首歌謠的意義，可發現歌謠中明確顯示出早期傳統觀念下的父母對於男、女所施不同的教育。再者，身為父母也會因其性別的差異，所關心的事情也會有所不同，對男孩則關心學習、受教與成年之後社會競爭的問題，而對女孩則關心家務學習是否擁有出嫁持家的能力，還得擔心、防範女孩長成後涉世未深而做出「甲人風花」、損毀名譽的事情。兩首歌謠在互相比較之後可以得知，早期傳統觀念下的父母，對於兒女雖然教育態度迥異，但唯一不變的，仍是對於子女婚姻大事的操煩，希望子女都擁有好的歸宿，愛護子女的心情躍然紙上。除此之外，歌謠中亦反映出男、女兩性學習的分界點約在七歲到十歲之間。

事實上，早在《禮記‧內則》中就有這樣的記載：

> 六年，教之數與方名。七年，男女不同席，不共食。八年，出入門戶及即席飲食必後長者，始教之讓。九年，教之數日。十年，出就外傅，居宿於外，學書計，衣不帛襦袴，禮帥初，朝夕學幼儀，請肄簡諒。十有三年，學樂，誦詩，舞勺，成童舞象，學射御。……女子十年不出，姆教婉娩聽從，執麻枲，治絲繭，織紝組紃，學女事以共衣服，觀於祭祀，納酒漿籩豆菹醢，禮相助奠。〔註77〕

根據《禮記‧內則》的記載，「不同席」、「不共食」的教育即以實際行動表明男女需恪守禮儀的分際，而古人於對九歲之前男、女童子施以相同的教育，其教育內容著重在應對進退的謙讓禮儀的學習。男子十歲以後，出外就學，學習六藝之事，以為他日立志四方大事時之準備。女子則養在深閨，學習婦道，並學習祭祀之禮，以備將來參與祭祀之事，此即為貫徹「男女有別」而施的不同教育。〔註78〕

然而這些教育都是為孩子未來成年後的生活所做的準備。「成年」對孩子

〔註76〕同上註。
〔註77〕漢‧鄭玄注、唐‧孔穎達疏：《禮記‧內則》，收錄於《十三經注疏——禮記正義》，（台北：藝文印書館，1979年），頁538～539。
〔註78〕林素英師：《古代生命禮儀中的生死觀——以禮記為主的現代詮釋》，（台北：文津出版社，1997年），頁20。

而言，即表示從此以後脫離童子的階段，進入生命的另一個里程，自此以後一切的言行舉止都必須自己負責、承擔，不論在精神上或是經濟上，都應該有獨立自主的能力，不可再仰賴父母、家庭的照顧。對父母而言，所代表的即是撫育的工作已告一段落，必須放手讓孩子承擔、規劃日後的生活。因此「成年」的意義對於孩子或父母而言都是生命的一個轉折，所以古人就相當重視「成年禮」的儀式。

「冠禮」即為成年之禮。至於「成年」的年齡，根據《禮記‧內則》的記載：「男子二十行冠禮，始學禮；三十而有室，始理男事。……女子十有五年而笄，二十而嫁。」〔註79〕換言之，古代男子於二十歲舉行成年禮，女子則有分別，女子若於十五歲時有媒前來提親而許嫁，乃於十五歲舉行笄禮，而未許嫁者則至二十才行笄禮。然而依照台灣慣俗，冠禮通常於婚前數日或與婚禮合併舉行。王瑛曾在《重修鳳山縣志》中就曾舉出這樣的風俗情況：

> 冠笄禮：人生成丁。於親迎前數日，卜吉而冠，擇戚屬父母具慶者
> 為賓，仿古筮日筮賓也。至期，置冠履鮮衣于篩，微烘以火，俗云
> 除邪穢也。賓三梳壻髮，而加之冠，三加之義也。即冠，拜祖先，
> 仿告廟也。次父母，父醮以酒，申誡辭，仿醮席也。次諸父兄賓長，
> 諸父兄賓長皆答焉，重成人之道也。笄，不用婦人為賓，女盛飾拜
> 謁，略與男同。醮酒，母命之。是日教以拜跪進退、獻於舅姑尊長
> 之禮，謂之教茶。〔註80〕

而連雅堂在《台灣通史》亦云：「成人之禮，男冠女笄，台灣多以婚時行之。惟富厚之家，子女年達十六者，七夕之日，祀神祭祖，父師字之，戚友賀之，以紙製一亭，祀織女，以介景福。」〔註81〕由此可知，早期台人之冠禮多於婚前擇一吉日或於婚禮當天舉行，可見傳統台人認為婚姻的意義不僅僅是締結兩姓之好，在個人的意義上亦表成人之意。

早期婚姻的目的雖然在於子嗣的傳承，然而在「生」的同時，「養育」子女亦是一個嚴肅的課題。家庭的結構不僅提供兒童一個生存的空間，且是兒童賴以成長，個人行為、品格得以建立的地方，家庭對於一個人的成長始終有關鍵性的影響，在不同家庭的影響之下，所培養出來的人格當然也有著不

〔註79〕漢‧鄭玄注、唐‧孔穎達疏：《禮記‧內則》，收錄於《十三經注疏——禮記正義》，（台北：藝文印書館，1979 年），頁 538～539。

〔註80〕清‧王瑛曾：《重修鳳山縣志》，（台北：台灣大通書局，1997 年），頁 51～52。

〔註81〕連橫：《台灣通史‧風俗》，（台北：眾文圖書，1979 年），頁 607。

同的差異。由本節所舉的閩台歌謠之中，即可發現台人相當重視子女的家庭教育，由於家庭是早期傳統婦女的生活重心，母親與子女間的接觸互動便極為密切，因此教育孩子的責任也多半仰賴已為人母的婦女。然而母親對孩子的關愛，早從懷孕之初的注重胎教，成長過程的各種教育，乃至長成之後以至結婚成人，都不曾稍減，而這些關愛與擔憂、期盼與祝福，在台閩歌謠中皆有完整、充分的描寫。由此可見，養育子女是早期婦女婚後生活的重心之一。

第二節　閩台歌謠中台灣女性的家庭角色與婚姻關係

婚姻是建立正常兩性關係的最佳方法，是人際關係的另一種延伸，也是構成家庭的基本要素。在家庭裡，人們依照性別、年齡、輩分等原則，劃分出不同的人生角色。所謂「角色」，指的是個人在特定的社會或群體中，依其所屬的身分地位，並按照規範執行的行為。〔註82〕因此在家庭中，家庭間的成員不僅知道自己所飾何角，同時也知道他員所飾為何，並各以其角色彼此互動，決定彼此在家中的地位。這種不同角度所構成的人生角色，使得家庭中的每個成員也隨著角色的差異呈現不同的面貌，而家庭中人倫關係亦影響了整個家族的成敗與興衰。

由於中國傳統文化對家族觀念的講究，致使家族中對個人角色定位與人倫關係相當重視。古人在對祖先崇拜、血親制度的認同基礎上產生了家族的宗法制度，在家族制度下，敬祖孝親被視為個人最重要的行為準則，是傳統道德觀念的主體內容，也是家族意識的來源。因此，在傳統文化薰陶之下，無論男、女皆承襲傳統中國家族制度中敬祖孝親、兄友弟恭、夫妻和合的人文精神，並將此精神實踐於家庭生活之中。若由古人從最簡單男、女角色的界定與分工之記載，如《禮記・內則》：「男不言內，女不言外。」〔註83〕以及在《禮記》諸多篇章中有不少關於人們在家庭中角色的定位與規範的討論中，就可看出傳統中國文化不僅對於家庭中成員的角色有著嚴謹且明確的分野，更重視人倫分際。

〔註82〕鍾年：〈中國團統家庭的人生角色——以幾種女性角色為例〉，漢學研究中心主編：《中國家庭及其倫理研討會論文集》，（台北：漢學研究中心，1999年），頁363。

〔註83〕漢・鄭玄注、唐・孔穎達疏：《禮記・內則》，收錄於《十三經注疏——禮記正義》，（台北：藝文印書館，1979年），頁520。

　　由於傳統中國漢人社會對男、女角色界定的區分，「男主外，女主內」被視爲天經地義的事，男性主導了大部分的社會活動，家庭則是婦女最主要的活動範圍。因此，早期婦女自幼就被灌輸三從四德的家庭教育，強調「女子無才便是德」的價值觀，當同年齡的男孩進入私塾或學校接受教育時，女孩就得留在家中工習女紅，嫻熟各項家務的操作，並學習未來如何侍奉丈夫、公婆，以及如何與伯叔、妯娌相處等婚姻之道。〔註84〕然而女性的一生之中，更隨著時間的不同而有角色的變換，傳統家庭裡的女性角色，於未出嫁前主要承擔的是爲人女、爲人姑的角色，待其出嫁之後，角色的變化更大，結婚之後，婦女在夫家不但得做好爲人妻、媳、母、嫂等角色，且要跨越兩個家庭，一人身兼數角。然而在這些角色的扮演中，正以婚姻爲中介，故知婚姻對於女性的重要亦在於此。

　　因此，本節乃以婚後的婦女爲主軸，分別由其互動的人際關係中審視傳統婦女在高道德理想的要求之下所應扮演的角色，與台閩歌謠中所呈現現實、功利的比附，分析早期大眾加諸婦女形象化的傳統理想，而婦女在理想與現實當中又呈現出何種拉距現象？由此探悉婦女角色地位與人際生活現象對婚姻、家庭的影響。

一、媳的角色與婆媳關係

　　中國傳統文化裡，「父」的概念爲一切人倫基礎及社會秩序的中心，形成以父爲主的父系社會。因此，在傳統婚姻「男娶女嫁」制度以及父系結構的影響之下，經由婚姻而使得家庭成員的身分受到轉換，家族人際間的新關係於是產生。由於傳統社會體系對於女性的定位，凡是女子一旦出嫁，其身分地位即完全附屬於夫家家族的結構之下，所以不但必須以夫爲天、生子傳代，還必須恪守「侍奉舅姑」之道。扮演爲人妻、媳、母等多種角色，而這些角色也必須符合社會預期的態度與行爲模式以維繫家庭關係，並促使家庭之系統得以運作。而家庭關係中最困難的人際關係則是既無生育之情，又無夫妻之恩的「舅姑與媳」的關係上，其中又以「婆媳」關係爲最大的癥結。〔註85〕

〔註84〕莊英章：《家族與婚姻——台灣北部兩個閩客村落之研究》，（台北：中研院民族所，1994年），頁189。

〔註85〕許瑛珞：〈婆媳角色在文化中的意涵〉，《輔導季刊》，第32卷，第2期，1996年6月，頁60。

在傳統的社會中，女性生活多半被集中在家庭的空間之內，又因「父權」的原因，致使婆媳集中在一個家庭之內。又由於傳統「孝親」和「輩分主從」的規範，女子未嫁之前就必須先學習、接受的教育，在《禮記・內則》就有詳細的記載：「男女未冠笄者，雞初鳴，咸盥漱，櫛縰、拂髦、總角、衿纓皆佩容臭，昧爽而朝，問何食飲矣，若已食則退，若未食則佐長者視具。」〔註86〕未成年之子女，晨起後就必先整理儀容向父母問安，並詢問、幫助父母具饌，這些都是古代未成年之子女必先學習的生活禮儀，而這禮儀教育更是女子婚後的實行婦道的基礎。

早期女子鮮少有接受教育的機會，即使受教，也僅限於少數上層階級的女子，然其目的並非在於知識上的傳授，或期待他們有所成就，而是為了涵養婦德，使其貞節、柔順，俾能合乎賢妻良母的角色。〔註87〕然而女子一旦出嫁，便必須謹守「婦道」，更以「事奉翁姑」為職志，而在《禮記・內則》又有如下之記載：「婦事舅姑，如事父母。雞初鳴，咸盥漱……以適父母、舅姑之所。及所，下氣怡聲，問衣燠寒，疾痛苛癢，而敬抑搔之。出入則或先或后，而敬扶持之。進盥，少者奉槃，長者奉水，請沃盥，盥卒受巾。問所欲而敬進之，柔色以溫之。……」〔註88〕而班昭在《女誡》之〈曲從〉篇章裡則說：

> 夫得意一人，是謂永畢；失意一人，是謂永訖。欲人定志專心之言
> 也。舅姑之心，豈當可失哉？物有以恩自離者，亦有以義自破者也。
> 夫雖云愛，舅姑云非，此所謂以義自破者。然則舅姑之心奈何？故
> 莫尚於曲從矣。姑云不，爾而是，固宜從令。姑云是，爾而非，猶
> 宜順命，勿得違戾是非，紛爭曲直。此則所謂曲從矣。故女憲曰：
> 婦如影響，焉不可賞。〔註89〕

根據以上兩則文獻記載，明白揭櫫了傳統婦人侍奉翁姑之道，不僅須從日常生活「問衣燠寒」之噓寒問暖做起，並須盡到「奉水」、「受巾」等生活起居細節的服侍，不時還要注意應對的態度。此外，亦說明為人婦者順服翁姑之理在於「柔順曲從」，無論翁姑是非曲直，婦人皆不得違戾。

〔註86〕漢・鄭玄注、唐・孔穎達疏：《禮記・內則》，收錄於《十三經注疏——禮記正義》，（台北：藝文印書館，1979年），頁519。

〔註87〕卓意雯：《清代台灣婦女的生活》，（台北：自立晚報出版，1993年），頁105。

〔註88〕漢・鄭玄注、唐・孔穎達疏：《禮記・內則》，收錄於《十三經注疏——禮記正義》，（台北：藝文印書館，1979年），頁518。

〔註89〕漢・班昭：《女誡》，收錄於《諸子集成（補編二）》，（四川：四川人民出版社，1997年），頁442～443。

　　由此可知，古之婦人對於翁姑的侍奉，大體以「婦孝」的觀念為出發點，
務必做到日常的敬謹孝侍，晨昏定省，敬愛曲從，不僅可以博得翁姑、夫婿
的歡心，並可「澤及母家」贏得公婆對母家的尊重，鞏固自己在婆家的地位。
〔註90〕

　　至於作為一位好媳婦的要件與規矩，對此，清人陸圻嫁女時乃作《新婦
譜》以訓之，其書之要旨在於說明新婦做人的標準與對待翁姑、丈夫之道：「事
公姑不敢伸眉，待丈夫不敢使氣，遇下人不妄呵罵，一味小心謹慎，則公姑
丈夫皆喜，有言必聽，婢僕皆愛而敬之，凡有使令，莫不悅從，而宗族鄉黨，
動皆稱舉以為法。」〔註91〕在對翁姑日常生活起居的侍奉，則要：「新婦於公
婆未起前，先須蚤起梳洗，快捷不可遲鈍，俟公姑一起身即往問安福。……
至臨吃時則須蚤立在傍，侍坐同吃，萬不可要人呼喚，阿姑等待不來，胸中
必不快意也。……晚上如翁在家，即請早退歸房，靜靜做女工，不宜睡太早。
如翁不在家，直候姑睡後，安置歸房。」〔註92〕此外，在平時的談吐與舉止
也務必做到和顏悅色：「婦人賢不賢，全在聲音高低語言多寡中分：聲低即是
賢，高即不賢；言寡即是賢，多即不賢，就令訓責己身婢僕，響尚不雅；說
得有道理話，多亦取厭，況其他耶？……愉色婉容是事親最要緊處，男子且
然，況乎婦人乎？但是公姑丈夫之色，微有不同，事姑事夫和而敬，事翁肅
而敬，待男客親戚莊而敬，待群僕純以莊。」〔註93〕由此論可知，古人認為
媳婦的標準，對待公婆、丈夫不僅要以溫順、委婉的態度博得歡心，日常生
活的侍奉也必須細心謹慎，乃至說話聲音、態度婉容亦須因其身分的不同而
講究差別。

　　從《禮記》到《新婦譜》等諸多的文獻記載中，即明確地展現出傳統國
人對媳婦的形象認知。除此之外，在閩台歌謠〈勸婦要賢良歌〉中也清楚的
說明賢婦的要件：

　　　　為人婦女要賢良，孝順翁姑不可忘，孝順翁姑如父母，助夫行孝子
　　　　孫昌。為人婦女要賢良，嫁郎應知要敬郎，如賓如友諧鴻案，美德

〔註90〕　林麗月：〈孝道與婦道：明代孝婦的文化史考察〉，近代中國婦女史研究編輯
　　　　委員會：《近代中國婦女史研究》，（台北：中央研究院近代史研究所，1998
　　　　年），頁11。
〔註91〕　清‧陸圻：《新婦譜》，收錄於王德毅主編：《叢書集成續編》第62卷，（台北：
　　　　新文豐出版社，1989年），頁41。
〔註92〕　同上註，頁42。
〔註93〕　同上註，頁41。

爭傳漢夢光。爲人婦女要賢良，妯娌之間非尋常，妯娌相親同姊妹，
鍾敘字風萬載揚。爲人婦女要賢良，緘口不談人長短，談人短長家
受累，讒言狐媚國遭殃。爲人婦女要賢良，切忌冶容假大方，冶容
醜態招輕薄，幽閒淑女貴端莊。爲人婦女要賢良，周貧濟困樂無疆，
周貧濟困睦宗族，保爾門庭有餘慶。爲人婦女要賢良，家務勤勞莫
廢荒，勤勞合作衣食足，家道興隆體力強。爲人婦女要賢良，義方
教子盡心腸，教子成名揚母訓，芝蘭挺秀滿庭芳。爲人婦女要賢良，
切莫拋家入賭場，賭場傷財又傷命，到底財亡命亦亡。爲人婦女要
賢良，名節重要莫損傷，保全名節人欽敬，青史流傳姓氏香。爲人
婦女要賢良，對待養女莫凶狂，養女親同親生女，子孫代代獲禎祥。
爲人婦女要賢良，愛惜五穀人所嚐，五穀原爲養命寶，惜穀養命壽
而康。〔註94〕

另外，如客家歌謠〈勤儉姑娘〉：

勤儉姑娘，雞啼起床。梳頭洗面，先煮茶湯。灶頭鍋尾，光光端端。
煮好早飯，剛剛天光。洒水掃地，擔水滿缸。吃完早飯，洗淨衣裳。
上山砍柴，急急忙忙。淋花種菜，燉酒熬漿。紡紗織布，唔離間房。
針頭線尾，收拾櫃箱。唔說是非，唔敢荒唐。愛惜子女，如肝如腸。
留心做米，無谷無糠。人客來到，細聲商量，歡歡喜喜，檢出家常。
雞春鴨孵，豆鼓酸羌。有米有麥，曉得留糧。粗茶淡飯，老實衣裳。
越有越儉，唔貪排場。就無米煮，耐雪經箱。砍柴出賣，唔蓄私囊。
唔偷無竊，辛苦自當。唔怨丈夫，唔怪爹娘。此等婦人，正大賢良。
人人說好，久久留芳。能夠如此，眞好姑娘。〔註95〕

由以上諸多文獻與歌謠記載當中，不僅可得知國人對於婦女賢良的標準，亦
可體會出國人對於傳統婦女形象的認知與「婦德」之重視。因此，雖然新婦
與其翁姑之關係本無生育之情，然而傳統婚姻本身的架構從「祖廟祭祀」、「奉
養翁姑」到「傳宗接代」，古人所謂的「婦道」無一不是站在「孝親」的立基
點上。其中對「孝道」的實踐也必須注意到男女不同與人倫等差，媳婦孝事
翁姑的方式，媳婦於翁「殊難爲孝，但當體翁之心，不須以向前親密爲孝也。」

〔註94〕台灣省文獻委員會：《重修台灣省通志（卷三）住民志・禮俗篇》，（南投：臺
　　　　灣省文獻委員會，1993年），頁321。
〔註95〕舒蘭編著：《台灣民歌（一）》，收錄於《中國地方歌謠集成》，（台北：渤海堂
　　　　文化公司，1989年），頁34。

〔註96〕而媳婦於姑，則「婆與媳雖如母子，然母子以情勝，婆媳則重在禮焉。」
〔註97〕如此一來，不僅能發傳統婦女孝道實踐注重人情理法的幽微，亦能維持家族倫理的和諧。

　　早期台灣的家庭生活方式亦多延續大陸原鄉家族群聚的模式，《諸羅縣志·風俗》即指出：「兄弟同居，或至數世。」〔註98〕早期台灣許多家庭屬於大家庭的結構，常見三、四代同居共財的現象。〔註99〕因此，若家族內房丁興盛，由於同居共爨的因素，廚務炊事可由各房媳婦輪流擔任，沒有輪值的媳婦仍要分擔其他家事，婦女的家庭生活已經相當操勞。〔註100〕倘若又身處保守傳統、極重禮教的家庭中，每天「晨昏定省」、「噓寒問暖」的婦道實踐就更不能省略，故早期台灣婦女在家務料理方面頗為勞苦。除此之外，侍奉翁姑、款待親友等人際關係的維持也極為費心。有一首閩台歌謠〈好媳婦〉就描述得頗為詳盡：

　　　　雞公早早啼，做人媳婦識道理，晏晏眠，早早起，起來梳頭抹粉點
　　　　胭脂，入大廳，拭桌椅；入灶間，洗碗筷；入綉房，綉針黹。謳勞
　　　　兄，謳勞弟，謳勞丈夫好八字；謳勞親家好家世，謳勞親姆賢教示，
　　　　煩惱貓沒泔，煩惱鴨沒卵，煩惱小姑要嫁沒嫁妝，煩惱小叔要娶沒
　　　　眠床。〔註101〕

另外，尚有歌謠：「雞啼天欲光，賢會媳婦起來煮早飯。赶緊煎茶湯，面桶水捧屜倚眠床，請欲大家官，起來洗面梳頭可食飯。」〔註102〕因此，傳統看法認為，為人媳者在人際關係上對待翁姑要曲從善事，對待夫婿要柔成恩順，與姒娌叔伯要和睦相處。此外，在行為方面也須秉持勤儉、勞動的原則，內心也要時時憂煩家計瑣事，甚至顧慮姑、叔嫁娶時的費用問題，並商議解決之道，承擔起所有家務之重責，才能符合好媳婦的標準，受到族人親友的稱讚。

〔註96〕 清·陳宏謀：《五種遺規·教女遺規》卷下，（台北：臺灣中華書局，1966年），頁14。

〔註97〕 同上註，頁15。

〔註98〕 清·周鍾瑄主修、陳夢林纂修：《諸羅縣志·風俗》，（嘉義：嘉義縣政府，1983年），頁135。

〔註99〕 吳瀛濤：《台灣民俗》，（台北：眾文圖書，1992年），頁99。本省早期傳統家庭多為三、四代同居共財的狀況，其分產、異居則多在祖父母、或父母亡故之後。

〔註100〕 池田敏雄：《台灣的家庭生活》，（台北：南天書局，1944年），頁208。

〔註101〕 李獻璋：《台灣民間文學集》，（台北：龍文出版社，1989年），頁15～16。

〔註102〕 同上註，頁187。

　　雖然古代文獻記載有不少宣揚「婦德」之功的記載，且基於傳統「孝道」的思想，男家無不希望藉由婚姻娶入善侍為孝的媳婦，然而婚姻的媒媾本身就有不同的因素。如前文就曾提及，因人而異的擇偶因素與心態，對於日後婚姻即產生莫大的影響，如有一首台閩〈誡婦〉歌謠就如此地描述：

> 噁噁雞，心婦打阿家，阿家無捨示，厝內搬大戲，阿官無威靈，厝邊頭尾喊不平，一枝雨傘圓椶粼粼，攑權攑低遮娘身，好命生做尫仔面，趁恁未過重頭輕，小姑去煮飯，大姑去飼豬，大伯落海去掠魚，小叔上山挖蕃薯，頭光鬢也光，一日食飽顧眠床，要食要穿有嫁粧，一暝眠到二暝長。〔註103〕

此首歌謠描述嬌生慣養之大小姐，每日惟解簪花弄粉，修飾一身，然大多未暗中饋之事，且恃其粧奩富厚，往往藐視夫家，家庭難免起風波，故此首歌謠為窮人娶富女者之戒。傳統「齊大非偶」、「門當戶對」的觀念，於此亦可得到充分說明。

　　新婦遠離生家嫁入夫家，對於迴異於生家的一切生活習性本來就容易產生格格不入的現象，況且每個人之人格、稟性本來就有所不同，所以適應情況當然也就有所差異，尤其在回歸於平淡卻又繁瑣的婚姻生活時，婚前與婚後的人格落差難免於此暴露而出。如歌謠：「刺仔花，笑微微，笑我要嫁無了時。馬頭戴珠冠，馬尾遮雨傘，笑我這個懶惰查某睡晚晚。頭未梳，面未洗，腳帛拖一塊，乳邊流，子邊哭，大伯小伯到，來要食下晝，愴狂撞破灶。」〔註104〕此首歌謠頗為傳神地描述為人媳者，婚後仍不改其懶散的習性，日上三竿仍未盥洗，親友到訪，猖惶奔走的情況。由此可知，婚姻生活的不適應，個人習慣上的差異，甚至人際間的互動不良，皆是人際摩擦產生的原因。

　　傳統的家庭關係中，又以婆媳間的關係最為緊張。根據許瑛珆的研究，婆媳角色的衝突來源有四：

（一）角色期待上的差異而導致衝突：當婆媳在角色的期待上不一致時，必定會導致婆媳間的衝突。

（二）角色期待的認知問題而導致衝突：當媳婦對本身所扮演的角色認識不清，或無法正確知覺或辨別婆婆對媳婦角色的期待為何時，而引發婆

〔註103〕黃傳心：〈雲林民謠〉，《雲林文獻》，1983年3月，頁234。

〔註104〕台灣省文獻委員會：《重修台灣省通志（卷三）住民志・禮俗篇》，（南投：臺灣省文憲委員會，1993年），頁374。

媳間的衝突。

（三）行為不一致而導致衝突：雖然婆媳間對媳婦的角色有相同的期待，但有時仍會因為生活或文化背景的差異，導致對角色行為認定上的不一致，造成衝突。

（四）缺乏適當的角色執行技巧而導致衝突：媳婦缺乏適當的技巧以執行角色期待，亦得不到婆婆的正向回饋，而造成衝突。〔註105〕

　　當新婦婚後進入夫家，由於生身環境背景的各項差異，以及人際關係的陌生，在生活處世的原則上難免有所出入，此時新婦與夫家族人間的人際互動就顯得格外重要。因此，家庭之間人際的互動，的確會因角色的期待得不到正向的回饋或落差，導致衝突。

　　然而家庭之間人際的互動，需要經過一番分析和了解。習慣上，一般人總是先將別人的看法和想法加以吸收和解釋，然後再決定如何反映。〔註106〕故如前所述，對於新婦而言，基於個人稟性的不同，家庭人際互動性質的不同，為媳者也會有不同的反映，例如：有人就一意卑曲承歡、有人則積極改善，當然也有人嗟怨以對。在歌謠〈媳婦苦〉中即描述媳婦對家庭之地位產生不平而嗟怨的現象：「水錦開花白茫茫，做人媳婦要拖磨，三餐魚肉無咱份，臭芳鹹菜就愛吞，吞到喉嚨加忍筍，目珠轉輪就再吞。」〔註107〕或如以下歌謠所述，為人媳婦者不受婆婆喜愛無所適從的情況：

> 手打刀，叮蓁鑼，丈姆曆好俠陶；一哥交，二哥留，請您三姊來梳頭；梳呀光，篦呀光，早早落花園；花園內，香微微，頂街下街人打鐵，拍鐵彈，做人媳婦真艱難；五更起早人嫌晏，燒水洗面人嫌凝；白米煮飯人嫌鳥，綢緞做衫人嫌粗。緊緊剃頭做尼姑，尼姑清是清，閑是閑，無姑無官可奉承；一心燒香拜佛前，M免歸日悶不平。（臺南）〔註108〕

面對翁姑的百般苛責，為媳者在傳統「婦順」的禮教要求下，唯有忍耐一途。

〔註105〕許瑛珝：〈婆媳角色在文化中的意涵〉，《輔導季刊》，第32卷，第2期，1996年6月，頁63～64。

〔註106〕蔡文輝：《家庭社會學》，（台北：五南出版社，1987年），頁7。

〔註107〕舒蘭編著：《台灣民歌（二）》，收錄於《中國地方歌謠集成》，（台北：渤海堂文化公司，1989年），頁147。

〔註108〕李獻璋：《台灣民間文學集》，（台北：龍文出版社，1989年），頁18～19。M免歸日悶不平：「M免」，即「不用」之意。全句意指，婦女出家為尼，一心向佛，此後就不用整日受到翁姑刁難而心生不平之氣。

但也有媳婦如以上歌謠所述，不受翁姑的喜愛，甚至遭受百般刁難，在感嘆之餘，遂萌生出家之念，求得心靈的歸屬。根據王慧蓮的看法認為：早期傳統社會中之婦女無論無婚、失婚或婚姻不幸，在出於被迫或自願，對於無法在婚姻體制中求得心靈安頓的婦女而言，以削髮皈依的方式取得口腹溫飽及心靈歸屬，是早期社會默許，及她們有限認知中首先思及的解脫之道。〔註109〕透過歌謠的描述，可見早期社會中有不少媳婦在家庭中受到極大的煎熬與壓力。

除此之外，當然也有人違反為媳之道，對待翁姑非但毫無敬奉之意，有時甚至大為不敬的加以斥責，逾越了為媳的人倫規範：「日出，天才光，娶著不賢媳婦，這晚未起床，大家官叫伊起，面仔臭紛紛。日又午，子又哭，頭鬃背在肩胛後，腳帛拖在背脊後，起來嗟嗟罵，攏是恁二個老柴頭。」〔註110〕由此可知，婚前的擇偶觀與個人稟性的差異，皆為婚後的婚姻生活投下了變數。

早期傳統多為「父母之命、媒妁之言」之婚姻，認為結婚是整個家庭的大事，並關係著家庭未來的存在與發展，為人父母者總是相當謹慎的為兒子選擇婚配的對象。因此，舊式的傳統婚姻，在重視宗法制度的情況之下，婚姻的締結鮮少是為男女之情而結合。換言之，傳統婚姻不只是男女兩人之事，亦即婚姻關係著兩個家族的締結與聯盟，男子娶妻不只是為個人娶妻，而是奉父母之命，為宗族娶婦。〔註111〕因此，媳婦不僅是附屬於家庭中的男人，也附屬於婆婆，並且在某種程度上也附屬於年長一輩的婦女。必須待其生子傳代之後，其地位才會跟著提高。〔註112〕然而在千挑萬選之下的婚姻對象，是否就真如婚前所期待、想像一般美好，實際上，是任誰也無法預料的。

況且，好與壞的分別本就沒有一定的規則，絕大多數只在當事人的情感意識上呈現心態的反映，或者在普世的價值觀下的一種展現，正如以下閩台歌謠所述好壞媳婦的差別，事實上，即為一般大眾心理層面中對賢婦與惡婦的價值標準：

> 做人的媳婦著知道理，晚晚去睏著早早起，又更煩惱天未光，又更
> 煩惱鴨無蛋，煩惱小姑要嫁無嫁妝，煩惱小叔要娶無眠床。做人的

〔註109〕 王慧蓮：《台灣民間歌謠婦女婚姻與角色研究》，東海大學中國文學系，碩士論文，2004年，頁67。

〔註110〕 簡上仁：《台灣民謠》，（台北：眾文圖書公司，1992年），頁225。

〔註111〕 林素英師：《從古代生命禮儀透視其生死觀——以禮記為主的現代詮釋》，（台北：文津出版社，1997年），頁44。

〔註112〕 蔡文輝：《家庭社會學》，（台北：五南出版社，1987年），頁308。

媳婦著知道理，晚晚去睏著早早起，起來梳頭抹粉點胭脂，入大廳拭桌椅，踏入灶腳洗碗箸，踏入綉房綉針黹。做人的媳婦也艱苦，五更早起人嫌晚，燒水洗面人嫌熱，白米煮飯人嫌黑，氣著剃頭做尼姑。若是娶著彼個歹媳婦，早早著去睏，晚晚不起床，透早若叫起著面臭臭，頭鬃又更背在肩胛頭，木屐又更拖在尻脊後，吱吱咯咯，吱吱咯咯，起來罵大家官是老柴頭。〔註113〕

因此，如歌謠所述，傳統價值標準下所謂的好媳婦不僅能勤勉有序的操持家務、治理中饋、疏理人事，甚至能幫助丈夫事業成功，促使家道興旺，行使「順於舅姑，和於室人，而后當於夫。」〔註114〕的「婦順」之德。然而「婦德」的行使，也會因為對象的不同而有不同的際遇。

當然，若娶到所謂的「歹媳婦」，在生活上除了倦於家務的操持之外，往往也有媳婦忤逆翁姑的狀況出現，如《台灣私法》中所錄，道光年間的一份休書：

立離緣字陳九五，前年曾娶過李四之女為妻，名喚阿葉，今年二十三歲。當日憑媒面議，聘金貳百大元正，交收足訖。茲因違逆翁姑，時聞交謫之聲，更復不能安貧，常出怨尤之念，律以婦人四德，實有可出之條，雖欲忍以安之，奈生成若性，留亦無益。故不得再拖冰人，向外家李四重議廢親，聘金願折其半，粧奩則聽其取去，凡吾家所有之物，雖絲毫毋得干犯。此係父母之命，抑亦與吾緣絕，即日收回聘金，彼婦聽媒率去，任憑別嫁，一出千休，情根永斷。口恐無憑，即立離緣字壹紙，付執為炤。

即日，九五同媒親收過字內聘金銀壹百大元正足訖，炤。

道光二十三年十一月□日

代書人　　　　張金生

為媒人　　　　黃水池

知見人　　　　陳火木

立離緣字人　　陳九五〔註115〕

由這份休書所述，可知陳九五休妻的因素乃於阿葉不但違逆翁姑、亦不能安

〔註113〕簡上仁：《台灣民謠》，（台北：眾文圖書公司，1992年），頁239～240。

〔註114〕漢・鄭玄注・唐・孔穎達疏：《禮記・昏義》，收錄於《十三經注疏──禮記正義》，（台北：藝文印書館，1979年），頁1001。

〔註115〕臺灣銀行經濟研究室編輯：《臺灣私法人事編（上）》，（台北：臺灣省文獻委員會，1994年），頁387～388。

貧所致，這種情況當然不能見容於翁姑，乃促成陳九五休妻之舉，由此書中雖不見阿葉本人之意願，然而其實已構成出妻的理由，就算反對，亦無濟於事。因此，在早期傳統觀念下，認為為人媳婦者若不擅持家，或品行低劣、不孝翁姑，嚴重者甚至會危及夫家，造成家道敗落，故台諺有謂：「賢婦令夫貴，惡婦令夫敗」〔註116〕所說即為此理。

　　傳統婦教極為重視「婦侍舅姑」之德性，為媳者莫不以「孝敬翁姑」、「慎侍丈夫」為盡孝賢德的表現，更因婦德的展現「澤及母家」，令父母贏得善教之名而感到榮耀。因此，早期婦女從小的學習範圍即著重在與婚姻相關之功能性教育，希望日後能合乎賢妻良母的角色。雖然如此，但結果並非全能如心所願，贏得翁姑之歡心，故由古至今就有不少的證據指出婦不見容於翁姑的情況，如最膾炙人口的〈孔雀東南飛〉故事即為一例。

　　由於禮教規範對婦女角色的定位，使得早期不少傳統婦女，仍然秉持「柔順曲從」的心意侍奉翁姑而不輟，或許只求得「無違禮訓」之名的一種心態。再者，由於世人對婦女「孝節」觀念的堅持，及婦人仍屈居於父權之下的角色定位，對於「忤逆不孝」的婦女，允以「七出」之條予以休離，相對的，也可以達到威嚇的效果，敦促婦女僅守婦道與分際。

　　不過事實上，古代社會對於已婚婦女，在婚姻方面的權益也有相關的保護措施，根據《大戴禮記》的記載：「婦有三不去，有所取無所歸，不去。與更三年喪，不去。前貧賤後富貴，不去。」〔註117〕對於忤逆之婦女，「七出」或許可以收制裁之效，但「三不去」的配套措施，仍可達到免於婦女無故被休離的保障。可見古代的婦女即使因為犯錯而必須接受制裁，其過程也必須合情合理，講求是非曲直。因此，若以婆媳關係為例，婆婆的地位雖然高於媳婦，然而只要媳婦一心侍奉，且在無違婦道的情況之下，一般而言，為婆者仍舊要依照婆媳之禮善待媳婦。由此可見，早期家庭中媳婦的地位雖然卑下，但在傳統講求道德義理的社會中，仍可受到基本的保護，使得已婚婦女在婚姻上的權益不致於完全受到剝奪。

二、妻的角色與夫妻關係

　　婚姻制度的建立，即在規範男女關係，形成家庭結構。《禮記‧昏義》：「敬

〔註116〕陳主顯：《台灣俗諺語典》，（台北：前衛出版社，1999 年），頁 370。
〔註117〕漢‧戴德：《大戴禮‧本命》，收錄於《百部叢書集成‧畿輔叢書》，（台北：藝文印書館，1966 年），頁 8。

慎重正，而后親之，禮之大體，而所以成男女之別，而立夫婦之義也。男女
有別，而后夫婦有義；夫婦有義，而后父子有親；父子有親，而后君臣有正。
故曰：婚禮者，禮之本也。」〔註118〕婚禮即是建構倫常關係的基石，男女之
別、夫婦之義皆須經由婚禮這道程序來奠定人倫關係，而夫妻關係便是維持
家庭人倫的基礎。因此，當男女雙方經由婚禮結爲夫婦、組織家庭，夫妻就
是生命共同體。故白虎通云：「妻者，齊也，與夫齊體；自天子至庶人，其義
一也。」〔註119〕由這段文字即可得知，古人的觀念認爲夫妻間一切之關係當
屬平等，並無尊卑之分。

　　然而天地造人，男女構造即有所不同，人身處於天地之間，自然得服
膺造物的法則，《周易·繫辭上》云：「天尊地卑，乾坤定矣。」〔註120〕又
《周易·繫辭下》亦云：「天地絪縕，萬物化醇；男女構精，萬物化生。」
〔註121〕因此，天地萬物感受陰陽之氣而運化萬物，人類自然收受陰陽之氣
的支配，所以若將天體運行的自然現象與男女相加比附，則乾代表陽、坤
表陰，而陽道爲男，主動、主外，爲天、爲剛、爲健；坤道爲女，主敬、
主內，爲地、爲柔、爲順，此爲男女兩性稟性之特質。再者，由婚姻之禮
的進行來看，自「納采」以下，皆以男方爲主動，女方配合，亦爲服膺陰
陽、動靜之理。〔註122〕由此乃知古人認爲夫妻間雖無尊卑之分，卻得服膺
男健女順的特質，而夫妻的互動之道，亦在於此。

　　中國傳統禮教，教育女子「三從四德」之道中，曾說女子「既嫁從夫」
〔註123〕，又說「夫者，妻之天也。」〔註124〕，因此女子許嫁之後，對於男
子即生一種「繫屬」的關係，在《禮記·曲禮》即記載：「女子許嫁，纓。」

〔註118〕漢·鄭玄注、唐·孔穎達疏：《禮記·昏義》，收錄於《十三經注疏——禮記
正義》，（台北：藝文印書館，1979年），頁1000。

〔註119〕漢·班固撰·嚴一萍選輯：《白虎通·嫁娶》卷四上，收錄於《百部叢書集成·
抱經堂叢書》，（台北：藝文印書館，1968年），頁19。

〔註120〕魏·王弼、晉·韓康伯注、唐·孔穎達疏：《周易·繫辭上》，收錄於《十三
經注疏——周易正義》，（台北：藝文印書館，1979年），頁143。

〔註121〕魏·王弼、晉·韓康伯注、唐·孔穎達疏：《周易·繫辭下》，收錄於《十三
經注疏——周易正義》，（台北：藝文印書館，1979年），頁171。

〔註122〕林素英師：《從古代生命禮儀透視其生死觀——以禮記爲主的現代詮釋》，（台
北：文津出版社，1997年），頁43。

〔註123〕漢·鄭玄注、唐·賈公彥疏：《儀禮·喪服》，收錄於《十三經注疏——儀禮
注疏》，（台北：藝文印書館，1979年），頁359。

〔註124〕同上註，頁359。

〔註125〕古之女子一旦許嫁，乃繫纓以表從人之意，即繫屬於其未婚夫之證明。不僅如此，待女子婚後，其行事準則亦必須以夫為主，遵從夫婿的看法，所謂：「男帥女，女從男，夫婦之義由此始也。」〔註126〕順服陽剛而陰柔的自然之道，「以夫為貴」為早期傳統夫妻最理想的婚姻狀態。婚姻為人類生命延續的憑藉，婚姻之主角——夫婦即一切人倫關係的締造者。夫妻一倫關係健全正常，即可帶動其他四倫關係的健全正常。〔註127〕因此，夫妻關係即是為家庭倫常健全與否的指標。所以，婚姻的選擇與締結，男女雙方不可不慎。

此外，在漢人傳統的家庭結構裡，由於受到儒家「夫婦有別」之倫常影響，夫婦彼此相敬，而尊重雙方不同的職分與「男外女內」分工關係，往往家庭中大小家務的操持以婦人居於主導地位，女子不僅要克盡為人妻母的職責，更必須一切以夫之利益為前提，因此主婦的角色扮演亦往往聯繫著家庭的興衰。如台閩歌謠中就有描述男子若娶妻不慎可能會遭遇的情況：

> 娶著菁膏某，七顛八訣四處去品榜伊在大腹肚。娶著縹撇某，虛榮心重奢華濫開濫用無所補。娶著戀愛某，頭興興尾冷冷結局離緣方知苦。娶著夾勢某，不惜本分講話好戲謔真無普。娶著北彪某，銀錢不敷用未受得艱苦想要走。娶著賢的某，孝敬翁姑料理家事能勤儉同甘共苦。〔註128〕

整首歌謠的描述雖然詼諧逗趣，但卻表示出娶妻不慎的可能情況，且最後舉出「賢妻」之例，作為對照，亦充分說明了男子娶妻的重要性。所以，婚姻的好壞對於男性而言可能就如以下所云一般：「娶著好某人上暢，娶著歹某人上叱，想著懊惱卜來賣，賣來還賭債，賭債若無還，三年還是未存重。」〔註129〕歌謠中雖然並無說明娶到「好某」與「歹某」的原因與差別，但可想而知，此男子對於娶到「歹某」感到相當的懊惱，因此以歌謠表達將其妻出賣的念頭，以發洩其不滿的情緒。

〔註125〕漢·鄭玄注、唐·孔穎達疏：《禮記·曲禮》，收錄於《十三經注疏——禮記正義》，（台北：藝文印書館，1979年），頁37。

〔註126〕漢·鄭玄注、唐·孔穎達疏：《禮記·郊特牲》，收錄於《十三經注疏——禮記正義》，（台北：藝文印書館，1979年），頁506。

〔註127〕林素英師：《從古代生命禮儀透視其生死觀——以禮記為主的現代詮釋》，（台北：文津出版社，1997年），頁52。

〔註128〕在公明明：〈拾娶詞〉，《三六九小報（一）》，第百五十號，昭和七年（西元1932年）2月3日，（台北：成文出版社，1977年），頁4。

〔註129〕邱坤良等著：《宜蘭縣口傳文學（下）》，（宜蘭：宜蘭縣政府，2002年），頁632。

　　早期社會的傳統男女，多以「夫義婦德」、「夫婦好合」之美滿的婚姻模式來自詡，而家族親友亦以此為期許，然而婚姻生活中本來就摻雜許多變數，因此不幸的婚姻關係亦普遍存在於社會之中。根據精神分析學者 L·S.Kubie 的分析，認為婚姻不幸的主要原因，是從夫婦各自對於對方以及對於婚姻生活型態，所具有的意識與無意識的欲求之間產生。此種欲求，在開始選擇配偶時即已顯現，在爾後進行的夫妻生活中也顯現。〔註 130〕此外，在夫妻關係中並非全無敵意，何況在早期傳統社會「男尊女卑」的觀念下，男性多視女性為附屬品，並將其物化，自然在各方面不予尊重，這情況也是加速婚姻惡化的主因之一。雖然如此，但是婚姻決不能在敵意下維持，彼此意見相左，最後必歸於一致，否則婚姻惡化，愈演愈烈，終必南轅北轍，分道揚鑣。〔註 131〕

　　而婚姻惡化，最常見的情況即為夫妻間常互有交謫，甚至演出全武行，如台閩歌謠：「行到街仔頭，街仔尾，看見兩尪仔姐，相打扭頭鬃。問伊打啥代？六月冬，冤家一領壞棉被仔，一口破火籠。不就尪讓某，某讓尪，也好額頭摃到許大孔、許大孔。」〔註 132〕此首歌謠中描述一對夫妻竟然為了「一領壞棉被」、「一口破火籠」雞毛蒜皮的小事互不相讓、大起爭執。也有如以下歌所述：「天烏烏，要落雨，公仔攑鋤頭巡水路，巡著一尾鮡仔魚四斤五，著來煎，著來煮，公仔要煮塩，婆仔要煮洘（淡），相打險險摃破鼎（鍋），公仔食一嘴，婆仔食一碗，婆仔要再添，公仔攑飯匙西（打）嘴邊，西到冬至暝，忘記窗（可）搓圓。」〔註 133〕甚至夫妻間區區為了一條魚，饞口而反目，而惹人笑柄的情況發生。

　　夫妻間衝突的發生原因眾多，不過多肇基於生活方式或觀念上的差異所致。首先，若由女性的角色觀之，出嫁之後的婦女，轉換身分為媳、為婦，在夫家除了延續香火的責任之外，在早期傳統觀念中，「理中饋」、「持家務」的工作是為妻者必須盡守的本分。倘若婚後無法盡為人妻、媳之道，不善於中饋，如歌謠中所述：

　　　　正月初一日，一個姿娘人，展伊賢煮菜，遇著人客來，就叫阿九仔

〔註 130〕林顯宗：《家庭社會學》，（台北：五南出版社，1985 年），頁 227。
〔註 131〕朱岑樓：《婚姻研究》，（台北：東大圖書公司，1991 年），頁 15。
〔註 132〕邱坤良等著：《宜蘭縣口傳文學（下）》，（宜蘭：宜蘭縣政府，2002 年），頁 562。
〔註 133〕黃傳心：〈雲林民謠〉，《雲林文獻》，1983 年 3 月，頁 235。

上街去買菜；買屆鉤鉤捾捾，豬心共火碳，鴨母卵共麵線，噓啊嚇
啊是吾載，婆仔給你去排鋪，豬心就來剖：大的有若大？大的米管
大。細有若細？細的豆粒細。大的血水猶未散，細的烏烏變火炭。
鴨母卵共滾水落去燁撲彈，白仁走四散，紅仁探頭出來看，麵線共
滾水落，煮屆爛爛爛，就叫人客官來食飯！人客官伸著挾麵線，就
問麵線安怎滾，滾屆偌爾爛？姿娘人聽一見，出來就應伊：「欲食你
就食，毋食吾捧來去灶空前，食的一大碗。」（花壇）〔註134〕

此首歌謠譏諷婦女不但缺乏主中饋的能力，亦不思反省的情況。有的婦女甚
至還夾帶一些不良的生活習慣，如客家歌謠〈懶尸姑娘〉所述：

懶尸姑娘，說起好笑。半晝起床，噪三四到。日高半天，冷鍋死灶。
水也唔挑，地也唔掃。頭髮蓬鬆，過家去嬲。講三講四，哈哈大笑。
田也不耕，又偷谷糶。唔理唔管，養豬成貓。老公打了，開口大叫。
去投外家，目汁像尿。外家正大，又罵又教。歸唔敢歸，嬲唔敢嬲。
送回男家，人人恥笑。當初娶來，用錢用轎。早知如此，貼錢不要。
〔註135〕

此首歌謠主要描述一位已為人妻者，其生活習慣仍懶散不羈，不僅曠廢家務，
亦不知改進，反而遭人訕笑。更甚者，亦有不知自省，反還動輒打罵相向的
情況：

聽我唱，聽我唱，聽著一隻雞母打喔雞。娶著歹太太，頭不梳，面
不洗，一日食飽就過街。穿褲顛倒蔽，縖裙歪权差。穿木屐，變彼
個魚尾叉，穿淺拖，變草鞋。鳥仔腳，雷公把，歸街買無鞋，予人
笑到頭殼低低低。頭低低，像草蜢。目珠一蕊大，一蕊細。鼻仔這
旁卓過來，彼旁卓倒過。缺嘴兼報牙，目珠脫窗兼雞盲。笨惰懶爛
洗身軀，衫褲不識換。一身軀，臭痂痂，癢抵癢，蟗許銅線批。頭
殼癢，雙手耙，一下耙，蝨母歸大搣。蝨母大隻像毛蟹，蝨母蛋，
像彼個白露螺。無講攏無叱，若講就冤家，講到阮太太，夠穢褻。
八月半，中秋餅，一擺食，二十塊，免配茶。我講不好食許濟，共
我打，共我罵，我予阮某擋許水缸底。好佳哉，我兩個弟婦仔，一

〔註134〕李獻璋：《台灣民間文學集》，（台北：龍文出版社，1989年），頁34～35。
〔註135〕台灣省文獻委員會：《重修台灣省通志（卷三）住民志・禮俗篇》，（南投：臺
　　　　灣省文獻委員會，1993年），頁320。

　　個叫秀鳳，一個叫阿麗，一個搶泔杓，一個搶飯篱。啊無我就予阮

　　某打到做狗爬。〔註136〕

此首歌謠則描述爲人妻者，非但不甚重視儀態的端莊與否，甚至也缺乏衛生的觀念，以致於「一身軀，臭痾痾」還導致全身「蝨母歸大摙」。除此之外，亦不知禮教，其夫勸之，反遭打罵，因習慣不良造成生活品質低劣，確實令與其生活者亦苦不堪言。

　　「德、言、容、功」的要求是傳統婦女必須具備的修養，也是他人品評婦人賢良與否的指標。因此，合宜的態度與生活習慣對婦女而言，是對自我的重視，也是令人望而重之的基本條件。然而以上歌謠所舉的這些不良的生活習慣，以及爲婦者長期缺乏應該具備的持家能力，且亦無進步的種種情況，長期相處，的確容易遭受對方及家人的嫌惡，甚至容易因爲不滿的情緒而引起紛爭。

　　反之，由男性的角色論之，亦爲如此。在傳統「男主外」的觀念中，對於男性角色的認定，認爲一切對外事務皆屬其範圍，換句話說，和家族事務有關之大小瑣事，以及個人事業的追求等，皆爲男子必須涉及，所以傳統對男子即定以「剛」、「健」的形象，尤爲婚後亦必須能擔負保護家庭、開創事業等重任。因此，在婚姻生活中，當家人對男性形象之期待與實際表現有所落差時，難免不滿的情緒便躍然而上，如台閩童謠〈逐婿〉所描述：

　　打鐵哥，打銅鑼，丈母曆，好勅桃，雙手擝雙刀，挫柑木母，柑木

　　母欉二十欉，大姑二姑來探房，大姑食有飽，二姑食無飽，掠來做

　　紗絞，紗絞未絞紗，掠來做蚵西，蚵西未貯草，掠來做糞斗，糞斗

　　未貯塗，掠來做葫蘆，葫蘆未貯藥，掠來做刀石，刀石未磨刀，掠

　　來做阿哥，阿哥不識字，走去見土地，土地去趕虎，虎一起腳，乘

　　勢跳籬笆，籬笆聯遍倒，無人窗好保，返去較清楚。〔註137〕

此首歌謠中之男子爲贅婚者，以打鐵爲業，一入岳家，對於農事工作十分倦怠，致使遂被岳父逐出。因此，在漢人父系的社會之中，當男性婚後仍存有遊俠怠惰的習氣，無法負起家庭之重責，其行爲一樣也會遭受家人嫌惡，而影響夫妻關係。

<hr>

〔註136〕邱坤良等著：《宜蘭縣口傳文學（下）》，（宜蘭：宜蘭縣政府，2002 年），頁
　　　　560～561。
〔註137〕黃傳心：〈雲林民謠〉，《雲林文獻》，1983 年 3 月，頁 234。

　　俗話說：「貧賤夫妻百事哀」〔註138〕婚後在經濟民生方面，若男子無法維持整個家庭的經濟，導致家庭生活貧困、日食無度，夫妻難免會因此而心情苦惱，只要任何一點矛盾與衝突，都有可能成為夫妻糾紛的導火線，也容易引起為妻者的嗟嘆，如歌謠所述：

> 米甕空空斷粒米，叫阮腹肚撐微枝。厝邊頭尾若做忌，就學一步好
> 記持。人穿緞衫掛膨領，看人在穿真時行。想卜叫你做一領，今就
> 雙腳去跪兄。無衫通穿假輕鬆，一領在洗一領烘。是阮菜頭不知鬃，
> 今日才嫁這款尫。家庭艱苦卜自盡，暝時無油點菅蓁。共母伊講伊
> 不信，厝邊隔壁攏可憐。父母勸困得忍耐，望卜後日好將來。這款
> 不是歹尫婿，後日出頭你就知。〔註139〕

此首歌謠中充分顯示出婦女因生活經濟刻苦而感嘆所嫁非人，最後卻仍對其夫抱持著「好將來」、「後日出頭」一絲希望，期待夫婿能改善家庭經濟出人頭地。但倘若長久因為經濟貧困，而危及婚姻關係的和諧亦不無可能，可見經濟因素也是影響婚姻品質與生活的條件之一。

　　然而早期台灣社會的婚姻關係中，普遍存有招贅婚的狀況，其因之一也是因為經濟因素的考量。嚴格來說，傳統招贅婚姻的主要原因，可由男女兩造的觀點來分析。從男方觀點視之：通常願意接受招婿婚姻的男子，其中多為家庭赤貧者，或是無親的孤兒，多半基於現實利益因素的考量。反之，若由女家觀點看來：由於傳統漢人普遍重視男嗣，而女子則非傳宗之人，不能承接煙祀。因此，為了傳承宗祧，家無子嗣者，乃藉由女子招婿之辦法，為生家立嗣傳後。招婿婚姻與傳統嫁娶婚最大的不同，婚後非妻子于歸男家，而是夫就女家與妻同居。此外，從聘財的授受方面觀之，亦非納聘娶妻，乃是以其身為女家服勞。〔註140〕如上文曾舉〈逐婿〉之歌謠所描述，即為贅婿以其身為女家服勞之況。

　　依照一般台閩人士的觀念，多不願意入贅，因為招贅婚改變了傳統觀念對於性別角色的塑造，使男子成為妻族內的成員，將被招者置於「股掌之間」，而有違「夫綱」。基於此理，故一般民眾對於贅婚者，多帶有歧視的眼

〔註138〕劉俊文、秦畢嘯編纂：《中國民間俗語》，（台北：漢欣文化，1995年），頁33。
〔註139〕邱坤良等著：《宜蘭縣口傳文學（下）》，（宜蘭：宜蘭縣政府，2002年），頁556。原註：撐微枝，喻飢餓狀。
〔註140〕戴炎輝：《中國法制史》，（台北：三民書局，1971年），頁244。

光。〔註141〕如台諺云：「有一碗通食，唔敢互人贅。」〔註142〕由此不僅反映出男性入贅的無奈，亦透露出一般人對於招贅婚姻的負面看法。

　　然而在台閩歌謠中亦顯示此觀念：「講到予招上僥倖，公媽請去祀在牛稠間，人拜神明公媽這豐沛，咱就拜人的菜尾仔食無愛。」〔註143〕認為男子入贅於女家，所生之子必須部分遵從母姓，以延續女方香火，甚至有些贅夫會被要求冠上妻家的姓氏。〔註144〕此外，夫就女家與妻同居，祭拜妻家祖先，在地位上無疑地從屬於妻家，也衝擊著傳統父系繼承觀，而文化價值體系中男尊女卑的思想，使入贅者必須面臨心理上的掙扎。〔註145〕這些心理上的衝突，以及外界與妻家親友的眼光，往往也會影響夫妻的婚姻生活。

　　夫妻是人類關係中最為親密的關係，是同為一體，禍福與共、休戚相關的，具有以對方的幸福為幸福的感情。雖然如此，然若以男女相較，女性對此種情感的投射卻更為熾盛。由於早期婦女多將婚姻視為生命的全部，對於大部分的婦女而言，難免對另外一半投以過多的期待，況且在早期謀生不易的社會型態之下，家庭經濟的改善便成為男性「成就」的象徵，一般婦女不僅期盼夫婿能「功成名就」來改善家庭生活，並且希望藉著丈夫的「致蔭」揚眉吐氣。雖然如此，但在台閩歌謠中卻也呈現為人妻者「悔教夫婿覓封侯」的感嘆：

> 舊年你要出增做頭路，我也提錢給你做船租，踏著好地步，妻子全無顧，你那這糊塗，噯噯，我君仔喂。聽著子兒哭著腹肚飫，我也傷心強要忍繪住，做你去逍遙，放阮這無聊，豈可來反僥，噯噯，我君仔喂。若有寫批回來於借問，我也甘願拖磨心繪酸，路頭彼尼遠，叫阮怎打算，為你痛心腸，噯噯，我君仔喂。〔註146〕

〔註141〕許蓓苓：《台灣諺語反映的婚姻文化》，東吳大學中國文學研究所，碩士論文，2000年，頁267～268。

〔註142〕陳主顯：《台灣俗諺語典──婚姻家庭》，（台北：前衛出版社，1999年），頁360。

〔註143〕邱坤良等著：《宜蘭縣口傳文學（下）》，（宜蘭：宜蘭縣政府，2002年），頁558。

〔註144〕贅夫被要求冠上妻家姓氏，其中多為家中無子無女而抱養「媳婦仔」的人家，當媳婦仔長大之後，養父母會為她招婿，這種情況的贅婿通常必須冠上妻家的姓氏，這種姓氏的變化在於表明贅婿從屬於妻家之意。

〔註145〕許蓓苓：《台灣諺語反映的婚姻文化》，東吳大學中國文學研究所，碩士論文，2000年，頁269。

〔註146〕舒蘭編著：《台灣民歌（二）》，收錄於《中國地方歌謠集成》，（台北：渤海堂文化公司，1989年），頁138。

傳統女性以出嫁爲一生的標準，在心態上對於丈夫多寄予殷切的希望，無不希望丈夫外出經商求仕能凱旋而歸，但其中卻也必須冒著分離的危險，常使爲人妻者陷入兩難的矛盾情緒之中，此時夫妻間的互信便成爲穩定家庭婚姻的基石。由此可知，婚姻的維持是必須由兩性共同承擔，只要在一方無願或不負責的情況下，其婚姻便失去了意義，家庭亦因此而隨之瓦解。

　　除此之外，「納妾」也是令夫妻婚姻關係緊張的另一個原因。傳統一般婦女的心理總偏重於白頭偕老，但卻是有不少的男性喜新厭舊，尤其在舊時的宗法制度下，男性在經濟方面具有足夠的主導權，相對而言，婦女在生活上不僅必須依附於所嫁的男性，各方面的事務亦無參與商榷的權利，況且早期在「父母之命，媒妁之言」〔註147〕的婚姻中，大部份的婚姻對象並非是自己所選擇，故無愛情的基礎，更遑論男子在決定納妾時對妻子的心情會有所考慮。

　　早期漢人社會中男性納妾的理由，根據陳東原的說法，認爲不外乎三種原因：一爲無子；二則色衰愛弛；最後，則爲男子富貴，有勢者迫之再娶。〔註148〕然其最主要還是因爲無子之因，爲了確保子孫的繁衍、宗祧的傳承，所以多以納妾的方式彌補沒有子嗣的缺憾。再則，男性「喜新厭舊」與「蕩子成名，必棄糟糠之婦」的心態，也是其納妾的原因之一，由台諺：「娶妻娶德，娶妾娶色。」中所言就不難發現「耽戀女色」亦是男性納妾的重點。如台閩歌謠中即有這樣的描述：

> 龍眼干，三兩半，恁點燈，阮來看，看舍貨（什麼），看新娘，新娘
> 新襠襠，舊娘塞壁空，二個某，一個尪，新娘生水人人看，舊娘目
> 睭能出泉，一個老公仔笑嘻嘻，不知是笑抑是啼？厝邊頭尾慢且去，
> 來看人搬亂彈戲，搬舍貨？「打春桃」，一下鼓聲兩下鑼，仙（任）
> 打都未和。〔註149〕

歌謠描述男子納妾時「只見新人笑，不見舊人哭」之心態，並以「一下鼓聲兩下鑼」比喻一夫二妻，況且男子夾在二女之間，必然多有左右爲難「仙打都未和」的狀況。故台諺有云：「一某無人知，兩某捨施代。」〔註150〕亦即妻

〔註147〕漢・趙岐注、宋・孫奭疏：《孟子・滕文公下》，收錄於《十三經注疏──孟子注疏》，（台北：藝文印書館，1979年），頁109。

〔註148〕陳東原：《中國婦女生活史》，（台北：商務印書館，1994年），頁6。

〔註149〕黃傳心：〈雲林民謠〉，《雲林文獻》，1983年3月，頁236。

〔註150〕陳主顯：《台灣俗諺語典──婚姻家庭》，（台北：前衛出版社，1999年），頁458。

妾間的明爭暗鬥畢竟會危及家庭和諧，難免惹人非議。

因此，在早期重視子嗣傳承的觀念下，納妾者多以此爲藉口，掩飾旁議，然十九多爲色情陷溺其心所致。故歌謠亦云：「我對你，著對著。早睡對晏起，識情不識禮。卵神十八症，俏面一時起。有樣可好看，無罪堪好擬。嘴笑目笑，細姨不甘指。腳來手來，大某打到死。」〔註151〕蓄妾男性雖有齊人之福，但妻妾制度畢竟決定了同性的戰爭，婚姻的資源分享，尤其如歌謠中所述「喜新厭舊」的心態，更易引發人的妒性與心理的佔有慾，亦加速了妻妾雙方怨視的心理。〔註152〕

根據人類學家 Linton 的說法認爲，忌妒主要是個人對某一情境的反應，會令當事者感覺此一情境對其優勢或安全構成威脅，而不覺產生妒忌的情緒。爲了解除威脅，便企圖把實際或假想的對手加以壓制或消滅。〔註153〕因此，妻妾必須共同分享與其丈夫的婚姻關係，兩人若能和諧相處則可能情同姊妹，雖然古人也曾以「妻不在，妾御莫敢當夕。」〔註154〕明確地說明妻妾的尊卑關係，但若彼此互相爭寵，或是爲妾者不尊禮教、凌越元配之地位，其兩者的仇視與妒忌心理，卻足以危害夫妻關係，甚至導致家庭失和。〔註155〕

傳統的夫婦倫理強調「夫義婦德」，其倫理內涵主要體現在互敬互愛上，夫守義，婦尚賢的道德規範。〔註156〕然而現實的夫妻生活卻不全然依行傳統理想中的夫妻文化，故台諺裡云：「無冤無債，不成父子；無冤無仇，不成夫妻。」〔註157〕依照民間俗信認爲夫妻關係的成立，乃因前世虧負了對方，所以今世在婚姻生活中必須償還，一切皆因緣分所致，又一如歌謠：「竹篙搖搖好披紗，茶甌幼幼好飲茶；頂廳請人客，下廳拍布冊，打妻一下箠，害妻三日不食糜；刣豬刣羊共妻會，咒詛後擺若拍手會瘥。」〔註158〕由歌謠中可知婚

〔註151〕台灣省文獻委員會：《重修台灣省通志（卷三）住民志・禮俗篇》，（南投：臺灣省文憲委員會，1993年），頁272。

〔註152〕許蓓苓：《台灣諺語反映的婚姻文化》，東吳大學中國文學研究所，碩士論文，2000年，頁281。

〔註153〕朱岑樓：《婚姻研究》，（台北：東大圖書公司，1991年），頁15～16。

〔註154〕漢・鄭玄注、唐・孔穎達疏：《禮記・內則》，收錄於《十三經注疏——禮記正義》，（台北：藝文印書館，1979年），頁533。

〔註155〕卓意雯：《清代台灣婦女的生活》，（台北：自立晚報出版，1993年），頁50。

〔註156〕羅國杰等著：《中國傳統道德・規範卷》，（北京：中國人民大學出版社，1995年），頁542。

〔註157〕陳主顯：《台灣俗諺語典——婚姻家庭》，（台北：前衛出版社，1999年），頁380。

〔註158〕李獻璋：《台灣民間文學集》，（台北：龍文出版社，1989年），頁29。

姻生活中，夫妻間難免有意見不合、互有齟齬的現象發生，然歌謠最後描述男子「刣豬刣羊」來向妻「咒詛」的舉動，卻也表現出夫妻互動的親密關係，因此台諺也說：「床頭拍，床尾合。」〔註159〕由此可知，雖然傳統社會非常強調夫婦倫理，事實上，在社會規範中，已設有變通的可能，容許個人對規範加以質疑及反省，且在規範執行的過程中，容許個人有較高的解釋規範及執行規範的自由度。這種自由度並不只是正面的規範與衝突，而是容許有兩層結構的並行，在形式上必須緊跟社會規範的規定，然而卻容許私下執行時，有自由解釋、自取選擇的通融餘地。〔註160〕因此，夫妻間的關係，雖緊扣傳統夫婦人倫的道德規範，但在人倫規矩下卻也允許自我釋疑的彈性空間。

　　雖然在所有的人類關係中，以夫妻的關係最為親密，但可以發現在諸多闡述夫妻關係的閩台歌謠之中，卻常顯現出夫妻間婚姻生活不完美的問題，如由歌謠的表現形式來看，常見對另一半的嘲弄、感嘆等心境的呈現。但其中可以確定的，是歌謠不僅為這些理想與現實差距下的婚姻關係提供了內心安慰、舒緩的管道，也比大傳統下「夫義婦德」的精神，卻更能符合實際夫妻生活的寫照。因此，台閩歌謠取材於現實生活，透過歌謠的傳唱，將婦女懶惰、長舌、不孝、撒潑……等，以及男性戀色、不忠、軟弱、貪懶……等的反面形象，予以忠實呈現，並在傳唱取樂之餘，同時發揮輿論制裁的力量，讓男、女兩性於婚姻生活中反躬自省，引為殷鑑。〔註161〕

三、嫂的角色與姑嫂關係

　　在早期傳統的社會中，家庭幾乎是婦女生活的重心，也是活動的舞台，在傳統「婦順」禮教的觀念下，認為為人媳者對待夫婿要柔順承恩，與其他家庭成員諸如妯娌、小姑要和睦相處，對翁姑亦要曲從善事。尤其身為嫂者，待其夫婿之弟妹要如同待自己的親弟妹一般，故班昭於《女誡》〈和叔妹〉亦云：「婦人之得意於夫主，由舅姑之愛己也；舅姑之愛己，由叔妹之譽己也。由此言之，我臧否譽毀，一由叔妹，叔妹之心，復不可失也。」〔註162〕由此

〔註159〕陳主顯：《台灣俗諺語典——婚姻家庭》，（台北：前衛出版社，1999年），頁415。

〔註160〕楊方中：〈試論中國道德文化及道德教育：對道德思考發展研究的本土反思〉，《如何研究中國人》，（台北：桂冠出版社，1996年），頁176。

〔註161〕王慧蓮：《台灣民間歌謠婦女婚姻與角色研究》，東海大學中國文學系，碩士論文，2004年，頁63。

〔註162〕漢‧班昭：《女誡》，收錄於《諸子集成（補編二）》，（四川：四川人民出版社，1997年），頁443。

可知，婦人於夫家除了對待翁姑、夫婿要敬孝柔順之外，對待夫家之叔、妹亦須友愛謙順，必要時，亦需有嫂代母職的情況，如此始能得其叔、妹眞心的愛戴。所以傳統對於賢婦對待夫家弟妹的人際要求，一如閩台歌謠所述：「……煩惱貓沒泔，煩惱鴨沒卵，煩惱小姑要嫁沒嫁妝，煩惱小叔要娶沒眠床。」〔註163〕的好媳婦一般，甚至要有「長嫂如母」之威儀，這也是傳統中國大家庭所謂「家和萬世興」的生活寫照。

　　早期婦女的生活多集中於家庭內，彼此分工而作、互動頻繁，大家庭內婦女間的摩擦就成爲不可避免的情況，因此在民間觀念中，也多將家庭內生活的衝突與不合歸咎於婦女。一般爲人媳者於日常的行爲準則上，對於族內長輩、翁姑的心意雖多不敢違逆，但相對於其他平輩女性之間的相處，卻難免因爲生活習性的不同、資源分享、家務分配等各種因素之影響，而呈現彼此緊張、對峙的關係，雖然其中不乏和樂相處者，然而衝突與對立往往是文學取擷的題材，因此，在台閩歌謠中時常呈現緊張且對立的描述，其中又尤以姑嫂關係爲最，妯娌間的衝突在台閩歌謠中反而鮮少有所呈現。

　　深究原因，可發現妯娌間的關係，由於彼此角色立場相同，況且於傳統的大家庭中雖然必須同居共爨，但妯娌間除了家務上必須輪流擔任或共同而作之外，畢竟已分屬各自獨立的小家庭，反而能因此稍減對立的發生，一如台諺有云：「一人一家代，公媽隨人祀。」〔註164〕此意在於兄弟間婚後已各自獨立，就不應隨意干涉對方。生活中雖然難免不乏有齟齬、摩擦的產生，但相對而言，其關係緊張的型態反不若姑嫂關係。互不侵犯與干涉是妯娌間彼此的相處之道。

　　傳統的大家庭中，姑嫂間的關係不若妯娌關係來得輕鬆，反而經常由於身分的不同而呈現對立的局面。由於血緣與情感上的因素，小姑與婆婆通常站在同一陣線，對於問題的看法，也多以相同的角度審視。因此，家庭中除了婆婆之外，小姑的角色總是給媳婦一種監督者的感覺，亦被視爲是婆婆的另一個耳目。

　　此外，傳統婦女多以婚姻爲最後的歸宿，一旦到了適婚年齡，不乏求婚作媒者，而父母也開始積極爲女兒張羅婚嫁，如歌謠：「乖查某子，乖查某子，

〔註163〕舒蘭編著：《台灣民歌（一）》，收錄於《中國地方歌謠集成》，（台北：渤海堂文化公司，1989年），頁83。

〔註164〕陳主顯：《台灣俗諺語典——婚姻家庭》，（台北：前衛出版社，1999年），頁178。

不可哭，新眠床，咿喂號，新棉被，無咬蚤，新枕頭，無油垢，這拵若不嫁，不可後日罩帕仔巾，隨人碌碌走。」〔註165〕歌謠描述父母極欲嫁女的心態，即使當事者百般不願或仍有所顧忌，但在早期的社會觀念中，奉「父母之命」而婚乃屬天經地義之事，況且婚姻是早期婦女唯一的依歸，唯有透過婚嫁一途，死後方可享有祭祀的地位。倘若婚嫁稍遲，不僅父母煩憂，就連兄嫂也會因此感到怨懟。在父系社會之中，婦女於婚嫁之前，在生家僅屬「客居」的地位。如此一來，當兄嫂以「主」、「客」的立場來看待未出嫁的小姑，勢必以「自家人」與「外來者」的角度看待對方，而陷入角色傾軋對峙的情勢。〔註166〕更何況早期在民生經濟不佳的社會情況下，家庭內多一人即表示必須多費一口糧，更何況還是毫無勞動價值的女眷，並無法提供家庭任何經濟上的幫助。

如台閩歌謠〈草子仔花〉就透露出這樣的訊息：

> 草子仔花，白麗皙，阮兄罵無不顧家。顧了家內無吾的，廳裡梳頭嫂也罵，房裡梳頭嫂也罵。M免罵！初一十五就欲嫁。嫁何位？嫁頂姑知，下姑知，三年二年才轉來，吾未嫁，柑仔未抽心，轉來柑仔紅紉紉。挽一粒，半路食點心，嫂仔頭就欹，嘴就微，嫂呀嫂：頭免欹，嘴免微，厝前厝後果子吾爹栽，不是嫂子您厝張嫁來。（屏東）〔註167〕

另外，如歌謠〈莉仔花〉所述：

> 莉仔花，白麗皙，阿兄阿嫂罵吾不顧家，家頭無吾份，家尾無吾分，大廳梳頭嫂也罵，一廳梳頭嫂也罵，嫂呀嫂呀！M免罵十七十八都欲嫁，嫁何位？嫁頂姑知，下姑知，三年五年不轉來，欲嫁親兄都無妻，轉來親甥在叫姑。（鳳山）〔註168〕

由以上兩首歌謠中所描述可得知，未嫁之小姑在娘家地位與處境常因為兄嫂的排斥、動輒斥罵而顯得尷尬難度，就連日常所需都必須觀其臉色，出嫁後甚至賭氣以「三年二年才轉來」、「三年五年不轉來」表明不滿的情緒，印證

〔註165〕簡上仁：《台灣民謠》，（台北：眾文圖書公司，1992年），頁227。
〔註166〕王慧蓮：《台灣民間歌謠婦女婚姻與角色研究》，東海大學中國文學系，碩士論文，2004年，頁56。
〔註167〕李獻璋：《台灣民間文學集》，（台北：龍文出版社，1989年），頁11～12。原註：麗皙，讀若 Le se 白色的形容詞。紉紉，讀若 Jm jm 紅的可愛之意。
〔註168〕同上註，頁12。

了姑嫂不和的事實。然而姑嫂關係卻未因爲小姑出嫁而獲致消彌，在〈草子仔花〉歌謠中最後即描寫小姑於娘家因隨手摘取一粒柑仔，卻引來兄嫂不悅的怒視，而小姑以「不是嫂子您厝張嫁來」作爲反擊。另外，在〈莿仔花〉歌謠中最後由「欲嫁親兄都無妻」詞句中已充分顯示出嫁小姑對於兄嫂仍然懷有仇視的心理，甚至希望在「轉來」娘家時「親兄已無妻」只見「甥兒在喚姑」，暗示姑嫂強烈的對立情勢，只有在見到具血緣關係的「親甥」時才稍稍獲得緩解，因此也越發突顯「嫂」與「姑」兩者「主」、「客」角色間的傾軋，以及此兩者雖不具血緣，但卻在因爲婚姻關係「子」、「甥」血緣的聯繫下所產生的親屬關係的矛盾情結。

爲了擺脫這種情況，早期多數的婦女只能透過婚姻來改變其地位與處境。未出嫁前的小姑被兄嫂視爲家庭額外的負擔，不時受其交讁，然而出嫁之後卻未必能改善雙方關係。台閩歌謠中即有這樣的描述：「知了，知了，哮啥載？哮要嫁；嫁佗位？嫁千里莊、萬里遠，三年回來無一擺，看見嫂嫂在簪花，頭也歪，目也斜；嫂呀，嫂呀，頭免歪、目免斜，食父食母是應該，不是恁厝張嫁來。」〔註169〕歌謠描繪小姑不見容於嫂子，被迫遠嫁，三年一回娘家仍不受歡迎之況，故以此歌洩恨。

然而由於兄嫂的強勢，甚至就連小姑出後嫁歸寧省親，都不願加以款待，以下歌謠就有這樣的描繪：

> 姑仔妳來嫂仔都不知，今年田無做，冬無收，飯篱吊韆鞦，鼎蓋水
> 裏泅。欲買蚶，蚶厚土，欲買肉，遇著人禁屠，欲買菜，遇著掘菜
> 股，欲買魚，遇著風颱雨，欲買豆腐要生菇，欲買豆簽爛糊糊，姑
> 仔今年周難苦，蕃薯簽周來餉，食飽落配菜脯，等待天公有補所，
> 厚您兄收成一千圓，刣豬刣羊來相補，厚姑仔妳食屆牙仔齬齬，嘴
> 土土。（鳳山）〔註170〕

歌謠中描述嫂嫂以各種理由來推託食物匱乏的原因，雖然不知其因是否屬實，但相對於兄嫂的強勢，小姑的地位顯然更因爲出嫁而被視爲外人一般不受重視，姑嫂之間的不睦，往往成爲歸鄉的阻力。〔註171〕嚴重者，甚至造成

〔註169〕歐陽荊：〈台灣歌謠〉，《台灣文獻》，第21卷，第2期，1970年6月，頁52。
　　　　知了：蟬鳴聲，自喻品質清高，受嫂嫂欺負而哭泣。
〔註170〕李獻璋：《台灣民間文學集》，（台北：龍文出版社，1989年），頁6～7。
〔註171〕王慧蓮：《台灣民間歌謠婦女婚姻與角色研究》，私立東海大學中國文學系，碩士論文，2004年，頁58。

互有欺虐的狀況，嫂子虐待小姑者有之，也不乏小姑（或大姑）丈其父母之勢欺侮兄嫂（或弟媳），這種對立關係就如婆媳關係一樣，然而婦女往往因角色的轉換，往昔的受虐者可能會變成今天的施虐者。〔註172〕

雖然前文所舉之歌謠，其中不乏描述小姑受到兄嫂欺虐的情形，但出嫁後的小姑，待其身分轉化為他家之媳時，此時的心態也會因為角色的改變而有所不同，是否能捐棄姑嫂間的成見而與夫家的小姑和樂相處，也會因為個人稟性與智慧而有所不同。一如班昭於《女誡》中有云：「若夫愚之人，於嫂則託名以自高，於妹則因寵以驕盈。驕盈既施，何和之有！恩義既乖，何譽之臻！是以美隱而過宣，姑忿而夫慍，毀訾布於中外，恥辱集于厥身，進增父母之羞，退益君子之累。」〔註173〕班昭指出這種姑嫂不合的情況，不但毀及婦女的聲譽、破壞家庭人際和諧，嚴重者甚至辱及父母，是為蠢愚且不智之舉。因此，她認為身為嫂者應該：「依義以篤好，崇恩以結援，使徽美顯章，而瑕過隱塞，舅姑矜善，而夫主嘉美，聲譽曜于邑鄰，休光延於父母。」〔註174〕以「溫柔謙順」的心維持家庭和諧，亦能「澤及母家」，獲得族人鄰里的敬重。由此可見，姑嫂關係也是家庭人際關係中重要的課題之一。

大家庭中的人際關係，自是為人媳者必須經歷與學習的重要課程，不但複雜，也隱藏著對立與衝突，只要處理稍有不慎，必然在家族之中形成或大或小的傷害。然而閩台歌謠之中卻鮮有關於嫂與叔伯關係的描述，蓋傳統「男外女內」之因，早期社會男女分工明確，男性掌理事業與社會之事，因而家庭並非其主要活動的範圍。再者，婦人雖嫁入夫家與夫家成員產生親屬關係，但叔伯畢竟為男性，在傳統「男女有別」的禮教影響之下，一般婦女除了與自己的夫婿有較多的互動之外，就連侍奉舅翁也必須謹守「不須以向前親密為孝」〔註175〕的分際，就更遑論與家族中其他的男性成員有較為密切的往來關係。如前文已列舉之〈好媳婦〉：「……煩惱貓沒泔，煩惱鴨沒卵，煩惱小姑要嫁沒嫁妝，煩惱小叔要娶沒眠床。」〔註176〕以及〈誡婦〉：「……大伯落

〔註172〕楊麗祝：〈台灣福老系歌謠中的婦女〉，《台北科技大學學報》，第 31 之 1 期，1998 年 3 月，頁 399～400。

〔註173〕漢・班昭：《女誡》，收錄於《諸子集成（補編二）》，（四川：四川人民出版社，1997 年），頁 443。

〔註174〕同上註。

〔註175〕清・陳宏謀：《五種遺規・教女遺規》卷下，（台北：臺灣中華書局，1966 年），頁 14。

〔註176〕舒蘭編著：《台灣民歌（一）》，（台北：渤海堂文化公司，1989 年），頁 83。

海去掠魚，小叔上山挖蕃薯……。」〔註177〕等歌謠。由這些例子看來，或許可以得知在閩台歌謠中涉及伯叔與嫂之關係的歌謠，僅限於描述為媳者在家庭中所應扮演的角色。

因此，由於傳統婦女的生活多圍繞於家庭之中，其人際互動的關係除了丈夫之外，其餘仍多與家庭之內其他女性成員有較為頻繁的接觸。蔡文輝於《家庭社會學》中即說過，媳婦在家庭之中的地位不僅附屬於婆婆，並且在某種程度上也附屬於年長一輩的婦女。〔註178〕所以，女性之間彼此相處互動的機會顯然要比其他男性成員為多，故可發現與家庭人際有關的民間歌謠，其內容泰半偏向於女性成員間互動的描述。

事實上，思想觀念與社會作用的規範，不僅直接制約著女性在在家庭中的角色行為，還會影響人們如：家庭類型、繼嗣制度、婚後居住模式與女性家庭地位有關的各方面之行為選擇。〔註179〕因此傳統「婦德」在以「孝道」為主軸的觀念的延伸之下，婦女為人子媳時，被要求「專心」、「曲從」以行奉養翁姑之美德；而為人之妻則必須「卑弱」、「敬慎」，以「事夫如事天」的態度對待夫婿；與家庭中其他成員諸如丈夫之弟妹相處也要求淑於「叔妹」，愛其如愛己之親弟妹一般。這些言行規範，皆為早期婦女婚嫁之後與夫婿、翁姑及夫家弟妹、族人的人際相處之道，可見婚姻中人際關係的營造，對於婚姻的影響甚為鉅大。

總而言之，傳統女性的地位雖然低於男性，但早期婦女因為參與家務包括耕田力役、家務操持等，在家庭中仍有其一定的地位，特別是成為人母或升格為婆婆之後，子雖年長，亦要聽從其命。〔註180〕畢竟婦女是家庭生活中不可少的角色，其貢獻更是維持家庭穩定成長的重要力量。況且，由於傳統父系文化的婚姻制度，以及早期女性生活以家庭為重的因素所致，一般而言，傳統大家庭內之成員，彼此間的人際傾軋，尤以婦女之間的關係最為嚴重，常常成為影響家庭生活和諧與否的主因。因此，傳統觀念中所謂「賢婦」的形象，即代表婦女於家庭之中所扮演為人媳、妻、母、嫂等等各種角色的稱

〔註177〕黃傳心：〈雲林民謠〉，《雲林文獻》，1983年3月，頁234。
〔註178〕蔡文輝：《家庭社會學》，（台北：五南出版社，1987年），頁308。
〔註179〕鍾年：〈中國傳統家庭的人生角色──以幾種女性角色為例〉，漢學研究中心編：《中國家庭及其倫理研討會論文集》，（台北：漢學研究中心，1999年），頁381。
〔註180〕卓意雯：《清代台灣婦女的生活》，（台北：自立晚報出版，1993年），頁78。

職與否，然而這也往往成為影響家庭興衰的的重大關鍵，故婦女對家庭的重要性於此可見。

第六章　結　論

第一節　本論文的回顧

　　本論文首先先針對台灣移墾的歷史背景進行分析。由於十七世紀之前漢人多因經濟因素來台，[註1] 然其多屬短暫停留的狀況，殆至康熙二十二年清廷正式將台灣納入版圖之後，大陸移民始大量湧入台地，定居拓墾者日多，台灣儼然成為大陸沿海地區移民的新樂園，而來台之移民，其中又以閩、粵兩地民眾居多。由於清領前期治臺策略只在消極的弭亂，故嚴禁人民來台並頒布「台灣編查流寓六部處分則例」，雖然如此，閩、粵民眾普遍認為大陸沿海地區山多田少，人口密度甚高，凋閉的民生經濟相較於台灣而言，台灣地區氣候宜人、物產豐富，謀生容易。基於經濟、地理等諸多因素的考量，於是甘冒禁令，而大量偷渡來台。因為清廷的禁令與早期移墾之初乃需大量勞

〔註 1〕西元九世紀末葉（唐末）就有漢人在澎湖活動，十二世紀前半葉，已有漢人移居澎湖，並且到台灣從事貿易和短期居住。元朝曾在澎湖設巡檢司。澎湖為明朝的版圖。明朝初年，為防備倭寇（日本海盜）和漢人海盜騷擾其東南沿海，曾施行海禁政策，不准人民到海上活動，甚至曾經將澎湖的居民遷回福建。由於福建山多人稠，可耕地有限，居民需要到海上謀生，所以澎湖並沒有因為海禁政策的關係而沒落。到了明朝中葉，澎湖又漸漸成為漢人的移居地和活動地。因此台灣本島透過澎湖，與中國大陸的接觸更為頻繁，也成為漢人捕魚、貿易、走私和海盜活動的場所。十六世紀末葉，豐臣秀吉統一日本後，便積極向海外擴張；明朝政府極為注重東南海疆的防衛，故又派軍進駐澎湖，防備日本的入侵。如此一來，澎湖和金門就不利於商人的走私貿易和海盜劫掠活動，原先的走私貿易站和海盜的巢穴，就由澎湖和金門轉移到台灣本島。

動力的勞動人口所致，來台拓墾的移民以男性居多、女性稀少，因而造成人民性別結構上的嚴重失衡。

　　一般而言，在生活慣習上多沿用原鄉的生活習俗是移墾居民的文化特質，早期的台灣民眾亦是如此。如：婦女纏足風氣就源自內陸，並成為早期台地婦女盛行的生活文化。早期民風視「三寸金蓮」為婦女優雅高貴的條件，更為富貴榮耀的象徵；而未纏足之女子，則多為從事勞動的女婢，在一般的觀念中，則被視為粗鄙無文的低賤象徵，影響及於婦女的婚姻條件，故社會上傳有「小足是阿娘，大足是嫺婢」之說。為了追美的象徵及獲得婚姻的保障，無論貧、富，纏足遂成為台地婦女的基本裝扮。

　　然而根據研究，纏足風氣的盛行除了是社會榮誇競爭之下的產物，最主要的意義則是女性生活機能的控制，纏足使得婦女的日常生活受到嚴重的限制，經濟上也必須仰賴男性的供給，當然也就完全退出以男性為主的社交圈。纏足之舉或許能使早期婦女順應當時的潮流，然而由於社會階層的差異，事實上，對於一般階層的婦女而言，迫於現實，除了家務、治理中饋外，農務、拓墾等粗重的勞動工作依然得戮力為之，纏足所帶來行動上的不便可想而知，也為勞動婦女帶來困擾。因此，纏足的陋習可說是早期傳統「父權」社會下控制女性行動、思想的最佳利器。

　　此外，由於移墾的因素，移民在激烈的生存競爭下，形成冒險進取，務實逐利的特性，況且由於清廷治臺的被動消極，政府控制力的薄弱，禮法的約束相對減少，台灣社會呈現出活潑粗獷、開放自由的特質。〔註2〕兩性失衡與文教未興等因素，在此環境下，對於婦女傳統道德的規範乃相對減弱，故陳培桂於《淡水廳志‧列傳》中曾謂：「台灣舊俗，寬於婦責。」〔註3〕這些台灣早期迥異於中國內陸「移民社會」的文化特徵，不僅反映在男、女人口結構上的失衡，也間接的影響的一般台灣庶民的生活型態，更嚴重地產生許多影響治安、文化的社會問題。因此，受到早期台灣移墾文化的影響，移墾社會下婦女的生活不僅活潑而鬆弛，造成「淫風流行」〔註4〕、「華奢相尚」〔註

〔註2〕楊麗祝：〈台灣福老系歌謠中的婦女〉，《台北科技大學學報》，第31之1期，1998年3月，頁396。

〔註3〕清‧陳培桂：《淡水廳志‧列傳四》，（台中：臺灣省文獻委員會，1977年），頁277。

〔註4〕史久龍著、方豪校訂：〈憶台雜記〉，《台灣文獻》，第26卷第4期、第27卷第1期合訂本，1975年12月，頁13。

5﹞的生活觀，婦女為了金錢出賣靈肉的情況在當時亦屬平常。雖然有學者認為：「清代台灣婦女的社會地位仍然要比內地來得高。」﹝註6﹞但事實上，「男尊女卑」的主要傳統形式仍未改變。隨著清廷渡台政策的鬆弛，與移民人潮的增加，殆至乾嘉時期西部台地之開發趨盡，台地民眾的生活已漸漸過渡到「內地化」的社會，男女人口趨於緩和，民眾生活亦趨穩定。相對的，對於婦女的道德束縛日益嚴密，且由於傳統父權觀念的驅使，使得婦女的生活所能受到的保障極為有限。再加上移民急劇的增加，造成物產的枯竭，根據《重修鳳山縣志》的記載：「近年以來，生齒日繁，山窮樵採、澤竭罟網，物力甚詘，用度益肆。」﹝註7﹞大環境下民眾的經濟生活普遍艱困，且婚姻論財的社會因素所致，養媳之俗便成為解決經濟與婚配問題的最佳方法。在昔人的觀念中，認為養媳制度不僅可以方便解決上述的諸多問題之外，此外也可保證一個異姓媳婦對家庭忠誠與愛護，還可以避免女子若未婚而死竟然無人供奉的窘境。﹝註8﹞

　　雖然養媳的制度可以提供早期貧困的民眾解決婚配問題的一個變通方法，只是那些被買斷的養媳名義上雖為養家媳婦，但是並不能完全獲得婚姻上的保證，在養家的經濟需求之下，有的養媳甚至也會被典賣而墮入煙花，也有由養媳轉換為養女身分，以賣身的方式供養養家。因此，早期養媳的制度與娼妓風氣的盛行互為表裡，養媳一旦不受喜愛或因其他的生活因素，都有可能導致女子淪為娼妓的情況出現。這些陋習的出現，主要是受到婚姻論財的現象，以及整體社會經濟條件不佳的影響，但是清楚可見的卻是，早期台灣社會相較於內地婦女而言，雖予以女性較大的伸展空間與社會地位，但社會上仍存在許多賤視女性的風俗觀念。

　　早期社會之男女在婚前的感情觀念方面，雖然趨於封閉與保守，婚配上亦多講求「父母之命、媒妁之言」，然而追求愛情畢竟是人類自然的生理現象，民眾對於愛情與婚姻仍多充滿了期待與憧憬。男女對於婚姻的懷想，最先就反映在擇偶的觀念上，雖然擇偶的條件因人而異，但不少仍然受到環境背景

﹝註5﹞ 清‧陳文達：《台灣縣志‧輿地志》，（台中：台灣省文獻委員會，1958年），頁212。

﹝註6﹞ 尹章義：〈清代台灣婦女的社會地位〉，《歷史月刊》，第26期，1990年3月，頁34。

﹝註7﹞ 清‧王瑛曾：《重修鳳山縣志‧風俗志》，（台北：大通出版社，1997年），頁56。

﹝註8﹞ 卓意雯：《清代台灣婦女的生活》，（台北：自立晚報出版，1993年），頁189。

與功利心態的影響而呈現不同的感情趨向，使得傳統父母、媒妁成就的婚姻充滿了計較聘金、重視財力與貪求粧奩的特質。此外，早期台地居民的戀愛生活，因受到自然島國環境的影響，性格上多呈現浪漫與冒險進取的特質，故「語詞質直」〔註9〕的特色遂爲台灣情歌的基調。因此，在台閩情歌中可發現，早期民眾雖然受到禮教的束縛，但對於婚戀的追求仍是充滿熾熱的情感，而戀愛過程的酸、甜、苦、澀亦真切呈現在歌謠的字裡行間。

婚姻是男女情感的最後依歸，人類也藉著婚姻的制度來端正兩姓關係，因此婚姻的締結不僅對於男女雙方有著愼始的意義，對於雙方家族而言更是家族關係與勢力的結合，早期民眾則多以敬正愼重的態度看待婚姻，男女在論及婚嫁時，也就格外地重視婚禮的過程與儀式。然而台灣傳統的閩南婚禮大致承襲《文公家禮‧婚禮》的儀式而予以增刪，並配合台灣之生活慣俗，符合民眾之需求，變化爲饒具台灣本土風味與意義的婚禮儀節。細論傳統台閩婚俗，其儀節過程雖然繁雜，卻象徵人們對婚姻的期許與重視，而且台閩婚禮在儀式的進行中，亦配合著相關的婚禮歌謠。

本論文於第四章中所論之「台灣閩南婚禮歌謠」就內容形式的分類而言乃屬儀式歌謠一類，常用於男女婚嫁、新屋落成、賀生送葬等時況，並在陳述禮俗之同時，也寄託著人們對美好生活的祝願。〔註10〕因此，婚禮歌謠的目的不僅僅在於營造婚禮的婚樂氣氛，更蘊藏了人們對美好婚姻的祝福與深刻的生活啓示。以婚禮歌謠之涵義爲論，筆者據此分析歸納了七項特點，值得注意的是婚禮歌謠主要皆立基在「孝親」的基礎上做「人倫」的擴展，由此可知，中國人的「崇孝」精神。婚姻是社會文化的一部份，婚禮歌謠亦是因應婚禮儀式而產生，由於環境背景的改變，結婚禮節的相關儀式與婚禮歌謠也必須配合時空的變遷、順應當代潮流而有所更迭，然而不變的是透過婚禮儀式所成就的婚姻事實，對於人類而言，其意義不僅僅在於血脈的延續，亦具有家族間人際拓展、人倫建構與思想傳承的深義。

在傳統漢人社會中，多數婦女婚後的生活皆以家庭爲重心，女子最大的價值便是透過婚姻以生育子嗣的方式明正言順的取得名份、地位，而死後才可享有受祭祀的權利。在牢不可破的「重男輕女」、「男尊女卑」的價值觀念

〔註9〕 謝雲生：《台灣情歌集》，收錄於婁子匡編：《中山大學民俗叢書》，（台北：東方文化，1970年），頁6。

〔註10〕 何綿山：〈福建民間歌謠探魅〉，《福州師專學報》，第19卷，第1期，1999年3月，頁16。

中，多數女子仍然無法擺脫傳統的窠臼。觀看早期傳統婦女的人生，其一生可謂全然圍繞在家庭生活之中，婦女一旦成爲夫家的正式成員，就必須具備主中饋、理家務的能力，並營造家族內人際親和的關係，對上侍奉宗廟祭祀祖先，對下必須背負嗣續繁衍的責任，以實際的行動融入家族的生活，完全承繼婆婆的責任與義務。然而婦女在婚姻中首件要務就是生育傳代，生兒育女是婦女不可推諉的天職，也是婦女婚後進入家族核心的方式，爲了生育的需求，歷代婦女多有早婚的傾向，其中乃因年齡關係著孕嗣的生理因素，何況在傳統多子的需求之下，早婚還可延長生育年齡、提高生育率。

中國人對生命的重視，不僅僅反映在婚育年齡，也反映在「孕」與「育」的問題上，從母體最初懷孕時的胎教，乃至孩子呱呱墜地後一連串爲新生兒祈福的儀式，皆凸顯了人們對新生命的期許。此外，從婦女懷孕初始，在飲食起居方面必須避免諸多禁忌，殆至產後婦女「坐月子」的文化，這些禁忌與文化的實質意義，皆在保護家族生命的延續與傳承，可見「生育」問題對女性婚後的家庭有著莫大的影響。

至於婦女婚後在家庭的角色定位與人際生活方面，由於傳統婚姻配合「父系」社會之運作，婦女必須附歸父系結構取得合法的身份，導致婦女在婚後就必須面臨與夫家族人互動、交涉的人際問題，因此在早期的傳統社會中，一般未婚婦女就必須預先嫻熟家事、勞動、女紅，並熟習家規等婦道，爲未來的婚居生活做準備。確切而言，因爲婦女婚後必須扮演掌理家務、祭祀祖先、生兒育女等諸多角色，與夫家族人互動上，也必須注意與公婆、夫婿、叔妹、姒娌等保持良好的人際關係，這些角色關係的扮演，對早期的傳統大家庭的生活，以及婚姻的幸福與否實有深厚的影響，而且親屬關係一旦存在，相互之間就存在著權利與義務的關係。〔註 11〕可見傳統婦女在家庭中扮演著任重道遠的角色。

歌謠因爲流傳於民間、貼近於民眾的特點，民間歌謠不但具有史料的價值，也能反映出民眾的生活現況。此外，若論及歌謠的功用，除了一般娛樂、抒情的作用之外，還兼具諸如政治、教育、商業等不同的功用。〔註 12〕然而若就歌謠的內容形式分類而論，根據朱介凡於《中國歌謠論》的分類就有七

〔註 11〕 高淑貴：《家庭社會學：台灣地區的家庭與婚姻》，（台北：黎明文化，1996年），頁 129。

〔註 12〕 臧汀生：《台灣閩南語歌謠研究》，（台北：台灣商務印書館，1980 年），頁 54。

大類之多，〔註 13〕不過從歌謠內容上逐一分析，以描繪家庭、婦女為主題的歌謠卻佔有不少比例，其中更不少是由婦女的角度出發的敘寫，深刻的流露婦女的生活情感與心聲。而「移墾」的社會現象下所影響的婦女生活型態，在歌謠中也有深刻的刻劃，養媳、娼妓與纏足是父權宰制下婦女受苦受虐的問題，其中雖然不乏戀慕虛華甘心墮落者，但絕大多數的歌謠所呈現的，則為女性悲苦卻又求助無門的場面，在歌謠中我們看到了早期移墾社會下婦女生活真實的一面，雖然當時台灣的婦女生活相較於內陸較為開放活潑，然而在父權高漲的時代，女權卑下的傳統仍未更變，婦女被物化買賣、禁錮的事件雖不容於當時法律，但卻真實的存在於早期的台灣社會中。

綜觀在以婦女為主題的歌謠中，可以發現在為數不少的歌謠中，十分重視婦道的敘寫，對於父系文化中的早期社會，歌謠成為婦道教育的一環，其中分別就儀容裝扮、嗣育兒女、家務操持、人際關係、生活作息、辭令應對等方面皆有清晰的羅列。深究其內容，仍不脫傳統父權之下對婦女「三從、四德」道德教育的範疇，並反映出傳統父權宰制下婦女大眾悲喜交織之人生思想情感。透過歌謠無遠弗屆的傳唱，除了是民眾認識社會、寄託願望、抒發情感的功能之外，〔註 14〕亦能達到教育早期廣大民眾的目的。由此可知，在舉掇不盡的婦女歌謠中，雖然大部分歌謠出於一般階級的平民大眾，其描述不免流於鄙俗，不若傳統詩文的優雅，然而由於歌謠旨在口語的流佈，貴在語言的真摯、自然，在質樸的敘寫中，我們看到了早期婦女艱辛的生活概況，也反映了早期婦女面對生命挑戰時的各種真實面貌。總之，歌謠抒發了傳統婦女熱切的情感與內心的苦悶，然而由歌謠的觀察不僅可以深入歷史內涵，亦可獲得社會教化之功，成為穩定社會的一股力量。

第二節　本論文的前瞻

婚姻制度是人類社會最重要的社會規範之一，藉由婚姻制度，不僅成就男女兩性關係，建構人倫規範，還可端正社會道德意識。由於婚姻的關係而建立了家庭的組織，使得家族的生命與文化能在家庭的保護下得到延續。雖然家庭的建立需要男女雙方共同經營，但在早期社會「男主外、女主內」強

〔註 13〕 朱介凡在《中國歌謠論》中乃將歌謠分為：兒歌、情歌、工作歌、生活歌、
　　　　 敘事歌、儀式歌、謠等七類。
〔註 14〕 李惠芳：《中國民間文學》，（武漢：武漢大學出版社，1999 年），頁 13。

烈的觀念模式下，家庭生活的歷程幾乎就等同於女性的生命歷史，因而家庭在早期一般女性的生命意識中顯得格外的重要。

此外，由於歌謠具有傳達民眾思想、情感的功用，無論是愉悅的謳歌或是悲傷的低吟，都能達到撫慰人心、發洩情緒的效果，況且在早期民生經濟普遍窮困，大眾休閒娛樂貧乏的時代裡，透過歌謠的吟唱，自然成爲一般庶民大眾生活中不可缺少的精神調劑，也因此從眾多歌謠的內容中，便可清楚的窺知早期一般民眾普遍的情感意識與思想行爲。

既然歌謠能夠如實的反應早期社會文化的特性與民眾的思想情感，因此要了解早期婦女的生活型態，要探究其生存的價值與生命的意義，不可避免的當然要藉由典籍與歌謠之記載，並與當時的社會背景交互比附，才能進入問題之核心，探索早期婦女心靈內潛在的意識型態，並且深入的思考挖掘，婚姻除了於形式上達到規範男女關係的目的之外，人類如何由建構婚姻之概念，進而統攝所有社會道德與人倫情操之建立，才能進一步了解婚姻的內在意義。

因此，要了解婚姻、家庭對於早期婦女生命的意義，若不能明瞭台灣早期社會之背景與普世大眾的價值觀感，要談論早期婦女的相關議題，就猶如隔靴搔癢一般，無法觸及問題之核心。尤其是早期的台灣爲移墾之地，一般民眾對於問題的看法與處理問題的態度多以務實取向，在如此的社會風氣之下，在心態上難免演變出特殊的價值觀感，相對的，對於婦女之生活必然有所影響。

爲了加強本文論證的合理性，於是一方面經由史料、典籍之記載入手，另一方面，即由民間歌謠作爲對照，如此才能近距離呈現民眾生活的特點，希冀從閩南歌謠中探討台灣早期移墾的社會特質與台地婦女的關係如何；又造成何種意識型態與風俗，進而深刻地影響了早期婦女的生命型態。此外，未婚婦女對婚姻的看法、追求婚姻的態度，乃至婚後家庭生活情況，人際關係的面臨，都是本論文探索的重點。

雖然從歌謠的角度出發能夠近距離的親近、體察早期民眾的思想意識，但也由於筆者所能蒐羅之歌謠有限，況且每一首歌謠也多呈現片面性的描述，基於以上之限制，因而僅能就取材之範圍詳實地呈現立論議題之原貌，而論述的範圍亦只限於歌謠所涉及之層面，無法全面深入觸及各種社會問題與事實面向。

　　另外，要呈現台灣早期婦女的生命歷程，不僅僅只能由閩南歌謠中去探索，事實上，從台灣的客家歌謠中，也能體驗早期台灣民眾豐富的生活型態，但由於筆者能力所及、力有未逮，因此僅能就本身所熟悉之語言作相關的論證，而無法全面地搜羅台灣地區的客家歌謠，並由逐一分析相關之客家歌謠所呈現的意義，實爲本論文於歌謠資料取材上的缺憾。

　　再者，由於本論文即從「閩南歌謠」的角度來「探討台灣早期的婦女婚姻生活」，因此「閩南歌謠」爲本論文的研究中心，然而本論文所引用之歌謠乃採自各專章、書籍等所載之歌謠資料，雖然這些書籍中所載的歌謠資料可提供取材與參考，但往往也因爲輾轉流傳或傳抄之故，而產生不符原意的現象，不僅容易讓讀者在歌謠內容與意義的理解上造成錯誤的解釋，此外傳抄的歌謠也失去本身的眞實性。

　　因此，關於歌謠資料的收集與取材上，未來除了有待於更廣泛的蒐集各方面民間閩南歌謠與客家歌謠等之資料，亦當配合更多相關典籍作爲佐證，甚至可以根據內容之需求鎖定地域目標，輔以實地調查之方式，採集歌謠，並配合當地之地理位置與風土之特色，以突顯歌謠在地域性上的差別，應可突破資料與取材上之限制，使立論更臻於全面而且完整。

　　由於本論文以台灣「早期」作爲時間上的定位，因此要了解「早期」台灣在清領與日治時期的背景與時代特色，除了從當時的史料、志書等資料著手之外，日治時期不少文人所創作的小說亦具有相當大的參考價值，如：賴和、楊逵、王詩琅、呂赫若等人的小說著作，都可以反映出當代的時空背景、生活環境與民眾的心聲。然而本論文中，關於早期台灣背景之取材，主要以史藉資料爲主，反而忽略了從早期的文學作品中透視早期台灣社會的大環境，因此日治時期文人的小說著作，實有助於以另一個宏觀的角度探索台灣早期社會背景。

　　此外，由於本論於第四章的部分，主要探討閩南婚禮與婚禮的歌謠，因閩南婚禮源自宋‧《文公家禮》的緣故，故本論文著重在以《文公家禮》的記載和閩南婚禮做相關儀節的探討與比較，因而本論文所援用的資料多偏於典籍文獻的記載，相對的，反而無法突顯台灣閩南婚禮的本土特色與婚禮之意義，因此未來仍有待於由台灣各地區實地的田野調查著手，以探求台灣不同地區婚禮的特色，並可斟酌參考各方論述台灣本地歌謠、禮俗等相關的資料，如：竹林書局所出版一系列歌謠《食新娘茶講四句》、《三伯娶英台歌》、《王

婆祝家送定歌》等書，全文雖以歌謠的方式呈現，但對於台灣閩南地區的婚禮風俗皆有明確的描述，頗能呈現台灣閩南婚禮之風味，是研究台灣閩南婚禮時，相當具有價值的取材資料。

最後，在文章的立論上，因本論文雖截取早期較為特殊性的婦女生活文化，作為立論重點之一，但事實上，移墾初期的台地社會的婦女生活不但豐富而且活潑，因此早期婦女所呈現的生活樣貌應不僅只在於纏足、養媳、娼妓等慣俗上，其他諸如：宗教信仰、文化活動……等皆是早期婦女在生活上所可能涉及的，這些信仰活動亦是呈現婦女生活狀態的指標，故未來仍有待於由早期社會之各種生活的層面進入婦女問題之核心，做更深刻且統慣性的探討，如此才能確實的、全盤的掌握早期婦女生活之型態與生命的歷程。

附錄一　台灣早期社會的女性生活歌謠選錄

1. 上蒼創造人，男女腳直同；算是天生成，好走又好行；可惜憨父母，看坐纏腳好；愛子來縛腳，情理講一拋；著縛即是娘，無縛不成樣；女子未曉想，不過看世人；別人此號樣，出在爾爹娘；老母心肝殘，腳帛推緊緊。（片岡巖：《台灣風俗誌》，頁 283。）

2. 現時皇帝娘，無縛作模樣；縛腳不是多，無縛滿四處；咱著知好歹，不好著謹改；水面的船婆，搖櫓兼挺篙；無縛遍遍是，即有合道理；古昔足無束，冊又致意讀；婦女中狀元，出身作官員；有個能出征，掛帥又領兵。（片岡巖：《台灣風俗誌》，頁 285。）

3. 人才若是好，無縛亦讚美；為人好要緊，縛腳不使品；若心戒縛腳，此話無精差；求爾聽我嘴，無縛大富貴；甘願聽我讀，的確不可縛；無縛腳原成，允當事好行；未久若願解，後來好行走；縛久若肯流，免得腳歸球；身體是聖殿，不可腳帛練；腳手顧至好，正最孝父母。（片岡巖：《台灣風俗誌》，頁 285。）

4. 大痛總無藥，只有鹽菜葉；人來難得閃，牽衫起來掩；明知不好體，因何不肯改；這號惡風俗，算是從私慾；縛腳驚伊不好，出門著執拐；真正不自然，行踏真遲延；遇著西北雨，欲走不進步；為何故意縛，破相若撒擲。（片岡巖：《台灣風俗誌》，頁 284。）

5. 行踏不自在，真正自己害；上船著人牽，過橋亦艱難；一生未粗重，輸人真多項；想真大悽慘，致到身軀弱；縛大鹽菜細，縛小又損身；有人

知不足，風俗放未離；無縛驚歹看，親像大戲妲，愛得好名聲，縛了不好行。（片岡巖：《台灣風俗誌》，頁 283。）

6. 阿母相憐一束纏，爲教貼地作金蓮。弓痕窄窄新花樣，知是初三月上弦。（片岡巖：《台灣風俗誌》，頁 96。）

7. 縛腳是苦痛，二個成臭粽；有時爬且控，險路不允當；甌槽又污穢，臭味滿四處；不識掠做美，實在癩哥鬼；束到如薑芽，更慘掛腳枷，愈洗又愈爬；破皮又成空，即著摻紅丹；五指做一員，即著摻明。（片岡巖：《台灣風俗誌》，頁 284。）

8. 縛到咈咈彈，遍身流冷汗；女子好腳骨，不縛強強鬱；害伊啼哮哮，暗靜去偷解；有人父母無，出有戇姆婆；看人的纏腳，腳帛色褲加；縛了又大個，親像解廣螺；纏腳不行遠，艱苦不使問；婦女講無差，縛這死人腳。（片岡巖：《台灣風俗誌》，頁 283。）

9. 菜瓜好食米管大，大腳查某不通娶，腳帛鞋面無接續，扱扱拉拉見老大，老大見來面紅紅，鞋底提來做枋板，鞋面提來做布帆，木屐提來做戲籠。（台灣新民報，346 號，1931 年，1 月 10 日，歌謠欄。）

10. 金針開花疊疊針，親娘大腳兄無嫌；是我當初看過目，無嫌小妹腳無縛。（李獻璋：《台灣民間文學集》，頁 47。）

11. 〈溺女歌〉：天地生人有男女，因何活活來打死，免說受罪歸陰間，將心比心也不甘，既是十月苦懷胎，在通出世就去埋，叫爹救命說不出，叫娘救命說不來，聽見哭叫辛苦傷，二目金金看我娘，那卜當初不卻汝，並沒汝通來做母，那卜人人不卻仔，並沒新婦做親成，不通看仔無出處，嫁有仔婿是半子，無男歸女鄉鄉有，有孝贏過仔心婦，飼子也只十外年，嫁仔也有銀共錢，不用煩惱無家伙，仔也安分食碗尾，不用煩惱無嫁粧，竹釵插去金釵轉，就是無工通養飼，護人抱做心婦口英，救命陰功天補庇，明年生來一小弟，別日男女共廳堂，爹娘好命眞十全。（陳萬安：《勸世通俗歌》，書藏鹿港溫文卿先生。）

12. 爹爹夯門扇，對門遮。你子要嫁；要你田園共水車，要你水牛十六隻；要你三籠共五箱，要你十二領紅襖繡鴛鴦；要你綢，要你緞，要你呢羽共六串；要你眞珠瑪瑙丸，要你金手指，菜玉環。（李獻璋：《台灣民間文學集》，頁 26。）

13. 舊式婚姻講體面，富窮絕對燴結緣，如今禮教若無變，有害真多的青年。
（舒蘭編著：《台灣民歌（二）》，頁 134。）

14. 柿扶曳，載米載粟來飼雞，飼雞要叫更，飼犬要吠冥，飼後生有老世，飼查某子別人的，飼媳婦仔作大家。（林川夫主編：《民俗臺灣》第二輯，頁 9。）

15. 唏咐挨，篩米來飼雞，飼雞可報更，飼狗可吠暝，飼豬可來刣，飼外甥去不來，飼媳婦，養大姑，飼查某子，別人的。（台灣省文獻委員會：《重修台灣省通志（卷三）住民志‧禮俗篇》，頁 332。）

16. 白鷺絲，擔畚箕，擔到港仔墘，跋一倒，卻著一文錢，買粿分大姨；大姨嫌無賴，呼雞呼狗來呪詛；呪詛無，投姆婆；姆婆去做客，投大伯；大伯去求龜，投姊夫；姊夫去送字紙，投來投去投著我，害我心頭搏搏彈。（歐陽荊：〈台灣歌謠〉，頁 51。）

17. 《束縛養女歌》：……有人愛拔來賣子，喜款個錢拔不營，不時誤子塊呆命，打呆散人個名聲。世間天良是真少，所我目周看有著，迫入煙花真可惜，設婦女會上界著。父母賣子著摸心，不通害子去可憐，著來打拼甲要緊，不免誤子伊終身。這款世事朗不知，意向想落煙花界，不知娼間大裂害，到尾怨切即分知。……養女專是乎人害，小歲社會朗不知，歹徒錢乎唆東西，連後騙入煙花界。我自迫落煙花界，詳細皆看即分知，真想趁食無好代，不時乎人躂甲西。……（竹林書局：《束縛養女新歌》。）

18. 媳婦仔酵，犁挖挖，股邊荷分，烏仔茄。（林川夫主編：《民俗臺灣》（第二輯），頁 51。）

19. 〈養女嘆〉：前世無修就係涯，填到窮爺又窮哀，六歲送人做養女，道路砍坷命安排。養女講來好心酸，無好養來無好穿，看到別儕上學校，目汁流向肚裡吞。養父對涯較好心，養母管理最認真，五更起床擦地板，白天每日看牛群。身體漸漸長得高，常常入山砍柴燒，上嶺又怕踢倒腳，過橋又怕刣倒腰。四世同居大家人，生活待遇麼公平，洗衣挑水搭煮飯，一件一件累死人。日日做工無稀奇，有時實在氣死人，無緣無故受挨罵，緊想緊真緊痛心。父母生涯一枝花，風吹雨打命堪嗟，睡到半夜思想起，目汁流到枕頭下。父母生我幾時休，勞碌奔波年又秋，命若雖然天註定，心中食恨又含羞。奉勸諸位父母親，自家骨肉要關心，切莫送人做養女，

放棄責任虧良心。養女來唱養女歌,養女從來世上多,養女陋習能除盡,耕田唔使用牛拖。(台灣省文獻委員會:《重修台灣省通志(卷三)住民志‧禮俗篇》,頁264。)

20. 月仔月光光,牆仔疊紅磚,三歲子捧檳榔,捧去阿公店,阿公釣白魚,魚頭魚尾請親家,親家愛食鯽仔魚烏目睭,親姆愛食韭菜濫蘇油,愛食豬腸仔炒虬虬,魚中尻捧去勸(藏),孫仔灶腳跨跨蛋(竃),蛋無食,撞灶額。(黃傳心:〈雲林民謠〉,頁234。)

21. 月光光,箍金桶,金雨傘,白米煮白飯,白潽好漿裙,早早閃(碰)著一陣查某囝仔女屯,梳椏杞鬃,燕尾,一個乖巧好做伙,來阮磨仔腳(下),共阮湊(幫)挨粿,食阮一碗白米飯,配阮一塊塩魚補,留地乎阮嬰仔做某。(黃傳心:〈雲林民謠〉,頁233。)

22. 〈單身歌〉:一想單身真可憐,衫爛褲蠟無人連,一尺八寸無人做,無介妻子在身邊。二想單身真艱辛,出門三步勞較人,朋友姊妹來相惜,也愛擔人介人情。三想單身真奔波,路頭路尾撿兜坐,朋友姊妹相議論,不損籃來也損槽。四想單身出外鄉,朋友喊涯學乖張,路上野花涯莫採,日後老裡望春光。五想單身難出頭,花街柳巷莫去嫖,賺有錢銀愛存起,日後娶妻好出頭。六想單身實在難,一年賺錢一年完,千介單身無了日,奔人比喻唔值錢。七想單身愛知愁,賺有錢銀唔可嫖,有錢一定唔可賭,春光日子在後頭。八想單身愛想真,莫奔外人來看輕,千介單身妥比喻,愛好老者做媒人。九想單身你愛和,認真賺錢愛討妻,立志賺錢討一介,日後富貴輪到你。十想單身又一多,半夜無想會有雙,嫖賭兩字來放踢,南蛇反身雙成龍。(舒蘭編著:《台灣情歌(二)》,頁45。)

23. 燕仔飛簷前,無妻十八年,衫也破,褲也破,無妻真罪過,鴨卵煎赤赤,無妻可來食,燒酒溫燒燒,無妻可來嫖。(李獻璋:《台灣民間文學集》,頁5。)

24. 暝日怨身與嗟命,無塊吐氣講半聲,自恨爸母無痛子,今日這路才著行。(舒蘭編著:《台灣民歌(二)》,頁125。)

25. 想到趁食喉著塞,暗頭坐到二三更,堅心好子要改變,不食這款僥倖錢。(舒蘭編著:《台灣民歌(二)》,頁124。)

26. 牽牛開花早起時，做婊趁錢眞艱難，一冥不睏聊聊動，**双手双**腳著攬人。
（李獻璋：《台灣民間文學集》，頁9。）

27. 〈妓女哀歌〉：想到歹命喉就塞，暗頭坐到二三更，若是豎家睏三醒，做到趁食不值錢。暗頭就叫哭五更，想著歹命淚淋漓，大家習致要起眸，講著趁食苦傷悲。頂港握魚落下港，零星不賣要倚行，小娘在厝金吊桶，出外無揀好歹人。新地大厝五間起，前來掛窗後掛簾，也著生美中君意，也著嘴水值哥聽。趁您二元無軟爽，也著一身脫光光，胸前二粒給君要，腹肚給君做眠床。牽牛開花早起時，做婊趁錢眞艱難，一暝不睏蟯蟯旋，雙腳雙手著攬人。黃梔開花在山腰，日曝溪水微溫燒，褲底若濕被人笑，若無艱苦錢燴著。咱娘生做有俗美，來落煙花較吃虧，看人成雙又成對，自恨歹命無所歸。（台灣省文獻委員會：《重修台灣省通志（卷三）住民志‧禮俗篇》，頁285。）

28. 萬善堂有應公，保庇人客來蠻蠻，轉去悾悾，橐袋仔在阮摸，父母講毋聽，某子講肉愛疼。（宋隆全、胡萬川編：《宜蘭縣民間文學集》，頁156。）

29. 水狩爺！腳翹翹，面皺皺，保庇大豬來入椆。來悾悾，去蠻蠻，腰肚據我摸。你婦吵，毋免聽；你母罵，毋免驚；我若叫，你得乖乖兒行。（網址：http://neuro.ohbi.net/lostsinica/anthem/rap/rap1.html──水狩爺）

30. 勸你虛花不可想，學跂食迌無好樣，花宮所在若要酒，歹物是眞有份張。勸你作歹要注意，不通看水著要碟，染著歹物眞奧治，人講無彼隨便送。（台灣省文獻委員會：《重修台灣省通志（卷三）住民志‧禮俗篇》，頁328。）

31. 趁食查某錢銀重，不可笑吾心肝雄，父母生吾無中用，拆破面皮姑不終。（李獻璋：《台灣民間文學集》，頁76。）

32. 爸母貪著金手指，貪著臺幣彼多錢，將阮身軀賣出去，被人做著迌迌物，母啊喂，要錢無想著子兒。世人不知阮心性，歡喜金鍊掛胸前，雖是榮華啥路用，不是永遠眞愛情，母啊喂，要錢不想子一生。每日出門三輪車，坐來去不免行，外觀看著眞好命，心肝像在枉死城，母啊喂，要錢無想子名聲。（舒蘭編著：《台灣民歌（一）》，頁143。）

33. 無嫌阿兄有妻子，我也甘願欲隨兄；您厝妻子著較痛，阿娘這路也著行。（李獻璋：《台灣民間文學集》，頁77。）

34. 蚱蜢婆穿紅裙，日日江邊去等船，船仔駛著三角帆，順風順水來入港，
    害阮看西又看東，起山不見阮的人，約阮物件幾十項，也要剪綾綢，也
    要剪絹紗，也要打金環，也要打金釵，也要買皮箱，也要剌皮鞋，公仔
    約要娶，婆仔約要嫁，二個心肝合一個，海邊船椿找透透，公仔一去無
    回頭，房內飼烏狗，食穿阮總包，烏毛包到白頭髮，衣裳手飾放水流，
    流落街面市場口，琵琶亂亂彈，舊曲無人聽，皺面無人看，烏陰天，北
    風寒破被單，著來襪，破茄莖，著來扦，誰人是爾鴛鴦伴，去問觀音不
    起壇，幾個聰明老月妲，早早捆鹽醃心肝。（黃傳心：〈雲林民謠〉，頁
    402。）

35. 想著淒慘行這路，後世我要做查埔，甘願收善奉做某，生份人客奧招呼。
    （舒蘭編著：《台灣民歌（一）》，頁124。）

附錄二　台灣早期女性的婚戀生活歌謠選錄

1. 一錢、二因緣、三美、四少年、五好嘴、六敢跪、七皮、八棉爛、九強、十歹死。（徐福全：《福全台諺語典》，頁 29）

2. 阿春要嫁賢選尪，選來選去無別人，若要嫁給臭腳尪，著要捵綿簀來塞鼻孔，若要嫁給青暝尪，梳頭抹粉無採工，若要嫁給彼號啞口尪，比手劃腳氣死人，若要嫁給傴僂尪，綿被內更會激孔，若要嫁給討海尪，三更半暝撈灶孔，若要嫁給有錢尪，又擱驚伊變成採花蜂，若要嫁給鉛骹仔尪，哎喲三日無食嗎輕鬆，四日無食，倒在喊救人，五日無食，倒一個硬硬繪震繪動。（台灣省文獻委員會：《重修台灣省通志（卷三）住民志‧禮俗篇》，頁 319。）

3. 鹹菜鹹辣辣，父母主婚無得活，手舉筆，欲畫眉，欲嫁童生與秀才，不嫁你這憨憨漢奴才。嫁著好夫好佚陶，嫁著歹夫不如無。轉來吾厝做姑婆，大甥叫食飯，小甥叫佚陶。（台南）（李獻璋：《台灣民間文學集》，頁 12～13。）

4. 嫁著啞口尪，比手劃腳驚死人。嫁著青暝尪，梳頭抹粉無采工。嫁著隱龜尪，棉漬被會橄孔。嫁著粗皮尪，被孔內有米香。嫁著矮仔尪，燒香點燭叫別人。嫁著長腳尪，要睏著斬腳胴。嫁著討海尪，三更暝半撈灶孔。嫁著讀書尪，無食也輕鬆。（簡上仁：《台灣民謠》，頁 228。）

5. 韭菜蔥，十二叢，生吾四姊妹蓋成人；大的嫁福州，第二的嫁風流，第

三的嫁海口，第四的嫁內山；大的轉來白馬掛金鞍，第二的轉來金涼傘，第三的轉來金交椅，第四的轉來切半死！切甚載？切吾父母歹心肝，給吾嫁內山！腳踏籐，手挽菅，給日曝，面烏干。也無針，也無線，可來給吾補破爛。（彰化）（李獻璋：《台灣民間文學集》，頁21～22。）

6. 爹呀！爹呀！平平都是子，給吾嫁滯或；食溪仔水，冷屆透心肝，一碗泔糜仔欲食給風吹一半，也無一支針，也無一條線，可給吾補破襤。（臺南）（李獻璋：《台灣民間文學集》，頁22。）

7. 莉仔花，開去笑微微，笑吾青春無了時；有轎倩來坐；有馬放來騎；馬頭向上山，馬尾掛金鞍，聽著金鞍聲，給您姊仔做親情。做去好，也無累父，也無累母，累著您厝邊的兄嫂；舉鎖匙，開夾褲，紅緞被，綉枕頭，歹命查某嫁著隱龜瘤；啼啼哭哭，不佮隱龜瘤的睏共頭。（花壇）（李獻璋：《台灣民間文學集》，頁22～23。）

8. 木虱欲嫁家蚤夫，欲抓蚊子做媒人。虱母搖手喊不可。家蚤母是妥當人。牛蜱大隻兼厚重，嫁伊饞會親像人。（吳瀛濤：《台灣諺語》，頁582。）

9. 莉仔花開去黃巖巖，是吾歹命嫁老夫，子呀子！起來上頭可成人。大鑼連鞭屆，坐紅轎，放大砲；有錢有銀 M 免哭。（臺南）（李獻璋：《台灣民間文學集》，頁23～24。）

10. 新娘生做嬌童童，阿母看伊欲嫁翁，嫁著一個緣投翁，哎唷！三日沒食嘛輕鬆。草蜢仔公，啊！弄雞公；時到您就知影當也母當。（網址：ttp://neuro.ohbi.net/lostsinica/anthem/kid/kidsong1.html──嫁）

11. 娘仔生做偌好體，較好京城牡丹花；是哥今年較狼狽，不敢佮娘你交陪。（李獻璋：《台灣民間文學集》，頁75。）

12. 土豆好食粒粒脆，紅柑好食十二月，父母生阮歹形體，閹雞不敢趁鳳飛。（張邱坤良等著：《宜蘭口傳文學（下）》，頁565。）

13. 父母生我無才調，生阮一身未清飄，看著人美我見笑，三陣面紅企未著。父母生我不成鬼，七孔揪揪做一堆；等候七孔分七位，才會合君你做堆。（邱坤良等著：《宜蘭口傳文學（下）》，頁565。）

14. 人人笑我嫁內山，那知是阮所喜歡；君來作田娘作岸，較好富貴做大官。（歐陽荊：〈台灣歌謠〉，頁53。）

15. 人講春寒秋後熱，算來無久就會煞；君來作田娘作岸，較贏富貴做大官。
（李獻璋：《台灣民間文學集》，頁 41。）

16. 冬生娘、冬絲絲，保庇阮，織布好布邊，繡花好花枝，套花好卍字，梳頭團團圓，縛腳合你平。冬生娘，冬絲絲」，教阮繡花，好針黹，繡腳繡手，尖溜溜，繡弓鞋，好鞋鼻，教阮梳頭，好後份，教阮縛腳，落米升，教阮排花，肩刺繡，教阮靈敏，加伶俐，教阮畫花，花枝清，教阮畫柳，柳枝明，教阮嫁尪，尪婿合好。（陳金田：〈冬生娘仔〉，頁 24～25。）

17. 歲頭食屆二十外，無妻可好娶，丈姆婆仔，你想怎樣？喉喲喲喲！丈姆婆仔，你想怎樣？歲頭食屆二十外，總趁三角外，也要厝稅，也要食穿，喉喲喲喲！丈姆婆仔，你想怎樣？歲頭食屆二十外，勞苦甘拖磨，只想娶妻來作伴，喉喲喲喲！丈姆婆仔，你想怎樣？歲頭食屆二十外，聽著聘金三百外，聽起來呀！免食免穿。喉喲喲喲！丈姆婆仔，你想怎樣？
（李獻璋：《台灣民間文學集》，頁 146～147。）

18. 〈無妻歌〉：一想無妻真孤稀，朝朝河邊來洗衣，手拿衫褲浸落水，幾多暗切無人知。二想無妻哥自家，朝晨暗埔自己摸，睡到三更思想起，目汁流來枕頭下。三想無妻哥打單，恰似野船在海灘，日裡飄洋遊四海，夜裡無人好做伴。四想無妻真寒酸，自己洗衫自己漿，衫褲爛踢無人補，又無妻子煮三餐。五想無妻哥想真，拜託朋友做媒人，思量日後無牽掛，丟踢香煙靠何人。六想無妻哥想長，朋友勸涯討甫娘，生子好來傳後代，緊想緊真緊痛腸。七想無妻出外鄉，有錢莫入婊子行，當今女子無情義，錢銀有來做病糧。八想無妻打單身，賺錢不可顯風神，提防日後得到病，身邊無錢望何人。九想無妻打單儕，賺錢不可亂亂花，少年時節不曉想，香爐吊在竹頭下。十想無妻真可憐，句句說出無虛言，風流兩字無了日，枕上夫妻正值錢。（舒蘭編著：《台灣情歌（二）》，頁 44。）

19. 播田仔花，開透白如紗（如雪），我娘罵阮不顧雞，雞頭雞尾無阮份，十七、十八要見君，早起遇著一陣查某囝仔，招我挽花插頭鬃，紅花又無香，香花又無紅，無愛妝水去看人，阿媽捧米叫挨粿；阿公提煙吹叫點火；大嫂叫放草去飼牛；二嫂叫我扛潘去飼豬；三嫂叫阮擔籠園內掘蕃薯。叫呀亂操操，查某仔飼大嫁去別人家，山雞水鴨無對頭，坐在房內映映哭，厝邊嬸婆對阮說：「第一好命你一個，三兄蔭一妹，包穩頭上插

金釵。」護阮聽呀目珠瞑瞑眽，怨恨父母無下落，查某仔養著做姑婆。（歐陽荊：〈台灣歌謠〉，頁 52。）

20. 娘仔滯在某字號，哥你無嫌來佚陶；真名正姓共哥報，免得害哥去尋無。
    （李獻璋：《台灣民間文學集》，頁 38～39。）

21. 合哥見面頭一擺，轉去底時會佫來，互阮煩惱佇心內，阿哥全然攏無知。
    （黃勁連：《臺灣歌詩集》，頁 76。）

22. 白衫穿來白蒼蒼，蝦仔落鼎遍身紅，娘仔想欲嫁好夫，父母主婚限定人。
    一個戒指來過定，叫我捧茶出大廳，不知賣我做姻也著行。（舒蘭編著：
    《台灣民歌（一）》，頁 119。）

23. 路頭離遠真僥倖，招娘手巾裂作平；一人一平收起藏，無看你面看娘物。
    （李獻璋：《台灣民間文學集》，頁 36。）

24. 嫂嫂佮哥真意愛，又驚咱厝父母知；冥日偷來幾十擺，兄哥無講嫂不知。
    （李獻璋：《台灣民間文學集》，頁 46～47。）

25. 小娘約哥後壁溝，假意舁椅去梳頭；搭心若來著喀嗽，哥仔招手娘點頭。
    （李獻璋：《台灣民間文學集》，頁 112。）

26. 含笑過午芳弓蕉，手捾花籃挽茶葉，驚父驚母不敢叫，假意呼雞喚獵鳶。
    （李獻璋：《台灣民間文學集》，頁 112。）

27. 一冥會勿眠半撐倒，神魂一半去尋歌；有人講我佮哥好，心肝現有嘴爭
    無。（李獻璋：《台灣民間文學集》，頁 37。）

28. 佮君約佇甘蔗溝，蔗葉拍結做號頭，天壽啥人共阮敨，害阮一人淪一溝。
    （方耀乾：〈台灣早期女性的生活畫像——以台灣民間歌謠為論述場
    域〉，頁 38。）

29. 離父離母都笑笑，離著阿娘佫碏虐；日時欲哭驚人笑，冥時目滓浸被蓆。
    （李獻璋：《台灣民間文學集》，頁 36。）

30. 火船駛屆滬尾港，親娘不可嫁別人；二人相好相痛疼，有頭有尾才是人。
    （李獻璋：《台灣民間文學集》，頁 78～79。）

31. 當今咒詛有佫重，對頭放息仙不可；永遠著來相痛疼，世間上好咱二人。
    （李獻璋：《台灣民間文學集》，頁 78。）

32. 你是未嫁我未娶，招你當天來咒詛；我若先梟先死我，你若先梟隨口化。
（李獻璋：《台灣民間文學集》，頁 48。）

33. 一時無看嫂的影，隔壁無看用聽聲；不時聽聲佮夢影，一半讀書一半聽。
（李獻璋：《台灣民間文學集》，頁 42。）

34. 哥今共娘同心神，双人相好加倍親；生死的確著做陣，不甘放娘你單身。
（李獻璋：《台灣民間文學集》，頁 79。）

35. 君有新娘任你交，放煞舊的是無賢；海水齣清人會老，便看誰人無尾稍。
（李獻璋：《台灣民間文學集》，頁 120。）

36. 交著新的熱火火，款待舊的嘴唇皮；等你新的若熱過，給我架腳嫌你衰。
（李獻璋：《台灣民間文學集》，頁 120。）

37. 咱身今年無錢項，親娘無認咱做人；親娘欲梟著緊放，放給娘身嫁別人。
（李獻璋：《台灣民間文學集》，頁 122。）

38. 〈無夫歌〉：一想無夫真慘悽，已多愁切無人知，命歪出世來當界，好好壞壞著戀渠。二想無夫真可憐，水鬼乞食做一間，一句言語係無順，慘過前生結仇冤。三想無夫做人難，做人按好人愛嫌，言語少講無歡喜，講得多來笑涯含。四想無夫淚沉沉，無介丈夫做主人，牛皮燈籠點蠟燭，點得光來外不明。五想無夫妹知差，可比黃蜂採野花，一點紅花人採走，老裡無雙害自家。六想無夫妹男當，命歹出世來當娼，必定生前有做惡，今生雪上又加霜。七想無夫妹可憐，紅頭花赤唔知天，有時有日得到病，無人敢到妹床前。八想無夫命真歪，無人也來同情涯，一心為錢無顧命，唔當庵堂來食齋。九想無夫無想長，父母年老在高堂，爺娘生我多辛苦，樣般生涯無夫郎。十想無夫妹想真，情願從良改嫁人，嫁介丈夫會相惜，半飢半餓也甘心。（舒蘭：《台灣情歌（二）》，頁 41。）

39. 挨呀挨，糶米糶粟來飼雞。飼雞望叫更，飼狗望吠暝；飼後生，養老歲。飼楂婦团，別人個。
（網址：http://neuro.ohbi.net/lostsinica/anthem/kid/kidsong1.html──挨呀）

40. 舊式結婚用命令，買賣價錢先聲明，採用第三者為止，價錢不好獪會成。
（《舒蘭：台灣民歌（二）》，頁 134。）

41. 十三十四電頭鬃，阿母不知子輕重，親像牡丹花當紅。十五十六轉大人，

阿母不知子輕重，睏著會寒也會凍。十七十八當活動，阿母不知子輕重，也夢給子早嫁夫。十九二十半內行，阿母不知子輕重，親成趕緊給阮放。（《舒蘭：台灣民歌（二）》，頁 112。）

42. 相思病落遍身酸，較慘重症病在床，父母不知濫滲問，醫生直叫佛直扛。（黃得時：〈台灣歌謠與家庭生活〉，頁 34。）

43. 十五月娘圓輪輪，照去溪邊映蘿藤；久久無看娘兒面；見著一娘重信親。（黃瑞貴：〈台灣的情歌〉，頁 194。）

44. 水錦開花白波波，八仙過海藍采和；真名正姓共哥報，免得給哥去尋無。（黃瑞貴：〈台灣的情歌〉，頁 196。）

45. 鵁鴒呼風欲做颱；娘兒擔水猶未來。水桶拍破得來箍，母當用土；女子飼大就加以嫁；母當剃頭做尼姑。尼姑清是清，閒是閒，食白米飯，剖柴平。母過無大家官可奉承；無男無女扭胸前；無翁婿，出人前。（網址：http://neuro.ohbi.net/lostsinica/anthem/rap/rap1.html——鵁鴒）

附錄三　台灣閩南婚禮歌謠選錄

（依據台灣南部地區之婚禮儀式的過程排列）

安床

1. 翻落鋪，生查某；翻過來，生秀才；翻過去，生進士。（阮昌銳：《中國婚姻習俗之研究》，頁 133。）

2. 翻落鋪，生查甫；翻過來，生秀才，翻過去，生進士。（基隆市立文化中心：《婚禮吉祥話》，頁 24。）

3. 翻過東，生囝做相公；翻過西，生囝生孫作秀才。（葉雅宜：《婚禮四句聯吉祥話研究》，頁 26。）

食姊妹桌

4. 食雞，即會起家。（鈴木清一郎：《增訂台灣舊慣習俗信仰》，頁 205。）

5. 食魷魚，生囝好育飼。（鈴木清一郎：《增訂台灣舊慣習俗信仰》，頁 205。）

6. 食公鹿，全壽福祿。（鈴木清一郎：《增訂台灣舊慣習俗信仰》，頁 205。）

7. 食豬肚，囝婿大地步。（鈴木清一郎：《增訂台灣舊慣習俗信仰》，頁 205。）

8. 食肉丸，萬事圓。（鈴木清一郎：《增訂台灣舊慣習俗信仰》，頁 205。）

9. 食魚尾叉，較快做大家。（鈴木清一郎：《增訂台灣舊慣習俗信仰》，頁 205。）

10. 食福圓，生囝生孫中狀元。（鈴木清一郎：《增訂台灣舊慣習俗信仰》，頁 206。）

11. 食紅棗，年年好。（鈴木清一郎：《增訂台灣舊慣習俗信仰》，頁 206。）

12. 吃冬瓜，大發花。（鈴木清一郎：《增訂台灣舊慣習俗信仰》，頁206。）
13. 食芋，新娘快大肚。（鈴木清一郎：《增訂台灣舊慣習俗信仰》，頁206。）
14. 食甜豆，夫妻食到老老老。（鈴木清一郎：《增訂台灣舊慣習俗信仰》，頁206。）
15. 食甜桔，好尾結。（鈴木清一郎：《增訂台灣舊慣習俗信仰》，頁206。）
16. 吃白米飯，更能孝順。（台灣省政府民政廳：《結婚禮儀範本》，頁18。）
17. 吃雞粢，好賺吃。（台灣省政府民政廳：《結婚禮儀範本》，頁18。）
18. 吃雞頭，尪某才會敖。（葉雅宜：《婚禮四句聯吉祥話研究》，頁27。）
19. 吃這雞肉邊，尪某講話有哩聽。（葉雅宜：《婚禮四句聯吉祥話研究》，頁27。）
20. 吃這雞肉絲，尪某笑微微。（葉雅宜：《婚禮四句聯吉祥話研究》，頁27。）
21. 吃這魚後蹽，生囝做總督。（葉雅宜：《婚禮四句聯吉祥話研究》，頁27。）
22. 吃韭菜，久久長長。（葉雅宜：《婚禮四句聯吉祥話研究》，頁27。）
23. 吃紅蝦，吃予紅牙。（葉雅宜：《婚禮四句聯吉祥話研究》，頁27。）
24. 吃土豆，吃予老老老。（葉雅宜：《婚禮四句聯吉祥話研究》，頁27。）
25. 吃芋，好頭路。（葉雅宜：《婚禮四句聯吉祥話研究》，頁27。）
26. 吃這米心，生囝卡水觀音。（葉雅宜：《婚禮四句聯吉祥話研究》，頁27。）

新娘點香辭祖

27. 今天嫁女大吉昌，天賜良緣喜洋洋，踏入大廳拜祖先，白首偕老歲壽長。（台灣省政府民政廳：《結婚禮儀範本》，頁49。）
28. 大廳禮燭來點起，愛女準備出大廳，拜別列祖與列宗，百年富貴享榮華。（台灣省政府民政廳：《結婚禮儀範本》，頁49。）
29. 喜燭光輝照大廳，拜上神明與祖宗，祝妳終生永幸福，榮華富貴萬年昌。（台灣省政府民政廳：《結婚禮儀範本》，頁49。）
30. 這對夫妻來對拜，予伊嫁到好尪婿，予伊娶到好太太，好伊好將來。（葉雅宜：《婚禮四句聯吉祥話研究》，頁28。）
31. 一對鳳凰來相見，早生貴子全全圓。（葉雅宜：《婚禮四句聯吉祥話研究》，頁28。）

新娘上轎、起轎

32. 燭火光輝照廳堂，兩姓合婚壽年長，來年必定生貴子，富貴榮華萬萬年。
（新娘上轎前拜別父母時父母念）（基隆市立文化中心：《婚禮吉祥話》，頁 20。）

33. 新娘預備要坐轎，吩咐好話攏擺著，去著有緣得人惜，有孝家官才有著，母今看子子看母，目屎流落若貞珠，若是男兒在咱厝，生成女兒著配夫。
（新娘上花轎前母念）（基隆市立文化中心：《婚禮吉祥話》，頁 20。）

34. 嫁出去的女兒，如潑出去的水。（楊炯山：《最新婚喪喜慶禮儀大全》，頁 9。）

35. 佳偶良緣天註定，目屎流落心著驚，轎內坐椅要端正，阿母吩咐著要聽，嗡望入門翁姑疼，勤儉裕生有名聲，致蔭尪婿有官名，水潑落地轎起行。
（新娘上轎後潑水時母念）（基隆市立文化中心：《婚禮吉祥話》，頁 20。）

施緣

36. 人未到，鉛先到；入大廳，得人緣。（台灣省政府民政廳：《結婚禮儀範本》，頁 20。）

新娘出轎

37. 今要轎門兩旁開，金銀財寶一直來，新娘新郎入房內，生子生孫作秀才。
（基隆市立文化中心：《婚禮吉祥話》，頁 20。）

38. 今著轎門兩邊開，金銀財寶做一堆，新娘新婿入房內，生子生孫進秀才。
（婁子匡、許長樂：《台灣民俗源流》，頁 65。）

舉米篩

39. 米篩圓圓，新娘入門大賺錢，一家好團圓。（葉雅宜：《婚禮四句聯吉祥話研究》，頁 29。）

40. 米篩粗粗，新娘入門快生查甫。（葉雅宜：《婚禮四句聯吉祥話研究》，頁 29。）

41. 米篩上面有八卦，那有歹事攏嬈化。（葉雅宜：《婚禮四句聯吉祥話研究》，頁 29。）

進門

42. 腳踏入圍，頭胎生查埔。（阮昌銳：《中國婚姻習俗之研究》，頁131。）

43. 新娘過火不驚痛，腳步慢慢到大廳，天成福祿富貴命，拜堂完婚乾坤定。
    （基隆市立文化中心：《婚禮吉祥話》，頁21。）

44. 腳若舉得高，生子生孫中狀元。（楊炳山：《最新婚喪喜慶禮儀大全》，頁
    9。）

45. 腳步提得正，新娘得人疼。（葉雅宜：《婚禮四句聯吉祥話研究》，頁30。）

46. 腳若舉得起，紅眠床金交椅。（阮昌銳：《中國婚姻習俗之研究》，頁131。）

47. 破瓦不破人，破外不破內，新娘入門攏不破。（王灝：《婚嫁的故事》，頁
    109。）

48. 新郎快升狀元，新娘快做姑家。（阮昌銳：《中國婚姻習俗之研究》，頁
    131。）

49. 新娘娶到厝，家財年年富，今年娶媳婦，明年起大厝。（婁子匡、許長樂：
    《台灣民俗源流》，頁66。）

入大廳

50. 新娘進大廳，白磚鋪路行。新娘真美，新郎真就成，後日生囝狀元名。

51. 新娘上樓起，大樓年年起。前花園，後果子，大廳金交椅。田園滿滿是，
    收租食未離，大小笑嘻嘻。（新娘上樓）

抬子孫桶

52. 子孫桶拉一下懸（高），生囝生孫中狀元；子孫桶按一下起，紅眠床，金
    交椅。（阮昌銳：《中國婚姻習俗之研究》，頁133。）

53. 子孫桶掯高高，生子生孫中狀元。（鈴木清一郎：《增訂台灣舊慣習俗信
    仰》，頁204。）

54. 子孫桶掯震動，生子生孫做相公。（鈴木清一郎：《增訂台灣舊慣習俗信
    仰》，頁204。）

55. 尾擔提高高，新娘生囝中狀元。（王灝：《婚嫁的故事》，頁115。）

56. 尾擔提浮浮，新娘生囝卡大牛。（王灝：《婚嫁的故事》，頁115。）

57. 尾擔提到戶碇頭，新娘生囝眞正賢。（王灝：《婚嫁的故事》，頁 115。）

58. 子孫桶過戶碇，夫妻家和萬事成。（走過門檻時唸）（鈴木清一郎：《增訂台灣舊慣習俗信仰》，頁 204。）

59. 尾擔捾入廳，新娘生囝做大官。（王灝：《婚嫁的故事》，頁 115。）

60. 子孫桶捾入房，百年偕老心相同。（走進房唸）（鈴木清一郎：《增訂台灣舊慣習俗信仰》，頁 204。）

61. 子孫桶提高高，生子生孫中狀元，

子孫桶提低低，呼恁兩年生三個，

送入洞房入房內，永浴愛河相意愛，

洞房花燭雷當開，生育貴子大發財。（新娘進房後，抬子孫桶者跟著新娘邊走邊念）（基隆市立文化中心：《婚禮吉祥話》，頁 21。）

男家點燭拜祖

62. 左邊點燭滿堂光，右邊點燭生貴子，夫妻雙雙來拜堂，相敬如賓代代興。（台灣省政府民政廳：《結婚禮儀範本》，頁 49。）

63. 喜燭紅紅透天長，夫妻雙雙來拜堂，明年生個好寶寶，世代昌隆萬代興。（台灣省政府民政廳：《結婚禮儀範本》，頁 49。）

64. 双人對面塊教拜，拜好共伊牽起來，新娘入門好頭彩，洞房花燭受双胎。（竹林書局：《三伯娶英台歌（中本）》，頁 1）

65. 點起喜燭滿堂光，宜室宜家滿門春，良辰吉日來拜堂，百年好合歲壽長。（台灣省政府民政廳：《結婚禮儀範本》，頁 50。）

66. 天圓圓地圓圓，夫妻一對好團圓，喜燭光禮燭明，富貴榮華萬萬年。（台灣省政府民政廳：《結婚禮儀範本》，頁 50。）

67. 大廳神棹金漆漆，喜燭雙雙焰火紅，今年新人是一對，明年生囝變兩雙。（台灣省政府民政廳：《結婚禮儀範本》，頁 50。）

68. 一拜天地謝恩典，再拜高堂福壽長，三拜乾坤生貴子，榮華富貴蘭菊芳。（台灣省政府民政廳：《結婚禮儀範本》，頁 50。）

69. 天成佳偶結連理，一見鍾情夫婦順，二姓合婚謁祖宗，交頸鴛鴦勝似仙。（台灣省政府民政廳：《結婚禮儀範本》，頁 50。）

70. 天造地設天定緣，進入大廳謁祖宗，有情成眷五世昌，榮華富貴滿家香。
（台灣省政府民政廳：《結婚禮儀範本》，頁 50。）

71. 新郎新娘在大廳，列祖列宗心歡喜，同心協力組家庭，早生貴子享榮華。
（台灣省政府民政廳：《結婚禮儀範本》，頁 50。）

72. 點燈結緣慶新婚，一拜天地再高堂，宜室宜家滿庭芳，從此百首享齊眉。
（台灣省政府民政廳：《結婚禮儀範本》，頁 50。）

73. 一拜，一乾一坤；再拜，兩姓合婚；三拜，夫妻好合，百子千孫。（台灣
省政府民政廳：《結婚禮儀範本》，頁 50。）

74. 有情人終成眷屬，虔誠恭拜老祖宗，拜得祖宗心歡喜，家門昌盛永興隆。
喜燭紅紅透天長，夫妻雙雙來拜堂，明年生個好寶寶，世代昌隆萬代興。
（台灣省政府民政廳：《結婚禮儀範本》，頁 50。）

75. 一拜天地成夫妻，二人結髮子孫多，男女姻緣天來配，感情永遠無問題。
二拜高堂敬祖先，男女做陣是天緣，夫妻和合永不變，妻賢夫正萬萬年。
夫妻對拜站正正，嗡望入門家官疼，良時吉日來合婚，一夜夫妻百世恩。
（拜堂時好命婆念）（基隆市立文化中心：《婚禮吉祥話》，頁 21。）

76. 拜天公，予尪某雙雙對對，永遠萬年富貴。（葉雅宜：《婚禮四句聯吉祥
話研究》，頁 32。）

77. 拜祖先，予尪某雙雙對對，永遠萬年富貴。（葉雅宜：《婚禮四句聯吉祥
話研究》，頁 32。）

78. 新娘官茶捧高高，請祖先予囝兒孫代代作狀元。（葉雅宜：《婚禮四句聯
吉祥話研究》，頁 32。）

新娘入房

79. 新娘進房內，添丁大發財。

80. 甜茶兩杯甜甜，予新娘布萬年。（葉雅宜：《婚禮四句聯吉祥話研究》，頁
32。）

81. 雙雙對對，萬年富貴。（葉雅宜：《婚禮四句聯吉祥話研究》，頁 32。）

82. 一對青年做尪某，房宮設備真正蘇，即時念乜大腹堵，頭胎双生巢乾埔。
（竹林書局：《三伯娶英台歌（中本)》，頁 1。）

83. 新娘下昏入門喜，頭胎準準生男兒，久仔笑甲瀾那滴，手提紅包卜乎伊。
（竹林書局：《三伯娶英台歌（中本）》，頁1。）

拜床母

84. 床公床婆，尪某好和。（葉雅宜：《婚禮四句聯吉祥話研究》，頁32。）

85. 床公床母，尪某合好。（葉雅宜：《婚禮四句聯吉祥話研究》，頁32。）

86. 摸眠床前，新娘官生囝坐人前。（葉雅宜：《婚禮四句聯吉祥話研究》，頁32。）

87. 摸眠床角，新娘官入門，囝婿官田園漸漸合。（葉雅宜：《婚禮四句聯吉祥話研究》，頁32。）

88. 摸後後，尪某好到老老老。（葉雅宜：《婚禮四句聯吉祥話研究》，頁32。）

吃新娘圓、食酒桌菜

89. 吃豬心，尪某會共心。（葉雅宜：《婚禮四句聯吉祥話研究》，頁34。）

90. 圓仔吃一雙，生囝生相公。（葉雅宜：《婚禮四句聯吉祥話研究》，頁34。）

91. 圓仔吃一粒，生囝有兩粒。（葉雅宜：《婚禮四句聯吉祥話研究》，頁34。）

92. 吃乎甜甜，予妳明年生後生。（葉雅宜：《婚禮四句聯吉祥話研究》，頁34。）

93. 飲上甜，生後生；飲礁礁，生一個有卵脬；飲了了，生一個有卵鳥。（葉雅宜：《婚禮四句聯吉祥話研究》，頁35。）

94. 食雞，會起家。

食魷魚，生子好育飼。

食鹿，全壽福祿。

食豬肚，子婿大地步。

食肉丸，萬事圓。

食魚頷顋，快做老爸。

食魚尾叉，快做大家。

食福圓，生子生孫中狀元。

食紅棗，年年好。

食冬瓜，大發花。

食芋，新郎好頭路，新婦快大肚。

食甜豆，夫妻食到老老老。

食柑桔，好結尾。（鈴木清一郎：《增訂台灣舊慣習俗信仰》，頁 205。）

95. 食一個雞，予妳存到老嘿嘿！

食豬腳，鬧拉拉！

食雞腿屐，才賺有食！

食腰尺，予恁尪某相惜！

食一個肉，才會感覺！

查甫人食魚尾叉，較快做老爸！

食一個甜，予妳去生後生！

食一個菜，予妳得著好尪婿！

吃土豆，吃予香香。

吃木耳，笑吻吻。

吃韭菜頭，新娘起新洋樓。

吃韭菜尾，新娘入門卡家火。

婚筵

96. 一對新人古琴瑟，親戚朋友同聲賀，鴛鴦成雙又成對，家門昌盛享榮華。
（台灣省政府民政廳：《結婚禮儀範本》，頁 50。）

97. 新娘秀外又慧中，玉潔冰清又端莊，明年生個好寶寶，世代子孫永昌隆。
（台灣省政府民政廳：《結婚禮儀範本》，頁 50。）

98. 一對新人效于飛，手牽手呀心連心，明年生個好寶貝，從此富貴相與共。
（台灣省政府民政廳：《結婚禮儀範本》，頁 50。）

99. 新郎新娘氣運好，才子麗人喜偶成，百年好合情成眷，燕侶雙壽敬如賓。
（台灣省政府民政廳：《結婚禮儀範本》，頁 51。）

100. 親朋友戚齊聲唱，琴瑟和鳴恩愛長，來年必定生貴子，相敬如賓魚水諧。
（台灣省政府民政廳：《結婚禮儀範本》，頁 51。）

101. 燕爾新婚諧魚水，夫妻一對好姻緣，兩情相悅生貴子，財丁兩旺萬萬年。
（台灣省政府民政廳：《結婚禮儀範本》，頁 51。）

102. 龍鳳相隨，代魚開嘴，夜夜相對，萬年富貴。（王灝：《婚嫁的故事》，頁
127。）

103. 新娘好學問，今日配郎君，翁姑著孝順，百子傳千孫。（王灝：《婚嫁的
故事》，頁 127。）

104. 今日娶新婦，入門蔭丈夫，年年起大厝，珠寶歸身軀。（王灝：《婚嫁的
故事》，頁 127。）

105. 天地配合，成雙成對，夫唱婦隨，萬年富貴。（葉雅宜：《婚禮四句聯吉
祥話研究》，頁 36。）

106. 新郎才子，新娘美女，夫妻相好，誠實規矩。（洪進鋒：《台灣民俗之旅》，
頁 368。）

107. 今日好日子，兩姓結連理，冬至腹肚大，新娘真恭喜。（洪進鋒：《台灣
民俗之旅》，頁 368。）

鬧洞房

108. 新郎生做好人才，尪生某旦即應該，新娘是美不是醜，大家卜看隨我來。
（鈴木清一郎：《增訂台灣舊慣習俗信仰》，頁 216。）

109. 人客坐滿廳，聽著甌仔聲；新娘塊準備，有時免著驚。（洪進鋒：《台灣
民俗之旅》，頁 368。）

110. 喜酒吃真多，等候吃甜茶；新娘娶入厝，家財年年富。（洪進鋒：《台灣
民俗之旅》，頁 369。）

111. 吉日花燭的晚上，親戚賀客滿廳堂，大家在著相探問，要請新娘出房門。
（吳瀛濤：《台灣民俗》，頁 135。）

112. 新娘還在房間內，不知是在做什乜，人講新娘生真美，你嗎出來我看覓。
（吳瀛濤：《台灣民俗》，頁 135。）

113. 新郎和新娘，還在新娘房，不可給我等，甜茶就緊捧。（阮昌銳：《中國
婚姻習俗之研究》，頁 135。）

新娘出房

114. 新娘到大廳，新郎伴妳行，會得家官疼，庇蔭丈夫有官名。

115. 新娘出大廳，錢銀滿大廳。（洪敏麟：《台灣風俗探源》，頁 301。）

116. 新娘行出房，茶盤雙手捧；確實有誠意，要請咱眾人。（洪進鋒：《台灣民俗之旅》，頁 369。）

117. 新娘捧茶出大廳，看見大燭光熒熒，金鋪路，銀鋪廳，致蔭丈夫有官名。

118. 新娘美貌似天仙，天地註定好姻緣；在家父母好教練，應該敬老後少年。
（吳瀛濤：《台灣民俗》，頁 136。）

119. 人客緊坐歸排，媒婆會加紹介；新娘會報伊知，對彼邊請過來。（洪進鋒：《台灣民俗之旅》，頁 371。）

介紹親戚 （基隆市立文化中心：《婚禮吉祥話》，頁 21。）

介紹母舅：

120. 新娘捧茶出大廳，也有糖仔冬瓜餅，甜茶新娘親手煎，要敬母舅頭一名。

母舅答詞：

黃道吉日鬧猜猜，八音鼓吹兩邊排，大家要來看子婿，果然一對好人才。

介紹母妗：

121. 夫妻二人愛關心，這個就是恁母妗。

母妗答詞：

花灼堂煌喜筵開，盈們賀客一齊來，娶妳要來接後代，月下老人來安排。

介紹姑丈：

122. 這邊這個是恁姑丈，通人呵嘮是好模樣。

姑丈答詞：

新郎大方好五官，新娘生水有夠岍，今夜種子若會滿，傳下子孫中狀元。

介紹姑母：

123. 阿姑做人捲甲謙，紅包若少不通嫌。

姑母答詞：

今夜大家吃喜酒，隻罪親戚和朋友，相愛著愛手牽手，才會天長甲地久。

介紹姨丈：

124. 凡事就愛來相讓，這個就是你姨丈。

姨丈答詞：

今夜龍鳳抱雙喜，新郎身中有家絲，新娘心理愛準備，雙人相招落舞池。

介紹阿姨：

125.阿姨真正教講話，我看今暝會出問題。

阿姨答詞：

新娘生水真伶俐，媒人介紹請阿姨，人說姻緣是天數，遵守禮儀照城都。

接受新娘茶

126. 來食新娘一杯茶，給你二年生三個，一個手裡抱，二個土腳爬。（婁子匡、許長樂：《台灣民俗源流》，頁66。）

127. 新娘捧茶查清香，清香蠟燭滿廳紅，今年娶親出貴囝，貴囝卜做讀冊人。

128. 新娘捧茶對面擂，是恁家官好命，娶著好新婦；是恁小姐好命，嫁著好丈夫。

129. 兩條菜頭落門兜頂，代代好尾景；兩條龍進厝內，代代大發財；我牽你入新厝，予恁代代富。

130. 新娘捧茶對面來，一對夫妻好人才。新娘真美，新郎真可愛。

131. 新娘捧茶來相請，請問新娘的芳名；拜託講乎阮知影，貴姓尊名講阮聽。（洪進鋒：《台灣民俗之旅》，頁372。）

132. 問名報姓是無歹，新娘你想也會知；今日結婚是好代，大家歡喜阮著來。（洪進鋒：《台灣民俗之旅》，頁372。）

133. 茶盤框金，茶甌深深。新郎新娘要相親，那無這盃甜茶，我們就無愛喝。（王灝：《婚嫁的故事》，頁128。）

134. 新娘新郎捧茶對面來，一對夫妻好人才。下暗儘量去排解，這杯甜茶我捧起來。

135. 茶盤淺淺，茶甌顯顯，下暗儘量去相偃，我阿婆仔食茶無錢，共你壓銅先；新娘下暗四界儘量去振動，三更半暝就不通喊救人。

136. 新郎真美似小生，新娘真美似花旦，今年來請食甜茶，明年抱後生相看。
（吳瀛濤：《台灣民俗》，頁137。）

137. 新娘捧茶手伸伸，好時吉日來合婚，入門代代多富貴，後日百囝合千孫。
（吳瀛濤：《台灣民俗》，頁137。）

138. 新娘捧茶蓮步行，雙腳疊齊身正正，一杯好茶來相請，致蔭丈夫好名聲。

139. 手捧甜茶講四句，新娘好命蔭丈夫，奉敬家官有上取，田園建置千萬區。
（葉雅宜：《婚禮四句聯吉祥話研究》，頁38。）

140. 新娘生美看現現，尋妻一對好姻緣，食茶恭賀四句湊，財子壽全三出頭。

141. 囝婿娶著好家眷，新娘生美抵好高，食茶恭賀有按算，夫妻富貴喜團圓。

142. 新娘捧茶手正正，房間出來蓮步行，一杯好茶來相請，致蔭翁婿早出名。
（葉雅宜：《婚禮四句聯吉祥話研究》，頁38。）

143. 甜茶相請真尊敬，郎才女貌天生成，夫妻和好財子盛，恭賀富貴萬年興。
（吳瀛濤：《台灣民俗》，頁136。）

144. 天賜良緣人人有，郎才女貌無卡輸，琴瑟和鳴早結珠，早生貴子蔭丈夫。

145. 吉日良時作大人，夫唱婦隨入洞房，相敬如賓家興旺，永結同心心相同。
（葉雅宜：《婚禮四句聯吉祥話研究》，頁39。）

146. 新娘生水兼伶俐，親像牡丹花一枝，捧茶相請真好意，恭喜福祿慶齊眉。
（葉雅宜：《婚禮四句聯吉祥話研究》，頁39。）

147. 古早周公定婚禮，男女配合著成家，新郎新娘好體格，第一親密是夫妻。
（王灝：《婚嫁的故事》，頁124。）

148. 新娘娶入厝，家財年年富，今年娶媳婦，明年豬變牛。（洪進鋒：《台灣民俗之旅》，頁370。）

149. 天地配合，成雙成對，夫唱婦隨，萬年富貴。（吳瀛濤：《台灣民俗》，頁137。）

150. 頭插紅花，身穿紅襖，夫妻偕老，同心和好。（吳瀛濤：《台灣民俗》，頁137。）

151. 眠床四角，蚊罩空殼，新娘睏坦笑，新郎睏坦覆。（婁子匡、許長樂：《台灣民俗源流》，頁66。）

152. 門當擱戶對，榮華兼富貴，今晚日子美，趕緊去做堆。（洪進鋒：《台灣民俗之旅》，頁370。）

153. 人講做人三擺喜，第一著是結婚時，新郎新娘相合意，鴛鴦水鴨成一池。（王灝：《婚嫁的故事》，頁124。）

154. 今夜夫妻在帳內，佳期會秘密開，武藝高強眞屬害，一戰成功結珠胎。（洪進鋒：《台灣民俗之旅》，頁370。）

155. 一蕊花好是玫瑰，花門含蕊也未開，今夜夫妻成雙成對，景星下降發光輝。（王灝：《婚嫁的故事》，頁124。）

156. 尪某生著平平美，有緣千里來做堆，青春時代眞寶貴，天降甘露花心開。（王灝：《婚嫁的故事》，頁124。）

157. 新郎新娘且慢，我有拴鹹公餅，尪某著卡打拼，入門喜我知影。（洪進鋒：《台灣民俗之旅》，頁371。）

158. 好田也著好種子，播種著愛應時機，尪某雙人著歡喜，協力合作生雙生。（王灝：《婚嫁的故事》，頁124。）

159. 新郎新娘相意愛，良時吉日上武台，英雄比武有限界，眞槍射中風雲開。（洪進鋒：《台灣民俗之旅》，頁372。）

160. 新娘妳著大準備，準備今夜上戰坪，雙方對戰著拼勢，勝利收兵得麟兒。（洪進鋒：《台灣民俗之旅》，頁372。）

161. 新娘暗暗暢，夫婿是將相，若是考文武，定歸一筆中。（鈴木清一郎：《增訂台灣舊慣習俗信仰》，頁216。）

162. 維新世界，尖端時代，烏貓新娘，烏狗囝婿。（鈴木清一郎：《增訂台灣舊慣習俗信仰》，頁217。）

收茶甌

163. 手提銀票壓茶甌，新娘新人平平賢，夫妻恩愛好到老，囝孫的確會出頭。

164. 甜茶飲乾乾，捕袋落去搔，紅包壓甌底，新娘生卵孵。（鈴木清一郎：《增訂台灣舊慣習俗信仰》，頁217。）

165. 甜茶食過了，我用銀票來做鳥，新娘你看覓，按哖生才有巧。（吳瀛濤：《台灣民俗》，頁138。）

166. 要磧茶甌緊來收，新娘新郎眞自由，提錢給你添福壽，二姓合婚配千秋。
（吳瀛濤：《台灣民俗》，頁 138。）

167. 食甜的人客，茶甌下落共壓，通一年生一個，隨個個教讀書。（洪進鋒：
《台灣民俗之旅》，頁 371。）

168. 新娘茶甌緊來收，新郎新娘可自由，紅包乎妳添福壽，二姓合配定千秋。
（洪進鋒：《台灣民俗之旅》，頁 373。）

169. 新娘好學問，兒女好詩韻，茶甌收起返，翁姑著孝順。（吳瀛濤：《台灣
民俗》，頁 138。）

170. 茶盤淺淺，茶甌顯顯，皮包空空，只有剩二錢。（吳瀛濤：《台灣民俗》，
頁 138。）

收茶甌親戚答詞（基隆市立文化中心：《婚禮吉祥話》，頁 22。）

母舅答詞：

171. 先下虎威予妳驚，新郎做馬予妳騎，姊妹柳巷四界行，尊重新娘若阿娘。

母妗答詞：

172. 新娘生水笑紋紋，歡喜嫁給水阿君，美麗才華有學問，全望新娘疼郎君。

姑丈答詞：

173. 新婚水醜撥一邊，內才眞好才是奇，不信二人嘴叨嘴，合唱戀愛的歌詩。

姑母答詞：

174. 新娘嫁妝拿入內，今夜不是給妳习，想要給妳討繡包，兩姓合婚好到老。

姨丈答詞：

175. 新娘嫁妝逐項有，只欠一捾美國珠，請你夫妻雙手扶，掛帶新娘的身軀。

阿姨答詞：

176. 甜茶吃了愛卜燻，大家要习趁這裤，吃茶紅包那多份，敢著提來大家分。

好命婆代答並結束謝詞

177. 銀錢何必著計較，人愛有量才有肴，汝厝家伙如重斗，那有看這小紅包。
（基隆市立文化中心：《婚禮吉祥話》，頁 23。）

178. 今日媒人上偉大，新娘娶娶阮厝來，今年年頭飼雞栽，年尾新娘做月內。

179. 頭插一蕊金菊釵，腳穿一雙紅絨鞋，在厝富貴囝，嫁出狀元妻。

180. 新娘頭累累，腳穿一雙紅絨鞋，娶來兩年生三個，兩個手裡抱，一個土腳爬。

181. 新娘新郎，酒杯舉懸懸，一嘴呤予乾，明年較緊做阿爸。

182. 新娘新郎，酒杯舉懸懸，一嘴呤予乾，明年生一個有卵孵。

183. 二姓合婚，冬尾雙生。

184. 子婿緊昇狀元，新娘緊做大家。

185. 新娘娶入來，進丁甲發財。

討冬瓜糖、手巾、檳榔…等物件

186. 一對好夫妻，恭敬捧茶杯，不但要食茶，亦要吃冬瓜。（鈴木清一郎：《增訂台灣舊慣習俗信仰》，頁 217。）

187. 冬瓜是菜，夫妻恩愛，子孫昌盛，七子八婿。（吳瀛濤：《台灣民俗》，頁 138。）

188. 冬瓜冰糖食甜甜，要給新娘生後生，翻過新年大趁錢，一家和順團團圓。（吳瀛濤：《台灣民俗》，頁 138。）

189. 眞知新娘嫁妝多，甜茶食過討冬瓜，愛食冬瓜講好話，緊捧冬瓜來交陪。（洪進鋒：《台灣民俗之旅》，頁 373。）

190. 新娘頭是插紅花，腳穿金蓮三寸鞋，阮來並無別事做，卜食新娘甜冬瓜。（洪進鋒：《台灣民俗之旅》，頁 373。）

191. 冬瓜捧一凸，詩句著緊講，看誰較會通，無講人笑聳。（洪進鋒：《台灣民俗之旅》，頁 370。）

192. 新娘眞賢內，冬瓜捧者多，大家提去食，勿通加講話。（吳瀛濤：《台灣民俗》，頁 138。）

193. 來看新娘人眞多，甜茶食過討冬瓜，食著冬瓜說好話，囝婿有福中頭科。（吳瀛濤：《台灣民俗》，頁 138。）

194. 冬瓜捧一捧，詩句著緊講，若有擱再來，我才直直講。（吳瀛濤：《台灣民俗》，頁 138。）

195. 來給新娘請冬瓜，一對美麗好夫妻，新人可比鳳凰鳥，新娘可比牡丹花。（吳瀛濤：《台灣民俗》，頁 138。）

196. 今日兩姓來合婚，後日百子與千孫，來探新娘是無論，要向新娘討手巾。（吳瀛濤：《台灣民俗》，頁 139。）

197. 手巾齊齊有，全新不是舊，囝兒若長成，會娶好媳婦。（吳瀛濤：《台灣民俗》，頁 139。）

198. 冬瓜食過討檳榔，食著檳榔較甜糖，新娘理家賢打算，三多九如慶十全。（洪進鋒：《台灣民俗之旅》，頁 373。）

199. 冬瓜食過討冰糖，眞知新娘有好物，錢銀春甲無地放，金滿房間福滿堂。（洪進鋒：《台灣民俗之旅》，頁 373。）

200. 冰糖吃過討紅棗，恭喜全家眞協和，夫妻相愛百年好，新娘賢淑敬公婆。（洪進鋒：《台灣民俗之旅》，頁 373。）

201. 洪棗吃過討福員，著食福員心會專，一對尪某眞好看，世間眞少無塊拴。（洪進鋒：《台灣民俗之旅》，頁 373。）

202. 福員吃過討桔餅，我講四句乎您聽，尪某福氣卡好命，有緣千里配親成。（洪進鋒：《台灣民俗之旅》，頁 373。）

203. 桔餅食過討杏仁，物件好食各項新，恭喜財源大廣進，壽比南山福滿臻。（洪進鋒：《台灣民俗之旅》，頁 374。）

204. 杏仁食過眞正好，大家愛吃雞蛋糕，新娘慷慨肚量高，相尊相敬家協合。（洪進鋒：《台灣民俗之旅》，頁 374。）

205. 捧出甜點來相請，尪某一定好名聲，新娘做人眞四正，講話鶯聲人愛聽。（洪進鋒：《台灣民俗之旅》，頁 372。）

206. 好意請人客，物件捧眞多，愛食擱再提，不通加講話。（洪進鋒：《台灣民俗之旅》，頁 370。）

207. 大家免細字，物件排齊備，提提起來吃，即知好氣味。（洪進鋒：《台灣民俗之旅》，頁 370。）

208. 各式吃完嘴甜甜，卜乎新娘生哮生，早生貴子大歡喜，燕爾新婚家團圓。（洪進鋒：《台灣民俗之旅》，頁 374。）

209. 我看眾人的大意，愛吃新娘好煙枝，新娘要請著誠意，乎恁尪某賺大錢。（洪進鋒：《台灣民俗之旅》，頁 374。）

結束

210. 大家要起行，給伊去輸贏，準準入門喜，粘米做阿娘。（吳瀛濤：《台灣民俗》，頁 139。）

211. 新娘眞古意，鬧久新郎會生氣，大家量早返，給你通去變把戲。（吳瀛濤：《台灣民俗》，頁 139。）

212. 新人食神帶眞重，大家趁早緊漏港，準備若好勢，緊去變猴弄。（吳瀛濤：《台灣民俗》，頁 139。）

213. 喜酒扣著喝，坐久新娘會鬱辛，愛緊來去返，給伊去搬暝尾出。（吳瀛濤：《台灣民俗》，頁 139。）

出廳

214. 摸著籠，才會知頭重。（摸著籠口念）（婁子匡、許長樂：《台灣民俗源流》，頁 66。）

215. 新娘出灶腳，來碰灶，子孫大家都有孝。（王灝：《婚嫁的故事》，頁 139。）

216. 新娘出灶腳，來碰灶，子孫大家都有孝。（李文獻：〈台灣傳統婚禮儀式祝辭初探〉，頁 70。）

217. 新娘開壓房粿、房房好。（李文獻：〈台灣傳統婚禮儀式祝辭初探〉，頁 70。）

218. 新娘拉灶空，燴燻，煮飯，眞快滾，大伯叔公來看笑吻吻。（李文獻：〈台灣傳統婚禮儀式祝辭初探〉，頁 70。）

219. 攪奔浮，飼豬較大牛。（拌豬食口念）（婁子匡、許長樂：《台灣民俗源流》，頁 66。）

220. 新娘拉潘缸，拉浮浮，飼豬較大牛。（李文獻：《台灣傳統婚禮儀式祝辭初探》，頁 71。）

221. 拜灶君，起火燴燻，煮糜快滾。（拜灶君口念）（婁子匡、許長樂：《台灣民俗源流》，頁 66。）

222. 年頭飼雞栽，年尾做月內。（抓米餵雞時念）（鈴木清一郎：《增訂台灣舊慣習俗信仰》，頁 210。）

223. 冬頭餵雞栽，冬尾做月裡，大的捉來刣，小的分同姒。（李文獻：〈台灣傳統婚禮儀式祝辭初探〉，頁 70。）

歸寧

224. 暗暗摸，生查埔。（吳瀛濤：《台灣民俗》，頁 139。）

附錄四　台灣早期女性的婚後生活歌謠選錄

1. 土地婆，土地伯，恬恬聽我説，説到今年五十八，好花來朝枝，好子來出世，亂彈布袋戲，紅龜三百二，閹雞古，五斤四。（彰化）（李獻璋：《台灣民間文學集》，頁152〜153。）

2. 手搖籤筒哄，三枝噢，要卜新娘啊，入門喜咿，現在有身三月日噢，包領會生，莫嫌遲咿。（舒蘭編：《台灣民歌（一）》，頁39。）

3. 七七四十九，問娘何月有。除起母生萬，再添一十九。是男逢單位，是女必成雙。算男若是女，三五入黃泉。（黃得時：〈台灣歌謠與家庭生活〉，頁32。）

4. 砒班水蛭及蝱蟲，烏頭附子配天雄；野葛水銀並巴豆，牛膝薏苡與蜈蚣；三稜代赭芫花麝，大戟蛇蜺莨雌雄，牙硝芒硝牡丹桂，槐花牽牛皂角同；半夏南星與通草，瞿麥乾薑桃仁通，砂乾漆蟹甲瓜地，熊膽茅根及草麻，常山商陸並牛黃，黎蘆胡粉金銀箔，王不留行鬼箭羽，神麴葵子與大黃。（簡榮聰：〈台灣傳統的生育民俗與文物〉，頁275。）

5. 正月病子在心內，若要講人驚人知，看著物件逐項愛，偷偷叫哥買入來。
二月病子人愛睏，三頓粥飯無愛吞，想食白糖泡藕粉，叫兄去買一角銀。
三月病子人嘴冷，腳手酸軟烏暗眩，酸澀買到厝內面，愛食樹梅鹹七珍。
四月病子人畏寒，趕緊綿裘提來蒙，專專愛唾白白涎，想食竹筍煮鰹干。
五月病子者悽慘，愛食仙楂甲油柑，姊妹相招來相探，叫咱鴨母煮鳥參。
六月病子真羞見，不時眠床倒條條，愛食包仔甲水餃，三頓無食不知餒。

—215—

七月病到還塊病，不時不日想食甜，腹肚一日一日滿，勸哥不免請先生。八月人還眞艱苦，腳酸手軟四界楧，心肝者糟要啥步，愛食馬薯炒香菇。九月者和君實説，大概敢是落後月，趕緊買菜乎我配，今日愛食一鼎糜。十月倒塊眠床內，人眞艱苦報君知，去叫產婆來看覓，扣若明白通斷臍。（舒蘭編著：《台灣民歌（二）》，頁 26。）

6. 正月算來桃花開，娘仔今病囝無人知；哥仔今問娘愛食麼？愛食唐山香水梨。二月算來田草青，娘仔今病囝面青青；哥仔今問娘愛食麼？愛食枝尾酸仔青。三月算來人播田，娘仔今病囝心艱難；哥仔今問娘愛食麼？愛食老酒一大瓶。四月算來日頭長，娘仔今病囝面黃黃；哥仔今問娘愛食麼？愛食唐山烏樹梅。五月算來人爬船，娘仔今病囝心悶悶；哥仔今問娘愛食麼？愛食山頂雙糕卵。六月算來日毒天，娘仔今病囝倚床邊；哥仔今問娘愛食麼？愛食鳳梨炒豬肝。七月算來人普度，娘仔今病囝無奈何；哥仔今問娘愛食麼？愛食枝尾酸楊桃。八月算來是中秋，娘仔今病囝面憂憂；哥仔今問娘愛食麼？愛食石榴文旦柚。九月算來厚葡萄，娘仔今病囝心焦燥；哥仔今問娘愛食麼？愛食老酒燉鴨母。十月算來人收冬，娘孩兒落土肚內空；哥仔今問娘愛食麼？愛食一瓶麻油炸雞公。十一月算來是冬天，娘仔今抱囝倚門邊；哥仔今問娘愛食麼？愛食羊肉炒薑絲。十二月算來年邊，娘仔今抱囝靠床墘；哥仔今問娘愛穿麼？愛穿綾羅好過年。（舒蘭編著：《台灣情歌（二）》，頁 196。）

7. 正月花胎龍眼大，父母有身大受磨。二月花胎肚圓圓，一粒親像大荔枝。三月花胎人眞姍。四月花胎分手腳，肚尾親像生肉瘤。五月花胎分鼻嘴，好靡也攏食亦肥。六月花胎分男女，恐驚胎神會摻滋。七月花胎會徙位，一日一日大肚歸。八月花胎肚凸凸，早暗大職著知防。九月花胎會震動，爲著病子不成人。十月花胎可憐大，一個腹肚者大介。（洪英聖：《台灣風俗探源》，頁 282～283。）

8. 雞蛋身，雞蛋面，剃頭莫變面，娶某得好做親。鴨蛋身，鴨蛋面，好親戚來相佝。（台灣省文獻委員會：《重修台灣省通志住民志禮俗篇（卷三）》，頁 305。）

9. 抹壁土不驚風不驚雨，不驚厝邊頭尾大腹肚。（洪英聖：《台灣風俗探源》，頁 287。）

10. 鷗鵡飛上山，囝仔快做官，鷗鵡飛高高，囝仔中狀元，鷗鵡飛低低，囝仔快做老爸。鷗鵡飛高高，生子生孫中狀元，鷗鵡飛低低，囝仔快做老爸。（台灣省文獻委員會：《重修台灣省通志住民志禮俗篇（卷三）》，頁305～306。）

11. 鷗鵡，鵝雞，飛上山，囝仔快當官，鷗鵡飛高高，囝仔中狀元，鷗鵡飛低低，囝仔快做爸。（台灣省文獻委員會：《重修台灣省通志（卷三）住民志・禮俗篇》，頁306。）

12. 恭喜恭喜送天兒，是我外甥聽我言，一看清水兼伶俐，一心聰明賢讀書。食蔥算來是聰明，吟詩作對第一名，對席開彩先飲酒，一生富貴保長壽。食雞最好食禽胸，明年科甲中舉人，食肉豬腿切四方，後日錢財變石崇。白飯原來是五穀，天數受陰是福祿，對席開彩食齊備，生子傳孫滿滿是。壹串銅錢是百二，與汝小兒好育飼。（黃得時：〈台灣歌謠與家庭生活〉，頁33。）

13. 收涎收乾乾，給你老母後胎生男胞，收涎收利利，給你明年再招小弟。收涎若收乾，你母仔後胎生男胞，收涎若收了，你母仔再生男雀。（台灣省文獻委員會：《重修台灣省通志（卷三）住民志・禮俗篇》，頁306。）

14. 搖呀搖，來挽茄，挽若干？挽一飯篙。也有可食，也有可賣，也好護阮嬰仔做度晬。阿嬰哭，阿母無閒可上竈：阿嬰驚，阿母連搭甲脊駢（背上）：阿嬰哮哇哇，阿母嘴內就念歌；阿嬰哭不怗，阿母直直念；念到愛去外媽宅，好衫護你穿，好帽護你戴；明那早（明天），帶你去看戲。阿嬰無愛哭，阿公講乖巧，胸前給你結紅包；阿嬰笑眯眯，阿媽提金柑，阿嬰食著甜甜甜；阿嬰睏縣縣，阿妗給你掛八仙；阿嬰嘴巴紅膨膨，阿舅給你結響鈴；阿嬰一下醒，阿姨給阮嬰戴烏鼎。阿嬰吃吃笑，阿母沿路行沿路搖；乖乖睏，一暗大一寸，乖乖惜，一暝大一尺。（歐陽荊：〈台灣歌謠〉，頁51。）

15. 搖仔搖仔搖，搖荖搖，搖來搖去，一搖搖到黑趁橋。橋邊雙邊，樹木花蕊，青笑笑。橋下一條，清清溪水流無休。搖仔搖仔搖，搖荖搖，搖來搖去，一搖搖到黑趁橋。乖嬰仔古錐，親像花蕊，吻吻笑。阿娘阿爹，無時無陣疼惜惜。搖仔搖仔搖，搖荖搖，搖來搖去，一搖搖到黑趁橋。乖嬰仔賢大，冥大一寸，日大一尺，粘麵會行，粘麵會跑也會叫。（舒蘭編：《台灣民歌（一）》，頁79。）

16. 囝仔人，不可白賊愛老實。囝仔人，不可與人偷提雞卵。囝仔人，不可不時要穿新衫。囝仔人，不可不做取看戲。囝仔人，不可亂做愛糊塗。囝仔人，不可不學假逃學。囝仔人，不可不愛去做穡。囝仔人，不可大漢慢做父。囝仔人，不可放浪亂亂走。囝仔人，不可懶惰愛做賊。（台灣省文獻委員會：《重修台灣省通志（卷三）住民志·禮俗篇》，頁 354。）

17. 子呀子，當時娶您娘，無眠床，睏踏板。無棉被，蓋腰裙。無枕頭，睏草茵。無柴梳，五爪龍。無虱箆，目賊船。無鏡照水痕，無茶油，抹清潘。（李獻璋：《台灣民間文學集》，頁 10。）

18. 一歲二歲手底抱，三歲四歲土腳趖。五歲六歲漸漸大，有時頭燒甲耳熱。七歲八歲去上學，九歲十歲知人事。十一十二三十四，讀書考教中舉人。十五十六中進士，十七十八娶新娘。（簡上仁：《台灣民謠》，頁 229。）

19. 一歲二歲手底抱，三歲四歲土腳趖。五歲六歲漸漸大，有時頭燒甲耳熱。七歲八歲真賢吵，一日顧伊二支腳。九歲十歲教針黹，驚伊四界去庚絲。十一十二著打罵，者去著若學做衫。十三十四學煮菜，一塊桌面辦會來。十五十六要轉大，驚了甲人去風花。十七十八作親成，一半歡喜一半驚。
（簡上仁：《台灣民謠》，頁 229。）

20. 為人婦女要賢良，孝順翁姑不可忘，孝順翁姑如父母，助夫行孝子孫昌。
為人婦女要賢良，嫁郎應知要敬郎，如賓如友諧鴻案，美德爭傳漢夢光。
為人婦女要賢良，妯娌之間非尋常，妯娌相親同姊妹，鍾敨字風萬載揚。
為人婦女要賢良，緘口不談人長短，談人短長家受累，讒言狐媚國遭殃。
為人婦女要賢良，切忌冶容假大方，冶容醜態招輕薄，幽閑淑女貴端莊。
為人婦女要賢良，周貧濟困樂無疆，周貧濟困睦宗族，保爾門庭有餘慶。
為人婦女要賢良，家務勤勞莫廢荒，勤勞合作衣食足，家道興隆體力強。
為人婦女要賢良，義方教子盡心腸，教子成名揚母訓，芝蘭挺秀滿庭芳。
為人婦女要賢良，切莫拋家入賭場，賭場傷財又傷命，到底財亡命亦亡。
為人婦女要賢良，名節重要莫損傷，保全名節人欽敬，青史流傳姓氏香。
為人婦女要賢良，對待養女莫凶狂，養女親同親生女，子孫代代獲禎祥。
為人婦女要賢良，愛惜五穀人所嚐，五穀員為養命寶，惜穀養命壽而康。
（台灣省文獻委員會：《重修台灣省通志（卷三）住民志·禮俗篇》，頁 321）

21. 勤儉姑娘，雞啼起床。梳頭洗面，先煮茶湯。灶頭鍋尾，光光端端。煮好早飯，剛剛天光。洒水掃地，擔水滿缸。吃完早飯，洗淨衣裳。上山砍柴，急急忙忙。淋花種菜，燉酒熬漿。紡紗織布，唔離間房。針頭線尾，收拾櫃箱。唔說是非，唔敢荒唐。愛惜子女，如肝如腸。留心做米，無谷無糠。人客來到，細聲商量，歡歡喜喜，檢出家常。雞春鴨孵，豆鼓酸羌。有米有麥，曉得留糧。粗茶淡飯，老實衣裳。越有越儉，唔貪排場。就無米煮，耐雪經霜。砍柴出賣，唔蓄私囊。唔偷無竊，辛苦自當。唔怨丈夫，唔怪爹娘。此等婦人，正大賢良。人人說好，久久留芳。能夠如此，真好姑娘。（舒蘭編著：《台灣民歌（一）》，頁 34。）

22. 雞公早早啼，做人媳婦識道理，晏晏睏，早早起，起來梳頭抹粉點胭脂，入大廳，拭桌椅；入灶間，洗碗筷；入繡房，繡針黹。謳勞兄，謳勞弟，謳勞丈夫好八字；謳勞親家好家世，謳勞親姆賢教示，煩惱貓沒汁，煩惱鴨沒卵，煩惱小姑要嫁沒嫁妝，煩惱小叔要娶沒眠床。（舒蘭編著：《台灣民歌（一）》，頁 83。）

23. 雞啼天欲光，賢會媳婦起來煮早飯。赶緊煎茶湯，面桶水捧居倚眠床，請欲大家官，起來洗面梳頭可食飯。（李獻璋：《台灣民間文學集》，頁 15～16。）

24. 啯啯雞，心婦打阿家，阿家無捨示，厝內搬大戲，阿官無威靈，厝邊頭尾喊不平，一枝雨傘圓椮粼粼，攑權攑低遮娘身，好命生做尪仔面，趁恁未過重頭輕，小姑去煮飯，大姑去飼豬，大伯落海去掠魚，小叔上山挖蕃薯，頭光髻也光，一日食飽顧眠床，要食要穿有嫁粧，一暝睏到二暝長。（黃傳心：〈雲林民謠〉，頁 234。）

25. 刺仔花，笑微微，笑我要嫁無了時。馬頭戴珠冠，馬尾遮雨傘，笑我這個懶惰查某睡晚晚。頭未梳，面未洗，腳帛拖一塊，乳邊流，子邊哭，大伯小伯到，來要食下晝，愴狂撞破灶。（台灣省文獻委員會：《重修台灣省通志（卷三）住民志·禮俗篇》，頁 374。）

26. 水錦開花白茫茫，做人媳婦要拖磨，三餐魚肉無咱份，臭芳鹹菜就愛吞，吞到喉嚨加忍筍，目珠轉輪就再吞。（舒蘭編著：《台灣民歌（二）》，頁 147。）

27. 手打刀，叮噹鑼，丈姆厝好侎陶；一哥交，二哥留，請您三姉來梳頭；梳呀光，篦呀光，早早落花園；花園內，香微微，頂街下街人打鐵。拍

鐵彈，做人媳婦眞艱難，五更起早人嫌晏，燒水洗面人嫌凝；白米煮飯
人嫌烏，綢緞做衫人嫌粗。緊緊剃頭做尼姑，尼姑清是清，閒是閒，無
姑無官可奉承，一心燒香拜佛前，M 免歸日悶不平。（臺南）（李獻璋：《台
灣民間文學集》，頁 18～19。）

28. 日出，天才光，娶著不賢媳婦，這晚未起床，大家官叫伊起，面仔臭紛
紛。日又午，子又哭，頭鬃背在肩胛後，腳帛拖在背脊後，起來嗟嗟罵，
攏是恁二個老柴頭。（簡上仁：《台灣民謠》，頁 225。）

29. 做人的媳婦著知道理，晚晚去睏著早早起，又更煩惱天未光，又更煩惱
鴨無蛋，煩惱小姑要嫁無嫁妝，煩惱小叔要娶無眠床。做人的媳婦著知
道理，晚晚去睏著早早起，起來梳頭抹粉點胭脂，入大廳拭桌椅，踏入
灶腳洗碗箸，踏入綉房綉針黹。做人的媳婦也艱苦，五更早起人嫌晚，
燒水洗面人嫌熱，白米煮飯人嫌黑，氣著剃頭做尼姑。若是娶著彼個歹
媳婦，早早著去睏，晚晚不起床，透早若叫起著面臭臭，頭鬃又更背在
肩胛頭，木屐又更拖在尻脊後，吱吱咯咯，吱吱咯咯，起來罵大家官是
老柴頭。（簡上仁：《台灣民謠》，頁 239～240。）

30. 娶著菁膏某，七顛八跮四處去品榜伊在大腹肚。娶著縹撇某，虛榮心重
奢華濫開濫用無所補。娶著戀愛某，頭興興尾冷冷結局離緣方知苦。娶
著夾勢某，不惜本分講話好戲謔眞無普。娶著北彪某，銀錢不敷用未受
得艱苦想要走。娶著賢的某，孝敬翁姑料理家事能勤儉同甘共苦。（在公
明明：〈拾娶詞〉，《三六九小報（一）》，第百五十號，頁 4。）

31. 娶著好某人上暢，娶著歹某人上叱，想著懊惱卜來賣，賣來還賭債，睹
債若無還，三年還是未存重。（邱坤良等著：《宜蘭縣口傳文學（下）》，
頁 632。）

32. 行到街仔頭，街仔尾，看見兩尪仔姐，相打扭頭鬃。問伊打啥代？六月
冬，冤家一領壞棉被仔，一口破火籠。不就尪讓某，某讓尪，也好額頭
損到許大孔、許大孔。（邱坤良等著：《宜蘭縣口傳文學（下）》，頁 562。）

33. 天烏烏，要落雨，公仔攑鋤頭巡水路，巡著一尾鮘仔魚四斤五，著來煎，
著來煮，公仔要煮塩，婆仔要煮洘（淡），相打險險損破鼎（鍋），公仔
食一嘴，婆仔食一碗，婆仔要再添，公仔攑飯匙西（打）嘴邊，西到冬
至暝，忘記窗（可）搓圓。（黃傳心：〈雲林民謠〉，頁 235。）

34. 正月初一日，一個姿娘人，展伊賢煮菜，遇著人客來，就叫阿九仔上街
去買菜；買屆鉤鉤捾捾，豬心共火碳，鴨母卵共麵線，嘘啊嚇啊是吾載，
婆仔給你去排舖，豬心就來剖：大的有若大？大的米管大。細有若細？
細的豆粒細。大的血水猶未散，細的烏烏變火炭。鴨母卵共滾水落去燁
撲彈，白仁走四散，紅仁探頭出來看，麵線共滾水落，煮屆爛爛爛，就
叫人客官來食飯！人客官伸著挾麵線，就問麵線安怎滾，滾屆偌爾爛？
姿娘人聽一見，出來就應伊：欲食你就食，母食吾捧來去灶空前，食的
一大碇。（花壇）（李獻璋：《台灣民間文學集》，頁34～35。）

35. 懶尸姑娘，說起好笑。半晝起床，噪三四到。日高半天，冷鍋死灶。水
也唔挑，地也唔掃。頭髮蓬鬆，過家去嬲。講三講四，哈哈大笑。田也
不耕，又偷谷糶。唔理唔管，養豬成貓。老公打了，開口大叫。去投外
家，目汁像尿。外家正大，又罵又教。歸唔敢歸，嬲唔敢嬲。送回男家，
人人恥笑。當初娶來，用錢用轎。早知如此，貼錢不要。（台灣省文獻委
員會：《重修台灣省通志（卷三）住民志·禮俗篇》，頁320。）

36. 聽我唱，聽我唱，聽著一隻雞母打喔雞。娶著歹太太，頭不梳，面不洗，
一日食飽就過街。穿褲顛倒蔽，縖裙歪权差。穿木屐，變彼個魚尾叉，
穿淺拖，變草鞋。鳥仔腳，雷公把，歸街買無鞋，予人笑到頭殼低低低。
頭低低，像草蜢。目珠一蕊大，一蕊細。鼻仔這旁卓過來，彼旁卓倒過。
缺嘴兼報牙，目珠脫窗兼雞盲。笨惰懶爛洗身軀，衫褲不識換。一身軀，
臭痂痂，癢抵癢，磊許銅線批。頭殼癢，雙手耙，一下耙，蝨母歸大搣。
蝨母大隻像毛蟹，蝨母蛋，像彼個白露螺。無講攏無叱，若講就冤家，
講到阮太太，夠穢褻。八月半，中秋餅，一擺食，二十塊，免配茶。我
講不好食許濟，共我打，共我罵，我予阮某擋許水缸底。好佳哉，我兩
個弟婦仔，一個叫秀鳳，一個叫阿麗，一個搶泔杓，一個搶飯篦。啊無
我就予阮某打到做狗爬。（邱坤良等著：《宜蘭縣口傳文學（下）》，頁560
～561。）

37. 打鐵哥，打銅鑼，丈母厝，好勒桃，雙手攑雙刀，挫柑木母，柑木母檔
二十檔，大姑二姑來探房，大姑食有飽，二姑食無飽，掠來做紗絞，紗
絞未絞紗，掠來做蚵西，蚵西未貯草，掠來做糞斗，糞斗未貯塗，掠來
做葫蘆，葫蘆未貯藥，掠來做刀石，刀石未磨刀，掠來做阿哥，阿哥不

識字，走去見土地，土地去趕虎，虎一起腳，乘勢跳籬笆，籬笆聯遍倒，
無人窗好保，返去較清楚。（黃傳心：〈雲林民謠〉，頁 234。）

38. 米甕空空斷粒米，叫阮腹肚撐微枝。厝邊頭尾若做忌，就學一步好記持。
人穿緞衫掛膨領，看人在穿真時行。想卜叫你做一領，今就雙腳去跪兄。
無衫通穿假輕鬆，一領在洗一領烘。是阮茱頭不知鬃，今日才嫁這款尪。
家庭艱苦卜自盡，暝時無油點营萊。共母伊講伊不信，厝邊隔壁攏可憐。
父母勸囝得忍耐，望卜後日好將來。這款不是歹尪婿，後日出頭你就知。
（邱坤良等著：《宜蘭縣口傳文學（下）》，頁 556。）

39. 講到予招上僥倖，公媽請去祀在牛椆間，人拜神明公媽這豐沛，咱就拜
人的菜尾仔食無愛。（邱坤良等著：《宜蘭縣口傳文學（下)》，頁 558。）

40. 舊年你要出增做頭路，我也提錢給你做船租，踏著好地步，妻子全無顧，
你那這糊塗，噯噯，我君仔喂。聽著子兒哭著腹肚飫，我也傷心強要忍燴
住，做你去逍遙，放阮這無聊，豈可來反僥，噯噯，我君仔喂。若有寫
批回來於借問，我也甘願拖磨心燴酸，路頭彼尼遠，叫阮怎打算，為你
痛心腸，噯噯，我君仔喂。（舒蘭編著：《台灣民歌（二）》，頁 138。）

41. 龍眼干，三兩半，恁點燈，阮來看，看舍貨（什麼），看新娘，新娘新襠
襠，舊娘塞壁空，二個某，一個尪，新娘生水人人看，舊娘目瞤能出泉，
一個老公仔笑嘻嘻，不知是笑抑是啼？厝邊頭尾慢且去，來看人搬亂彈
戲，搬舍貨？「打春桃」，一下鼓聲兩下鑼，仙（任）打都未和。（黃傳
心：〈雲林民謠〉，頁 236。）

42. 我對你，著對著。早睡對晏起，識情不識禮。卵神十八症，俏面一時起。
有樣可好看，無罪堪好擬。嘴笑目笑，細姨不甘指。腳來手來，大某打
到死。（台灣省文獻委員會：《重修台灣省通志（卷三）住民志·禮俗篇》，
頁 272。）

43. 竹篙身長身長好披紗，茶甌幼幼好飲茶，頂廳請人客，下廳拍布冊，打
妻一下箠，害妻三日不食糜，刣豬刣羊共妻會，咒詛後擺若拍手會瘔。（李
獻璋：《台灣民間文學集》，頁 29。）

44. 乖查某子，乖查某子，不可哭，新眠床，咿喂嗥，新棉被，無咬蚤，新
枕頭，無油垢，這拼若不嫁，不可後日罩帕仔巾，隨人碌碌走。（簡上仁：
《台灣民謠》，頁 227。）

45. 草子仔花，白麗哲，阮兄罵無不顧家。顧了家內無吾的，廳裡梳頭嫂也罵，房裡梳頭嫂也罵。M 免罵！初一十五就欲嫁。嫁何位？嫁頂姑知，下姑知，三年二年才轉來，吾未嫁，柑仔未抽心，轉來柑仔紅紉紉。挽一粒，半路食點心，嫂仔頭就敧，嘴就微，嫂呀嫂；頭免敧，嘴免微，曆前曆後果子吾爹栽，不是嫂子您曆張嫁來。（屏東）（李獻璋：《台灣民間文學集》，頁 11～12。）

46. 莉仔花，白麗哲，阿兄阿嫂罵吾不顧家，家頭無吾份，家尾無吾分，大廳梳頭嫂也罵，一廳梳頭嫂也罵，嫂呀嫂呀！M 免罵十七十八都欲嫁，嫁何位？嫁頂姑知，下姑知，三年五年不轉來，欲嫁親兄都無妻，轉來親甥在叫姑。（鳳山）（李獻璋：《台灣民間文學集》，頁 12。）

47. 知了，知了，哮啥載？哮要嫁；嫁佗位？嫁千里莊、萬里遠，三年回來無一擺，看見嫂嫂在簪花，頭也歪，目也斜；嫂呀，嫂呀，頭免歪、目免斜，食父食母是應該，不是恁曆張嫁來。（歐陽荊：〈台灣歌謠〉，頁 52。）

48. 姑仔妳來嫂仔都不知。今年田無做，冬無收，飯籬吊韆鞦，鼎蓋水裏泅。欲買蚶，蚶厚土，欲買肉，遇著人禁屠，欲買菜，遇著掘菜股，欲買魚，遇著風颱雨，欲買豆腐要生菇，欲買豆簽爛糊糊，姑仔今年周難苦，蕃薯簽周來餉，食勤落配菜脯，等待天公有補所，厚您兄收成一千圓，刣豬刣羊來相補，厚姑仔妳食到牙仔齴齴，嘴土土。（鳳山）（李獻璋：《台灣民間文學集》，頁 6～7。）

49. 正月懷胎來，一滴甘露水；二月懷胎來，心仔悶悶，南無阿彌陀阿阿佛！三月懷胎來，在照水影；四月懷胎來，結成人，南無阿彌陀阿阿佛！五月懷胎來，分阿男阿女；六月懷胎來，分五臟六腑，南無阿彌陀阿阿佛！七月懷胎來，分七仔孔；八月懷胎來，腹肚大曠曠，南無阿彌陀阿阿佛！九月懷胎來，腹肚轉輪輪；十月懷胎來，脫娘身，孩兒生落，啊啊啊，連天哮三聲，公婆就緊走來聽，臍未斷，月衣未落，娘身生命去了一大攜，公婆攑香來祈願，祈去合家保平安。娘今抱子來食乳，乳今食了押胸前，南無阿彌陀阿阿佛！（黃得時：〈台灣歌謠與家庭生活〉，頁 31。）

50. 正月懷胎一點紅，二月懷胎心茫茫，三月懷胎成人影，四月懷胎結成人，五月懷胎分男女，六月六根齊成全，七月懷胎分七孔，八月懷胎脹如山，

九月懷胎團團轉，十月懷胎脫娘身。（邱坤良等著：《宜蘭縣口傳文學（下）》。）

51. 吉嬰，吉嬰，哮乜代？哮要嫁樹尾，樹尾無趁食，嫁馬驛，馬驛頑頑飛，嫁西瓜，西瓜人愛刣，嫁秀才，秀才走落府，嫁老鼠，老鼠要開空，嫁釣魚翁，釣魚翁要釣魚，嫁蟬慈，蟬慈愛哂蚊，嫁酒桶，酒桶愛担酒，嫁掃箒，掃箒要掃地，嫁賣什貨，賣什貨愛玲瓏，嫁司公，司公要讀疏，嫁破布，破布要補衫，嫁扁担，扁担要担水，嫁醉鬼，醉鬼面烏烏，嫁北埔，北埔去扛轎，嫁破廟，破廟光禿禿，阿彌陀佛。（黃傳心：〈雲林民謠〉，頁93。）

52. 一枝竹仔秀秀好披紗，三塊茶甌金金好飲茶；頭前廳請人客，後壁廳打布冊，拍妻一下筈，害妻三頓不食糜；緊緊人來陪，後擺打某手會痎，捧香爐，咒重詛，後回打妻手會爛；跪踏板，平正事，給某洗腳帛人人有。（臺南）（李獻璋：《台灣民間文學集》，頁30。）

53. 竹篙長長好披紗；茶甌幼幼好食茶。頂廳人請客；下廳聽見人打柴扒。打婦一下筈，害婦三日不食糜。宰豬宰羊加婦會：咒詛後擺若打手會爛！跪踏板，平正事；爲婦洗腳帛人人有。

（網址：http://neuro.ohbi.net/lostsinica/anthem/rap/rap1.html──竹篙）

主要參考書目資料

一、古代文獻資料

（一）經籍部分：

1. 魏・王弼、晉・韓康伯注、唐・孔穎達疏：《周易正義》，十三經注疏本，
   台北：藝文印書館，1979 年。

2. 漢・孔安國傳、唐・孔穎達疏：《尚書正義》，十三經注疏本，台北：藝
   文印書館，1979 年。

3. 漢・毛公傳、漢・鄭玄箋、唐・孔穎達正義：《毛詩正義》，十三經注疏
   本，台北：藝文印書館，1979 年。

4. 漢・鄭玄注、唐・賈公彥疏：《周禮注疏》，十三經注疏本，台北：藝文
   印書館，1979 年。

5. 漢・鄭玄注、唐・賈公彥疏：《儀禮注疏》，十三經注疏本，台北：藝文
   印書館，1979 年。

6. 漢・鄭玄注、唐・孔穎達疏：《禮記正義》，十三經注疏本，台北：藝文
   印書館，1979 年。

7. 晉・杜預注、唐・孔穎達正義：《左傳正義》，十三經注疏本，台北：藝
   文印書館，1979 年。

8. 漢・趙岐注、宋・孫奭疏：《孟子注疏》，十三經注疏本，台北：藝文印
   書館，1979 年。

9. 漢・戴德：《大戴禮記》，收錄於《百部叢書集成・畿輔叢書》台北：藝
   文印書館，1966 年。

（二）史籍部分（依時代順序排列）

1. 宋・歐陽修撰、二十五史刊行委員會編：《新五代史・南唐史》，台北：
   臺灣開明書店，1967 年。

2. 清‧藍鼎元:《平臺紀略》,台北:台灣銀行經濟研究室,1958 年。

3. 清‧陳文達:《台灣縣志》,台中:台灣省文獻委員會,1958 年。

4. 清‧高拱乾:《台灣府志》,台北:台灣銀行,1960 年。

5. 清‧周鍾瑄主修、陳夢林纂修:《諸羅縣志》,嘉義:嘉義縣政府,1983 年。

6. 清‧蔡振豐纂輯:《苑裡志》二卷,台北:成文出版社,1984 年。

7. 清‧蔣毓英:《台灣府志》,台北:台灣省文獻委員會,1993 年。

8. 清‧江日昇:《臺灣外記》,台北:台灣大通書局,1997 年。

9. 清‧王瑛曾:《重修鳳山縣志》,台北:台灣大通書局,1997 年。

(三) 其他文獻資料 (依作者或成書時代順序排列)

1. 《黃帝內經‧素問》,台北:藝文印書館,1990 年。

2. 漢‧許慎撰、清‧段玉裁注:《說文解字注》,台北:漢京文化事業有限公司,1985 年。

3. 漢‧班固:《白虎通》,收錄於《百部叢書集成‧抱經堂叢書》,台北:藝文印書館,1968 年。

4. 漢‧班昭:《女誡》,收錄於《諸子集成補編》,四川:四川人民出版社,1997 年。

5. 西晉‧陳延之:《小品方》,北京:中國中醫藥出版社,1995 年。

6. 北齊‧顏之推:《顏氏家訓‧教子》,台北:臺灣中華書局,1974 年。

7. 唐‧孫思邈:《千金要方》,台中:自由出版社,1959 年。

8. 宋‧朱熹:《朱文公家禮‧婚禮》,收錄於《古今圖書集成‧禮儀典 (一)》,第二十五卷婚禮部,台北:文星出版社,1964 年。

9. 宋‧司馬光撰:《溫公書儀》,收錄於《百部叢書集成‧學津討原》,台北:藝文印書館,1965 年。

10. 宋‧車若水:《腳氣集》,收錄於《百部叢書集成‧寶顏堂秘笈》,台北:藝文印書館,1971 年。

11. 宋‧王溥:《唐會要》,收錄於《百部叢書集成‧聚珍版叢書》,台北:藝文出版社,1971 年。

12. 宋‧夢元老:《東京夢華錄‧娶婦》,台北:商務印書館,1971 年。

13. 宋‧陳自明:《婦人大全良方》,台北:文光圖書有限公司,1984 年。

14. 宋‧張邦基:《墨莊漫錄》卷八,收錄於《叢書集成新編》第 86 卷,台北:新文豐出版社,1985 年。

15. 宋‧陳自明:《婦人良方》,上海:上海科學技術出版社,1991 年。

16. 宋‧蘇東坡著、孔凡禮點校:《蘇軾文集》,北京:中華書局,1999 年。

17. 元‧伊世珍：《瑯環記》，收錄於《百部叢書集成‧學津討原》，台北：藝文印書館，1965 年。

18. 元‧陶宗儀：《輟耕錄》，收錄於《叢書集成新編》第 8 卷，台北：新文豐出版社，1985 年。

19. 明‧袁褧撰：《楓窗小牘》，收錄於《百部叢書集成‧寶顏堂秘笈》，台北：藝文印書館，1971 年。

20. 清‧陳宏謀：《五種遺規‧教女遺規》，台北：臺灣中華書局，1966 年。

21. 清‧章學誠：《婦學》，收錄於《百部叢書集成‧藝海珠塵》，台北：藝文印書館，1968 年 。

22. 清‧來保奉敕撰：《欽定大清通禮》，收錄於《四庫全書珍本》台北：臺灣商務印書館，1970 年。

23. 清‧俞正燮撰：《癸巳類稿》，收錄於《叢書集成三編》，台北：藝文出版社，1971 年。

24. 清‧杜文瀾：《古謠諺》，台北：世界書局，1983 年。

25. 清‧方絢：《香蓮品藻》，收錄於《叢書集成續編》第 216 卷，台北：新文豐出版社，1989 年。

26. 清‧方絢：《采蓮船》，收錄於《叢書集成續編》第 102 卷，台北：新文豐出版社，1989 年。

27. 清‧余懷：《婦人鞋襪考》，收錄於《叢書集成續編》第 87 卷，台北：新文豐出版社，1989 年。

28. 清‧陸圻：《新婦譜》，收錄於《叢書集成續編》第 62 卷，台北：新文豐出版社，1989 年。

二、一般論著（依出版時間順序排列）

1. 陳顧遠：《中國婚姻史》，台北：台灣商務印書館，1966 年。

2. 郭立誠：《中國生育禮俗考》，台北：文史哲出版社，1971 年。

3. 婁子匡、許長樂：《台灣民俗源流》，台中：台灣省政府新聞處，1971 年。

4. 林惠祥：《文化人類學》，台北：臺灣商務印書館，1971 年。

5. 吳瀛濤：《台灣諺語》，台北：台灣英文出版社，1975 年。

6. 葉榮鐘：《小屋大車集》，臺中：中央書局，1977 年。

7. 連雅堂：《台灣通史》，台北：眾文圖書，1979 年。

8. 陳紹馨：《臺灣的人口變遷與社會變遷》，台北：聯經出版社，1979 年。

9. 鮑家麟：《中國婦女史論集》，台北：牧童出版社，1979 年。

10. 臧汀生：《台灣閩南語歌謠研究》，台北：台灣商務印書館，1980 年。

11. 馬之驌：《中國的婚俗》，台北：經世書局，1981 年。

12. 楊懋春：《中國家庭與倫理》，台北：中央文物供應社，1981 年。

13. 廖風德：《清代之噶瑪蘭——一個台灣史的區域研究》，台北：里仁書局，1982 年。

14. 郭立誠：《中國婦女生活史話》，台北：漢光文化事業股份有限公司，1983 年。

15. 蘇軾著、曹樹銘校編：《蘇東坡詞》，台北：台灣商務印書館，1983 年。

16. 朱介凡：《中國歌謠論》，台北：台灣中華書局，1984 年。

17. 李國祈：《中國現代化的區域研究》，台北：中研院近代史研究所，1985 年。

18. 林顯宗：《家庭社會學》，台北：五南出版社，1985 年。

19. 麥斯基爾著，王淑琤譯：《霧峰林家——台灣拓荒之家 1729～1895》，台北：文鏡文化事業有限公司，1986 年。

20. 丁庭宇、馬康莊主編：《台灣社會變遷的經驗——一個新興的工業社會》，台北：巨流圖書，1986 年。

21. 台灣慣習研究會：《台灣慣習記事（中譯本）》，台中：台灣省文獻委員會，1987 年。

22. 陳其南：《台灣的傳統中國社會》，台北：允晨文化，1987 年。

23. 蔡文輝：《家庭社會學》，台北：五南出版社，1987 年。

24. 竹林書局：《三伯娶英台歌》，新竹：竹林書局，1987 年。

25. 李又寧、張玉法編：《中國婦女史論文集（第二輯）》，台北：台灣商務印書館，1988 年。

26. 林語堂：《中國人》，杭州：浙江人民出版社，1988 年。

27. 阮昌銳：《中國婚姻習俗之研究》，台北：台灣省立博物館，1989 年。

28. 洪進鋒：《台灣民俗之旅》，台北：武陵出版社，1989 年。

29. 何聯奎、衛惠林：《台灣風土志》上篇，台北：台灣中華，1989 年。

30. 竹林書局：《食新娘茶講四句》，新竹：竹林書局，1989 年。

31. 舒蘭編著：《中國地方歌謠集成》：《理論研究》、《台灣兒歌》、《台灣民歌》、《台灣情歌》，台北：渤海堂文化公司，1989 年。

32. 李獻璋：《台灣民間文學集》，台北：龍文出版社，1989 年。

33. 鈴木清一郎著、馮作民譯：《增訂台灣舊慣習俗信仰》，台北：眾文圖書公司，1989 年。

34. 陝西人民出版社編：《守節‧再嫁‧纏足及其他——中國古代婦女生活面面觀》，陝西：人民出版社，1990 年。

35. 竹林書局：《束縛養女新歌》，新竹：竹林書局，1990 年。

36. 譚達先：《中國婚嫁儀式歌謠研究》，台北：台灣商務印書館，1990 年。

37. 陳其南：《家族與社會》，台北：聯經出版社，1990 年。

38. 沈美真：《台灣被害娼妓與娼妓政策》，台北：前衛出版社，1990 年。

39. 張老師月刊編輯部：《中國人的婚戀觀——允諾與嫁娶》，台北：張老師
    文化事業有限公司，1990 年。

40. 林川夫：《民俗台灣》（一～七輯），台北：武陵出版有限公司，1991 年。

41. 福建省民俗學會編：《閩台婚俗》，福建：廈門大學出版社，1991 年。

42. 台灣省政府民政廳：《結婚禮儀範本》，台北：台灣省政府民政廳，1991
    年。

43. 姚漢秋：《臺灣婚俗古今談》，台北市：臺原出版社，1991 年。

44. 朱岑樓：《婚姻研究》，台北：東大圖書公司，1991 年。

45. 羅香林：《客家研究導論》，台北：南天書局，1992 年。

46. 吳文星：《日據時期台灣領導階層之研究》，台北：正中書局，1992 年。

47. 洪敏麟主講、洪英聖編著：《台灣風俗探源》，台中：台灣省政府新聞處，
    1992 年。

48. 吳瀛濤：《台灣民俗》，台北：眾文圖書，1992 年。

49. 簡上仁：《台灣民謠》，台北：眾文圖書公司，1992 年。

50. 周何：《古禮今談》，台北：萬卷樓圖書有限公司，1992 年。

51. 連雅堂：《臺灣語典——雅言》，台中：臺灣省文獻委員會，1992 年。

52. 林惠祥：《文化人類學》，台北：商務印書館，1993 年。

53. 楊炯山：《最新婚喪喜慶禮儀大全》，新竹：竹林書局，1993 年。

54. 趙鳳喈：《中國婦女在法律上之地位》，台北：稻香出版社，1993 年。

55. 胡萬川：《談民間文學》，彰化：彰化縣立文化中心，1993 年。

56. 卓意雯：《清代台灣婦女的生活》，台北：自立晚報出版，1993 年。

57. 台灣省文獻委員會：《重修台灣省通志（卷三）住民志》〈生活篇〉、〈禮
    俗篇〉，南投：臺灣省文獻委員會，1993 年。

58. 楊翠：《日據時期台灣婦女解放運動——以台灣民報為分析場域（1920
    ～1932）》，台北：時報文化，1993 年。

59. 蕭麗紅：《桂花巷》，台北：聯合報出版，1993 年。

60. 常金倉：《周代禮俗研究》，台北：文津出版社，1993 年。

61. 近代中國婦女史研究編輯委員會：《近代中國婦女史研究（第 1 期～第 7
    期）》，台北：中央研究院近代史研究所，1993 年～1999 年。

62. 基隆市立文化中心編：《前世因緣今生訂——古禮篇》，基隆：市立文化中心，1994 年。

63. 片岡巖著、陳金田譯：《台灣風俗誌》，台北：眾文圖書公司，1994 年。

64. 簡榮聰：《台灣農村民謠與詩詠》，南投：台灣史蹟源流研究會，1994 年。

65. 翁玲玲：《麻油雞之外——婦女坐月子的種種情事》，台北：稻香出版社，1994 年。

66. 莊英章：《家族與婚姻——台灣北部兩個閩客村落之研究》，台北：中研院民族所，1994 年。

67. 臺灣銀行經濟研究室編輯：《臺灣私法人事編》，台北：臺灣省文獻委員會，1994 年。

68. 陳東原：《中國婦女生活史》，台北：商務印書館，1994 年。

69. 高洪興：《纏足史》，上海：藝文出版社，1995 年。

70. 劉俊文、秦畢嘯編纂：《中國民間俗語》，台北：漢欣文化，1995 年。

71. 羅國杰等著：《中國傳統道德：規範卷》，北京：中國人民大學出版社，1995 年。

72. 臨時臺灣舊慣調查會編：《臺灣私法附錄參考書》，台北：南天書局，1995 年。

73. 胡幼慧：《三代同堂——迷失與陷阱》，台北：巨流圖書公司，1995 年。

74. 楊方中：《如何研究中國人》，台北：桂冠出版社，1996 年。

75. 廖風德：《台灣史探索》，台北：台灣學生書局，1996 年。

76. 蕭國亮：《中國娼妓史》，台北：文津出版社，1996 年。

77. 簡春安：《婚姻與家庭》，台北縣：國立空中大學，1996 年。

78. 張樹棟、李秀領：《中國婚姻家庭的嬗變》，台北：南天書局，1996 年。

79. 林素英：《從古代生命禮儀透視其生死觀——以禮記為主的現代詮釋》，台北：文津出版社，1997 年。

80. 康有為：《大同書——去形界保獨立》，鄭州：中州古籍，1998 年。

81. 周何：《儒家的理想國》，台北：時報文化，1998 年。

82. 陳瑞隆：《台灣嫁娶禮俗》，台南：世峰出版社，1998 年。

83. 徐福全：《福全台諺語典》，台北：作者自印，1998 年。

84. 王灝：《台灣人的生命之禮——婚嫁的故事》，台北：臺原出版社，1998 年。

85. 曾秋美：《台灣媳婦仔的生活世界》，台北：玉山社，1998 年。

86. 邱旭伶：《台灣藝妲風華》，臺北：玉山社，1999 年。

87. 漢學研究中心編：《中國家庭及其倫理研討會論文集》，台北：漢學研究中心，1999 年。

88. 朱自清：《中國歌謠》，台北：世界書局，1999 年。

89. 李惠芳：《中國民間文學》，武漢：武漢大學出版社，1999 年。

90. 陳主顯：《台灣俗諺語典》，台北：前衛出版社，1999 年。

91. 宋隆全、胡萬川編：《宜蘭縣民間文學集》，宜蘭：宜蘭縣立文化中心，1999 年。

92. 楊麗祝：《歌謠與生活——日治時期台灣的歌謠采集及其時代意義》，台北：稻香出版社，2000 年。

93. 鄭文海：《常用台灣俗語話》，台北：益群出版社，2000 年。

94. 鮑家麟：《近代中國婦女運動史》，台北：近代中國，2000 年。

95. 徐海燕：《悠悠千載——金蓮》，遼寧：新華書店，2000 年。

96. 潘貴玉主編：《中華生育文化導論》，北京：中國人口出版社，2001 年。

97. 薛化元：《台灣歷史》，台北：大中國圖書有限公司，2001 年。

98. 詹鄞鑫：《心智的誤區——巫術與中國巫術文化》，上海：教育出版社，2001 年。

99. 法主堂山人：《家禮大全》，台南：世一文化事業股份有限公司，2002 年。

100. 邱坤良等著：《宜蘭縣口傳文學》，宜蘭：宜蘭縣政府，2002 年。

101. 林素英：《甜蜜的包袱《禮記》》，台北：萬卷樓，2003 年。

三、學位論文

1. 陳昌閔：《台灣閩南諺語之社會教化功能研究》，南華大學，文學研究所，碩士論文，2000 年。

2. 許蓓苓：《台灣諺語反映的婚姻文化》，東吳大學，中國文學研究所，碩士論文，2000 年。

3. 李宜芳：《清代民間文學與社會慣俗之研究——以童養媳故事為中心》，花蓮師院，民間文學所，碩士論文，2002 年。

4. 王慧蓮：《台灣民間歌謠婦女婚姻與角色研究》，東海大學，中國文學系，碩士論文，2004 年。

四、期刊論文、報紙

1. 許丙丁：〈台南教坊記〉，《台南文化》，3 卷 4 期，1954 年 4 月。

2. 黃得時：〈台灣歌謠與家庭生活〉，《台灣文獻》，第 6 卷第 1 期，1955 年 10 月。

3. 廖漢臣、賀嗣章：〈國內旅臺文人及其作品〉，《台灣文獻》，第 10 卷第 3 期，1959 年 9 月。

4. 吳槐：〈冬生新娘考〉，《台灣風物》，15 卷 3 期，1965 年 8 月。

5. 梅生：〈才媛蔡碧吟與王香禪〉，《台北文獻》，第 10、11、12 期合刊，1965年 12 月。

6. 曹甲乙：〈台灣舊時的婚姻習俗〉，《台北文獻》，直字第 9、10 期，1969年 12 月。

7. 歐陽荊：〈台灣歌謠〉，《台灣文獻》，第 21 卷，第 2 期，1970 年 6 月。

8. 史久龍著、方豪校訂：〈憶台雜記〉，《台灣文獻》，第 26 卷第 4 期、第 27 卷第 1 期合訂本，1975 年 12 月。

9. 周宗賢：〈清代台灣節孝烈婦的旌表研究〉，《台北文獻》，直字第 35 期，1976 年 3 月。

10. 洪敏麟：〈纏腳與台灣的天然足運動〉，《台灣文獻》，第 27 卷第 3 期，1976年 9 月。

11. 郭明道：〈婦女生活習俗的轉變〉，《嘉義文獻》，第 8 期，1977 年 1 月。

12. 陳瑞貴：〈台灣的情歌〉，《台灣文獻》，第 29 卷第 1 期，1978 年 3 月。

13. 華農生：〈清代府城金蓮〉，《台南文化》，新七期，1979 年 6 月。

14. 陳勝坤：〈纏綿悱惻一千年的三寸金連〉，《健康世界》，第 48 期，1979年 12 月。

15. 邵睿生：〈三寸金蓮考〉，《文壇》，第 258 期，1981 年 12 月。

16. 陳金田：〈冬生娘仔〉，《台灣風物》，第 31 卷第 4 期，1981 年 12 月。

17. 黃傳心：〈雲林民謠〉，《雲林文獻》，1983 年 3 月。

18. 黃武忠：〈小立花間唱妙詞〉，《聯合文學》，第 3 期，1985 年 1 月。

19. 黃武忠：〈美人心事——『文人與藝旦』座談會〉，《聯合文學》，第 3 期，1985 年 1 月。

20. 江燦騰：〈清季台灣婦女的髮型與纏足〉，《歷史月刊》，第 3 期，1988 年 4 月。

21. 牛志平：〈古代婦女的貞節觀〉，《歷史月刊》，第 26 期，1990 年 3 月。

22. 葉蒙：〈千載金蓮劫〉，《歷史月刊》，第 26 期，1990 年 3 月。

23. 尹章義：〈清代台灣婦女的社會地位〉，《歷史月刊》，第 26 期，1990 年 3 月。

24. 陳美月、申文姬：〈不孕夫婦的女性角色、生育態度、婚姻家庭關係之探討〉，《榮總護理》，第 8 卷，第 1 期，1991 年 2 月。

25. 簡榮聰：〈台灣傳統的生育民俗與文物〉，《台灣文獻》，第 42 卷，第 2 期，1991 年 6 月。

26. 林維紅：〈清季的婦女不纏足運動〉，《台灣大學歷史學系學報》，第 16 期，1991 年 8 月。

27. 卓意雯：〈清代台灣婦女的生活——婚姻關係〉，《台灣風物》，第 41 卷第 4 期，1991 年 12 月。

28. 卓意雯：〈清代台灣婦女的社會地位〉，《台灣史田野研究通訊》，第 23 期，1992 年 6 月。

29. 游鑑明：〈有關日據時期台灣女子教育的一些觀察〉，《台灣史田野研究通訊》，第 23 期，1992 年 6 月。

30. 陳存仁：〈女性酷刑纏足考（上、中、下）〉，《傳記文學》，第 61 卷第 5 期～第 62 卷第 2 期，1992 年 11 月～1993 年 1 月。

31. 簡榮聰：〈台灣傳統生育文化與信仰關係〉，《台灣文獻》，第 45 卷第 1 期，1994 年 3 月。

32. 楊麗祝：〈台灣福老系民謠中的婦女〉，《台灣歷史學會》，第 2 期，1996 年 3 月。

33. 許瑛珆：〈婆媳角色在文化中的意涵〉，《輔導季刊》，第 32 卷第 2 期，1996 年 6 月。

34. 楊麗祝：〈台灣福老系歌謠中的婦女〉，《台北科技大學學報》，第 31 之 1 期，1998 年 3 月。

35. 吳宜樺、郭素珍：〈本省婦女坐月子期間依傳統習俗執行飲食規範之探討〉，《護理新象雜誌季刊》，第 9 卷第 1 期，1998 年 3 月。

36. 柯基生：〈金蓮秘性──纏足與性的解析〉，《歷史月刊》，第 128 期，1998 年 5 月。

37. 蘇旭珺：〈由服飾裝扮的殘毀美學探討中國纏足之俗〉，《北縣文化》，第 60 期，1999 年 3 月。

38. 柯基生：〈女性纏足的源起與影響〉，《北縣文化》，第 60 期，1999 年 3 月。

39. 安作璋：〈中國古代婦女的典範──班昭〉，《歷史月刊》，第 135 期，1999 年 4 月。

40. 顧真：〈清代節烈女子的精神世界〉，《歷史月刊》，第 135 期，1999 年 4 月。

41. 林秋敏：〈從不纏足運動談女性自覺的萌芽〉，《歷史月刊》，第 135 期，1999 年 4 月。

42. 方耀乾：〈台灣早期女性的生活畫像──以台灣民間歌謠爲論述場域〉，《台南女子技術學院學報》，第 18 期，1999 年 8 月。

43. 吳品賢：〈從大小戴禮記看婦女妊娠期間的禮俗規範〉，《孔孟月刊》，第 38 卷第 11 期，2000 年 7 月。

44. 許蓓苓：〈台灣謠諺所反映的生產觀念〉，《孔孟月刊》，第 38 卷第 12 期，2000 年 8 月。

45. 陳裕美：〈客家度子歌──談客家婦女由出嫁祈子到行冠筓禮之間的禮俗〉，《苗栗文獻》，第 15 期，2001 年 3 月。

46. 林翠芬：〈由《儀禮·士昏禮》與《禮記·昏義》試論傳統婦女角色之地位〉，《國立虎尾技術學院學報》，第 4 期，2001 年 3 月。

47. 彭美玲：〈傳統習俗中的嫁女歸寧〉，《台大中文學報》，第 14 期，2001 年 5 月。

48. 翁玲玲：〈產婦、不潔與神明——作月子儀式中不潔觀的象徵意涵〉，《教育部兩性平等教育季刊》，第 18 期，2002 年 5 月。

49. 宋錦秀：〈傳統妊娠文化中的婦女〉，《教育部兩性平等教育季刊》，第 18 期，2002 年 5 月。

50. 顏鸝慧：〈《文公家禮·昏禮》與「台俗閩南婚禮」的比較〉，《中國文化月刊》，第 269 期，2002 年 8 月。

51. 柯基生：〈三寸金連——深閨紅顏淚〉，《泉南文化》，第 7 期，2003 年 1 月。

52. 台灣新民報，第三四六號，1931 年，1 月 10 日，歌謠欄。

53. 在公明明：〈拾娶詞〉，《三六九小報》，第百五十號， 1932 年 2 月 3 日。

54. 呂秉原：〈坐月子〉，《自由時報》，第四十三版，1999 年 6 月 7 日。